A ver si lo he entendido bien

A ver si lo he entendido bien

Moi Camacho

1.ª edición: julio, 2017

© 2017, Moi Camacho
© Ediciones B, S. A., 2017
   Consell de Cent, 425-427 - 08009 Barcelona (España)
   www.edicionesb.com

Printed in Spain
ISBN: 978-84-17001-11-7
DL B 13647-2017

Impreso por Unigraf S.L.

Todos los derechos reservados. Bajo las sanciones establecidas
en el ordenamiento jurídico, queda rigurosamente prohibida,
sin autorización escrita de los titulares del *copyright*, la reproducción
total o parcial de esta obra por cualquier medio o procedimiento,
comprendidos la reprografía y el tratamiento informático, así como
la distribución de ejemplares mediante alquiler o préstamo públicos.

A mi vecinita,
la del pelo rojo

1

A ver si lo he entendido bien

—A ver si lo he entendido bien, ¿me estás diciendo que no perdiste la virginidad hasta los treinta y dos años? ¿Tú? —dijo ella, dejando de buscar su ropa interior entre las sábanas.
—Ahá.
—Pero antes de venir a tu casa, me has contado que estuviste casado, y te divorciaste hace cuatro años.
—Ahá —volví a afirmar con convicción.
—¿Y entonces? ¿Cuál de las dos veces me has mentido? ¿Cuando querías llevarme a la cama, o ahora que ya me tienes en ella? —me preguntó sin disimular cierto enfado emergente.
—En ningún momento te he mentido. No te lo vas a creer, pero la historia de mi vida ha sido bastante complicada. Verás...

Pedro, mi editor, interrumpió la lectura. Bueno, lo hubiera hecho de haber tenido algo más escrito. Pero no; no le había entregado nada más. Ni medio folio.

—¿Esto es todo? —dijo, dándole la vuelta a la hoja, esperando que fuera una broma—. ¿En tres meses has escrito seis líneas de diálogo, Samu?

—De momento sí. He estado algo liado con los vídeos, Pedro. —Había descartado mi otra excusa: «mi perro se comió mis deberes», porque ni tenía perro, ni escribía a mano, ni tenía a Pedro por tonto.

—¿De momento? Define «momento», por favor. Creo que tenemos conceptos distintos de «momento».

—Bueno, pues que escribí más, pero no me convencía y lo borré. —Tenía que esforzarme más, esto estaba a la misma altura que «mi gato encendió mi portátil y accidentalmente lo formateó».

—Samu, es la segunda vez que voy a tener que dar la cara por ti en la editorial para retrasar el plazo de entrega...

—Bueno, a ver... Tengo por aquí un pequeño borrador... —dije buscando en los bolsillos, hasta dar con una servilleta garabateada a boli—. Sobre lo que me dijiste, todo eso de que explicara las restricciones que tenía como niño Testigo de Jehová.

—Déjame ver —dijo mientras se ajustaba las gafas y desenmarañaba la servilleta arrugada, hecha una bola. Leyó:

COSAS PROHIBIDÍSIMAS PARA
UN TESTIGO DE JEHOVÁ:

– Tabaco
– Decir tacos
– Sexo
– Juegos de azar
– Drogas
– Ningún tipo de sexo
– Mentir
– Borracheras
– Votar
– Absolutamente nada de sexo (ni con uno mismo)
– Cumpleaños (propios o ajenos)
– Navidades
– La homosexualidad
– Donar sangre o recibir transfusiones
– ¿He dicho ya que cero sexo?
– Literatura o películas eróticas

COSAS CUESTIONABLES PARA
UN TESTIGO DE JEHOVÁ
(NO PROHIBIDAS, PERO CASI):

– Salir con chicas mundanas
– Escuchar música mundana (de rock para arriba)
– Leer literatura mundana
– Usar expresiones mundanas
– Vestimenta mundana
– Películas violentas

- Chistes picantes
- Amistades mundanas
- *Piercings*, tatuajes
- Perillas, barbas o patillas

Mientras Pedro leía el pequeño testamento que, previsor de mí, había escrito cinco minutos antes, mi atención había empezado a vagar por la sala como alma en pena. Qué moderno es este sitio, se nota que es un hotel de cinco estrellas. El suelo como un espejo, el personal atento e impecable... Uy, ¿la camarera rubia estaba cuando he entrado? Me detuve por un momento en su escote. Mi Trastorno de Déficit de Atención e Hiperactividad, o TDAH, nunca me permitía centrarme demasiado tiempo en nada, el muy traidor. Me dejaba solo ante el peligro.

—Bueno, está bien. Pero esto hay que desarrollarlo mejor. Por ejemplo, que quede claro para el lector qué sentido tiene para los Testigos el término «mundano» —expuso Pedro, algo más apaciguado.

—¿Eh? —Tierra llamando a Atención, Tierra llamando a Atención. Vuelve aquí cagando leches. Te necesito—. Ah, eso. Creía que te lo había explicado el otro día. «Mundano» es un término que aplican a algo que, si bien no está directamente prohibido, no es lo más apropiado por su contexto. Por ejemplo, yo podía leer casi cualquier libro. Pero, ¿por qué leer un libro de temática no bíblica, cuando era mejor emplear el tiempo en uno que hubieran editado e impreso los Testigos? Con la música igual, es mejor escuchar cánticos grabados por ellos. O la vestimenta. Si eres Testiga, nada de escotes o enseñar demasiada pierna.

El mínimo de una falda es por las rodillas. Tenía que quedar patente que éramos diferentes. Piadosos, y todo eso. Que no pareciéramos «mundanos».

—Entiendo. Vamos, que cualquier cosa o persona que no tuviera que ver con vosotros era mala —dijo Pedro apiadándose de mí por un momento, como si mirara a un pobre muchacho recién sacado de un orfanato, o la foto de un perrete que alguien comparte en tu Facebook porque quiere que lo adopten urgentemente.

—No, no del todo. No es un término peyorativo. Solo se trata de establecer preferencias. Cualquier cosa que no sea «cristianamente edificante» es mundana. No se prohíbe, pero automáticamente pasa a los últimos puestos en la Escala Testiga de Prioridades. Técnicamente lo mundano está permitido, pero mejor no hacerlo. No te expulsan del rebaño, pero quedas como la oveja negra.

—¿Y así con todo? ¿Amistades mundanas quiere decir que no podías juntarte con niños que no fueran Testigos? Entonces te sentirías un poco solo, ¿no?

No era eso, pero casi. Con Mario sí me juntaba. Pero porque también era Testigo. Éramos cómplices en muchas cosas. Como el asunto de los cumpleaños. No debíamos celebrar los cumpleaños de otros niños, pero nuestra disyuntiva moral empezaba cuando, después de cantarle a coro al cumpleañero de turno, este repartía bolsas de chuches entre sus compañeros. Y si no cantábamos, no nos parecía ético pedirle después el botín. Así que cada vez que se daba el caso, Mario y yo nos mirábamos, nos levantábamos ligeramente del pupitre (de manera que no estábamos ni sentados ni totalmente de pie como los demás) y nos marcábamos un playback perfecto del «Feliz, feliz en tu día». Hackeábamos nuestras creencias con mucha eficiencia. Éramos niños; el azúcar estaba un peldaño por encima de nuestros principios. Sobre todo, si era gratis. Al llegar a casa con mi pequeña fortuna de gominolas, guardaba la bolsita en el segundo cajón de los calcetines, bien escondida. Ahí mi madre jamás miraría, por supuesto que no. Más tarde aprendí que en ese cajón del tesoro también cabían otras cosas. Como los calendarios de tías tetudas que regalaban en los talleres mecánicos, o la *Interviú* que llevaba escondida en la chaqueta cada vez que salía del barbero del barrio. Como en el cajón de los calcetines limpios jamás se le ocurriría mirar a mi madre, que era la que me lavaba la ropa, todo bien. Pero aparte de Mario, no debía juntarme demasiado con niños mundanos. En el colegio vale, porque era necesario. Pero fuera de clase, nada de niños mundanos para mí, gracias. Y todavía menos niñas mundanas. Como Vanesa. La niña más guapa de la clase. O como seguía opinando yo veinticinco años después, la más guapa del cole. Vale, del barrio. Puede que incluso del pueblecito donde me crie, en Valencia. Esos ojos verdes, que tan bien maridaban con su carita plagada de pecas perfectamente distribuidas sobre su nariz respingona, podían haber ganado todos los concursos infantiles de belleza que se le hubieran antojado. Ella era arte. Y tal vez por una cuestión de coherencia, adoraba el arte. Aunque iba dos cursos por delante de mí, en el recreo nos faltaba tiempo para buscar nuestro rincón favorito del patio, apartado del jaleo de los niños jugando a fútbol o las niñas cantando las típicas canciones de saltar a la comba, y aprovechar al máximo nuestros cuadernos de dibujo. Yo había ido a clases de pintura algunos fines de semana y, aunque no se me daba mal, ella me superaba con creces. En calidad y en velocidad. Tenía su lámina acabada mucho antes de que yo hubiera empezado con el boceto de la mía. Tampoco era mérito completamente suyo, he de reconocer que pasaba más tiempo mirándola a ella que al cuaderno. Si había algo que me gustara más que pintar, era verla pintar. Si hubiera observado durante mil recreos la forma en que cogía su cuaderno, con la mano izquierda por una esquinita y el meñique levantado, habría seguido haciéndolo tan absorto como el primer día. En alguna ocasión, me había planteado dibujar su preciosa carita de concentración, con esas cejas finas —tan rubias como su pelo— ligeramente fruncidas, y abstraída hasta en el más mínimo trazo. Pero plasmarlo me parecía una odisea, una misión que ni el más experto de los artistas superaría airoso. Finalmente, un día me atreví a dibujarla. Un día que nunca olvidaré. Ni siquiera lo hice conscientemente; simplemente garabateaba con un carboncillo mientras la miraba de reojo, y casi sin darme cuenta había esbozado sus ojos, grandes y ligeramente rasgados, y el mechón de pelo rizado que caía por su frente cuando ella se inclinaba hacia delante tapándole el izquierdo. No avancé más que eso, ella lo vio por casualidad y me dijo «¡Qué bonito, Samu! ¿Soy yo?» Asentí, un poco cortado. Arranqué con cuidado la hoja y se la di. «Es para ti.» Ella me miró durante segundos, o semanas, y en lugar de vocalizar un «gracias» me dio un beso. Totalmente inocente. Dos niños se daban un piquito en el recreo, y el mundo seguía girando. Pero era Vanesa, era yo, era mi mundo el que frenó de golpe. Me robó un beso y, aunque yo todavía no lo sabía, muchos de mis años. Yo no sabía qué decir mientras ella me miraba, divertida por mi reacción. ¿Lo habría visto Jehová? Seguro que sí. Y ahora, ¿qué? ¿Y si mis padres se enteraban? Y más preocupante aún: ¿y si ella se quedaba embarazada?

—No podemos ser novios... Yo soy Testigo de Jehová, y...

—Tranquilízate, Samu. Los Testigos también cobráis, ¿no? Pues como yo no tengo dinero, te lo pago así. —Y retomó su labor sobre el papel. Como si nada.

Vanesa no le dio ninguna importancia a ese episodio, y ninguno de los dos volvimos a comentarlo. Pero aquel instante se me quedó grabado en alta resolución. Ocupaba tanta memoria, que tuve que borrar varios pasajes bíblicos. Ella seguía con toda la atención puesta en su dibujo. Yo, en cambio, sin fuerzas en los músculos oculares para conseguir apartarlos de ella. No fue el momento del beso, fue exactamente ese momento posterior, el que se quedó grabado a fuego en mi retina. Claro, que con diez años solo conseguía mirarla, pensando: «qué guapa es; qué bien pinta; ojalá pudiera ser mi novia». Pero, ¿una niña mundana mi novia? Imposible. Además, la más guapa de su curso, del cole, del barrio, de ese pueblecito valenciano cerca de la costa, jamás se interesaría en alguien como yo. Para tener alguna posibilidad, yo tendría que parecerme a Raúl, el niño más alto de la clase y el que mejor juega al fútbol. Que viene a un colegio público casi en las afueras, en vez de uno privado de los que te obligan a llevar uniforme, quién sabe por qué. Porque Raúl era de familia bien, con casoplón en el centro de aquel pueblo que, a mi corta edad, era prácticamente la capital del mundo. Y el más popular del curso de Vanesa. Y no lo olvides, Samu: también dos años mayor, y veinte centímetros más alto. Y mundano, como ella. Serían la pareja perfecta de no ser porque ella parecía más interesada en otras cosas que en el chico más guapo de su clase y que mejor juega al fútbol. A veces, incluso pensaba que yo le gustaba. O no, pero al menos pasaba más tiempo conmigo. Jódete, Raúl.

—¿Me has oído, Samu? —Pedro me miraba mientras buscaba su mechero, muy serio—. Que quiero que escribas sobre todo eso de tu infancia; me gusta. Pero en tres semanas necesito ver algo más concreto. Por lo menos, el borrador de un par de capítulos. Escribe sin pensar, que ya lo puliremos. Solo escribe mucho. No quiero que el tiempo de entrega se nos eche encima. Dame fuego, anda.

—Tranquilo, Pedro. Esta noche tengo un evento, pero te prometo que mañana madrugo y me pongo a escribir con el primer café.

¡Jajaja! Soy un genio del mal. Después de la inauguración del restaurante al que me habían invitado esa noche, junto a media docena más de *influencers*, sabía que llegaría tardísimo a casa. En esos casos la bebida, toda primeras marcas, era gratis e ilimitada para las *celebrities* mediáticas, así que al día siguiente no estaría en pie antes de la hora de comer. Y acababa de recibir mi último capricho: la máquina recreativa estilo retro, de aquellas de cinco duros la partida, que aún tenía medio embalada en el centro del salón. En cuanto me despertara resacoso mañana, pensaba dedicarme a estrenarla a tiempo completo. Por lo menos un par de días, dale que te pego. Además, era un pequeño capricho que me había pagado precisamente con el adelanto que me dieron por empezar a escribir el libro. Así que, tal y como lo veía yo, en parte era culpa de la editorial.

Cuando era pequeño, después de ver a Tom Hanks en la película *Big* pensaba que el culmen de mi vida sería tener al menos una máquina recreativa propia en casa, y jugar gratis cada vez que se me antojara. Con doce años, el presupuesto en monedas de cinco duros era limitado. Aparte de la diversión de la partida, mi mayor aliciente para pulirme la paga semanal en el Street Fighter II era que, de vez en cuando, coincidía con Vanesa en los salones recreativos. Y habitualmente acababa apoyada en el borde de la máquina, observando la feroz batalla con mis adversarios. Yo me esforzaba por ganar el combate con la mayor exhibición posible de golpes virtuales. Jugaba bonito. Quería que me viera como un macho alfa. Seguro que así fantaseaba conmigo defendiéndola de un despiadado experto en artes marciales como Ryu, o una peligrosa bestia como Blanka, que emitía una intensa descarga eléctrica, si alguna vez se daba la improbable ocasión. No como Raúl, que solo sabía jugar mejor que nadie al fútbol en el mundo real y marcar casi todos los goles de su equipo mientras le animaba todo el colegio. No era comparable, lo de Raúl no tenía ninguna utilidad.

Lo mío iba de estar dispuesto a derramar hasta la última gota de sangre; de agotar toda la rayita de energía de mi personaje, por proteger a Vanesa; de sacrificar la última de mis monedas de cinco duros para tenerla allí apoyada en la máquina el mayor tiempo posible. Hasta que tenía que volver a casa, arruinado y a la espera de la siguiente paga semanal, sin ninguna otra excusa para estar cerca de Vanesa porque no era cristianamente apropiado. Entonces, ya abandonando los salones, la veía pasarse a la zona de futbolines, a observar cómo los chicos más mayores hacían exhibición de sus potentes y fibrosos antebrazos mientras mandaban la bola de un explosivo pepinazo al fondo de la portería contraria. Y, mientras, hacían todo aquello que yo tenía prohibido hacer: blasfemar, insultar, fumar, llevar pendientes y chupas de cuero plagadas de tachuelas sobre sus camisetas de Iron Maiden, salir de los recreativos hasta su ciclomotor aparcado en la puerta, con dos cascos, uno de ellos para Vanesa, llevarla a casa o vete a saber dónde, y enrollarse. Vale, era mi imaginación la que acababa siempre esta historia, y para no herirme demasiado no decía «tendrían sexo», sino «se enrollarían». Porque el sexo solo era para padres. La chica de dieciséis años más guapa del mundo, y que mejor pintaba, por supuestísimo que jamás tendría sexo con una versión malota de manual de Raúl.

—Perdona, ¿qué? Ah, claro que no me importa, adelante. —Un par de chicas me habían parado por la calle, obligándome a quitarme los cascos, para pedirme una foto juntos. Me habían reconocido de YouTube. Aquello me pasaba con relativa frecuencia desde hacía un año, y siempre me hizo cierta gracia. A veces me preguntaba si los que nos paraban para felicitarnos por los vídeos o sacarse una foto-trofeo hacían lo mismo cuando veían a un gatete mono por la calle, por si era el que habían visto petándolo en Facebook tocando el piano en un vídeo casero. Aislado con la música y los cascos, había caminado con el piloto automático desde que me despedí de Pedro en la puerta del Gran Hotel Conde Duque. Creo que me pateé todo San Bernardo hasta casi la puerta del Primark de Gran Vía. Precisamente en los probadores fue donde me pasó la primera vez. Salía con varias prendas que no me habían gustado y, al devolverlas al dependiente, este se quedó mirándome muy serio. Pensé que tal vez se sentía ofendido porque no me quedara ninguna. A lo mejor debería darle alguna explicación: «No sois vosotros, soy yo que estoy mal hecho y casi todo me queda mal», o «Es que el color no me favorece». Pero no era eso. Me dijo: «Oye, tú... ¿Tú no eres Samu? ¿El de los vídeos?» No supe muy bien cómo reaccionar y, antes de que pudiera articular una frase mínimamente coherente, empezó a llamar a sus compañeras. «¡Mira, Raquel! ¡Este es Samu, el de los vídeos que te enseñé! ¡Un crack, tía!» El problema no fue que acudiera su compañera, sino que la gente que hacía cola empezó a asomarse con curiosidad. Y pasa que yo los halagos suelo gestionarlos bien, salvo que me pillen por sorpresa. Que es casi siempre. ¿Por qué nadie te dice?: «Oye, te advierto, que me dispongo a halagarte.» Notaba las miradas de la gente, intentando hacer memoria: allí había un famoso. «Me encantan tus vídeos, tío, me río mogollón», dijo Rubén, el empleado. No quería parecer engreído, pero tampoco idiota. Y mi mecanismo de defensa en esos casos, como los calamares, es cambiar de color. Pero en vez de camuflarme, me puse rojo como un tomate sin poder hacer nada por evitarlo. Cuanto más lo intentaba, más me ruborizaba. Mi bilirrubina se retroalimenta con esas cosas. Siempre que recuerdo aquella situación, me hubiera encantado ser capaz de decir algo con mucha clase, como «Pues muchas gracias por ver los vídeos, siempre es un placer que te hagan un cumplido», seguido de una sonrisa de medio lado perfecta, guiño de ojo y gesto de pistolita con índice y pulgar, tsk-tsk. En lugar de eso, creo que dije algo como: «Sí, soy Samu... Pues... Pues... Ah sí, los vídeos, qué guay... Oye, te dejo seguir trabajando, que aquí hace un calor... Mira, como un tomate estoy...» Y me escabullí como pude, mientras la gente se volvía, posiblemente susurrando: «¿Quién era? Me suena, pero no sé de qué.»

Ahora lo gestiono bastante mejor, por suerte. Por suerte, y porque al llegar a casa aquel día, lo ensayé frente al espejo como un imbécil. Lo del guiño y la media sonrisa me salía razonablemente bien. Opté por descartar el doble disparo con los dedos, era excesivo. Siempre he pensado que un *influencer* o un *youtuber* a menudo son figuras mediáticas sobrevaloradas. Hay casos de verdadero talento e imaginación; gente muy inteligente que destaca y triunfa en las redes; gente que habría tenido éxito en cualquier otro medio, de haberse dado el caso. El paradigma era Pablo Alborán: un chaval con talento para cantar, componer y tocar la guitarra, que comenzó subiendo vídeos a YouTube haciendo lo que más le gustaba, y acabó siendo fichado por un sello de música de primera división y ganando varios premios Grammy. Pero otros muchos *youtubers* solo son personas a las que les da por subir vídeos de cámaras ocultas absurdas faltando el respeto a la gente, o grabar una partida al MineCraft mientras la comentan jocosamente con comentarios idiotas. ¿Qué mérito hay en eso? Desde luego, no el suficiente como para tener una respuesta ensayada para los fans con tres gestos juntos. Así que me decidí por «guiño-media sonrisa». «Guiño-media sonrisa-disparo doble» es algo que solo debería estar reservado a futbolistas de Primera División o estrellas del rock internacional. Ojalá existiera un Comité de Supervisión para Nuevas Celebridades. Un código deontológico, o algo. A lo tonto, llevaba caminando como una hora para llegar a casa. Solía desplazarme en moto —mi *Lola*— o en transporte público. Pero cuando en invierno me topaba con un día de sol despejado, y suficiente tiempo, me obligaba a caminar. Me ayudaba a despejarme, a pensar. Y sobre todo, a no estar pendiente del tráfico, o de en qué parada de metro tenía que hacer transbordo. En dos años en Madrid, ya me había perdido demasiadas veces en el metro, equivocándome de línea o cogiéndolo en sentido contrario. Todo cortesía de mi maravilloso TDHA, que no me dejaba concentrarme ni por un momento en lo que debía. Así que mejor a pata, gracias. Mientras bajaba por el Paseo del Prado, una Harley Davidson atronó en la avenida con su inimitable música, como si Louis Armstrong cantara a través del tubo de escape. Maldita sea, pues también hacía un bonito día para ir en moto, ahora me arrepentía de no haber acudido con *Lola* a mi cita con Pedro. También me arrepentía, aunque hubiera sido del todo inviable, de no haber tenido a la *Lola* cuando empecé a ir al instituto. Una chopper de alta cilindrada, pintada en negro mate, con doble tubo de escape y manillar de horquilla ensanchado. Y a pesar de la nimiedad de que entonces yo tenía catorce años, y no podía tener ninguna licencia para conducir, ni dinero para comprármela, me gustaba fantasear con ello. Buah. Vanesa saliendo del insti y su carpeta forrada con las fotos de Brad Pitt y Johnny Depp, recortadas de la *Super Pop*. Todos los tíos intentando tontear con ella para acompañarla a casa. Y entonces, de repente, aparecía Samu a lomos de su flamante moto. No con el aspecto de pardillo que tenía entonces —que para algo es mi fantasía—, sino con el actual. Chaqueta de cuero con una cruz gamada en la espalda, barba de leñador, gafas de sol de aviador. Frenando justo al llegar a ella, por qué no, y derrapando un poquito. Lo justo para que no pareciera intencionado, que eso es de prepotentes, pero para que quedara claro la bestia incontrolable que cabalgaba. «¿Te llevo a casa, preciosa?» Ella boquiabierta, subiendo a mi moto mientras yo me levantaba las gafas para dedicar a los malotes del colegio un guiño y una media sonrisa desbordante de confianza con destello de dientes con Photoshop incluído. Todos admirando la belleza de Vanesa, con su pelo al viento —en mi fantasía es legal que el acompañante no lleve casco si es tan guapa—, subida en la grupa de *Lola*, mirándome muertos de envidia. Arrancando con un ruido ensordecedor mientras que desaparecemos en un segundo por el horizonte y... Oh, venga ya, Samu. ¿Otra vez con Vanesa? Date un descanso, por Dios. Acabas de llegar a tu portal, aterriza. Al salir del ascensor en el noveno piso, siempre miraba instintivamente el piso de enfrente, donde hasta hace menos de un mes vivía Jero. A juzgar por las cajas en la puerta, parecía que lo había alquilado alguien. Jero fue una de las primeras personas que conocí en Madrid, antes de mudarme. Cuando me planteé vivir en la capital, publiqué en Facebook que si alguien conocía algún piso asequible en la ciudad, le estaría eternamente agradecido. Así que he de estarle eternamente agradecido a Jero por hablarme del piso que se alquilaba justamente frente al suyo, a buen precio y con unas vistas envidiables de Madrid Río. Jero era actor y todas las conversaciones que mantuvimos por chat antes de conocernos físicamente hicieron que nos cayéramos bien. Durante casi dos años habíamos sido los mejores vecinos del mundo, casi como compañeros de piso con habitaciones muy separadas. Pero ahora, al irse a vivir con su chico, el piso había quedado libre y lo ocuparía vete a saber quién. Al menos una familia numerosa con un montón de críos escandalosos no, porque tenía dos habitaciones. No sé, mi pesimismo me animaba a apostar por dos hermanas solteras jubiladas, con un montón de gatos viejos también, que no pararían de maullar por las noches porque les duele todo y ellas serían demasiado tacañas para gastarse el dinero en un veterinario, pero no para irse todas las mañanas al bingo y dejar encerrados a los pobres animales arañando las puertas y haciendo sus necesidades hasta que el olor llegara al ascensor, porque aunque los gatos suelen ser muy limpios cuando están sanos, estos tendrían incontinencia y se mearían por todos lados. Por lo menos así disimularían un poco los dos litros de perfume barato que seguro que se echarían las solteronas para salir, que además usarían dos fragancias distintas que se mezclarían entre sí formando una alianza aromática tan potente que se colaría bajo mi puerta y me despertaría temprano todos los días; y me vería obligado a tener que poner a todas horas incienso en mi propia casa, ¡en mi propia casa! Pero acabaría guardándoles tanto rencor que no las saludaría en el rellano, y ellas nunca sabrían por qué y me acusarían de maleducado, y este comecome de cabeza no me dejaría pensar en otra cosa, y dejaría de hacer buenos vídeos para YouTube, y tendría que acabar mudándome a otro piso lejos del alcance de sus perfumes, pero que me gustaría menos que este, por lo que igualmente me sentiría menos inspirado, lo que también se transmitiría en mi trabajo y dejaría de ser ingenioso y me volvería mediocre, haciendo que la gente dejara de seguirme en redes sociales; y volvería al anonimato y tendría que trabajar en la hostelería, y... Ay, cómo iba a echar de menos a Jero.

¿Cuánto tiempo llevaba mirando por la mirilla? Sin duda, demasiado. Tenía que comer, decidir qué ropa ponerme para el evento de esa noche, desembalar la recreativa y ponerla en funcionamiento para echar unas partidas antes de irme... Qué estrés de vida. Pero antes, podía llamar a Jero, a ver qué se contaba. Me atendió unos segundos, no podía hablar en ese momento. Llevaba un par de días en Portugal, en mitad de un rodaje de un anuncio de unas pastillas para los gases. A favor o en contra de los gases, no lo recuerdo. Ese era el tipo de anuncios del que vivía, el que casi ningún otro actor aceptaba porque dañaba su imagen. Jero, como cualquier actor, aspiraba a convertirse algún día en un actor serio y vivir de ello. Pero mientras otros rechazaban esos trabajos y ponían copas esperando su oportunidad definitiva, Jero había asumido que aunque no fueran su trabajo soñado, esos anuncios le daban de comer y además se divertía haciéndolos. Puede que algún día le saliera un papel importante en una serie o una película, o puede que no. Pero fueran cuales fueran sus planes, aceptaría lo que la vida le deparara y pensaba disfrutarlo, en lugar de amargarse pensando en lo que aún estaba por llegar. En cierta forma, me recordaba a mí antes de cumplir los treinta y dos años. A mi niñez, ni peor ni mejor que otras. Simplemente diferente. De repente, un ruido proveniente del rellano llamó mi atención. Corrí de nuevo a la mirilla, con el sigilo de un ninja. No se veía muy nítidamente, pero alguien estaba metiendo cajas en el piso que antes fuera de Jero. Vi una figura de mediana estatura, que por suerte no coincidía con el perfil de ninguna de las solteronas que me aterraban. Me quedé al acecho varios minutos, hasta que salió a hacer otro viaje con una caja. Cuando abrió la puerta, vi que era una chica. Parecía joven. Tal vez se hubiera mudado una pareja, porque me pareció que alguien más la ayudaba con los bártulos. Cuando se agachó, algo entreabrió la puerta. ¡Horror! ¡Un perro! Además, bastante grande. Juraría que era un galgo. Lo empujó cariñosamente con la pierna para que no la molestara y volviera a entrar. Pero antes de que lo hiciera... ¡Horror! ¡Un segundo perro, otro galgo! Me encantaban los animales, aunque yo no tenía ninguno. Pero esa era la señal de que mi vida apacible en mi ático aislado del mundo tocaba a su fin, porque... Un momento... ¡Requetehorror! ¿Un tercer galgo? La chica dejó la caja en el suelo, se sentó y empezó a acariciar a la manada, que luchaba por una porción del afecto de su dueña. Al agacharse, perdí cierto ángulo de visión pero seguí allí al acecho, mortificándome por mi mala suerte en el sorteo de vecinos. Por lo poco que veía de ella, parecía tener veintitantos años, pelo largo y liso (¿de color azul?), vestía una camiseta ancha y vaqueros ajustados. No quise mirar más. Me retiré a mi guarida para dejarme caer en el sofá y lamentarme por mi mala suerte. Y esa fue la primera vez que vi a la Vecinita. Solo esperaba que no trastocara demasiado mi vida. Ay, qué pocas veces los planes salen como esperabas.

2

Parkour

Me desperté temprano, tenía que preparar desayuno para dos. Salvo por una buena causa, como era el caso, no solía madrugar. Era el único inconveniente de haber pillado esa noche. Cuando mides un metro setenta y duermes solo en un colchón viscoelástico de cuatro metros cuadrados, cualquier hora es demasiado pronto para levantarte. Me encantaba ocupar el cien por cien de la cama, dentro de mis posibilidades, durmiendo en forma de equis. Cada extremidad apuntando hacia un lado. La equis era mi postura oficial para dormir de noche. Pero si pasaba la noche con alguien, era imposible de ejecutar. Erika, la chica desnuda de mi cama, se acababa de levantar. Había insistido en que se quedara a dormir, porque no me gustaba que viniera alguien a casa y que se largara después de la faena. No era cuestión de sentirme sucio por el sexo ocasional. Más bien de soledad. Si compartía un buen rato de desnudez con una chica, el cien por cien de las veces era porque me había atraído algo de ella, más allá del físico. Porque me apetecía conocer a otra persona, aunque fuera por unas horas. Y el mejor momento para conocer a alguien es desayunando. Ahí, con la mente despejada después de un buen descanso tras una noche agitada entre las sábanas, cuando la tensión sexual ya no te obliga a dar tu mejor imagen posible, es cuando te muestras como realmente eres. Reconozco que podía estar enviando señales contradictorias. Siempre procuraba dejar clara la naturaleza esporádica de esos encuentros, pero por otra parte me encantaba que quien durmiera en mi cama se encontrara el desayuno preparado al levantarse. Sin embargo, Erika lo rechazó amablemente. Aunque era sábado y no trabajaba, tenía que ir a casa para cambiarse y acudir al gimnasio. No perdonaba ningún día de la semana. Que ya me llamaría el fin de semana siguiente, por si me apetecía quedar para ver una peli en mi casa, o algo. Se vistió a toda prisa y la acompañé hasta la puerta. Antes de cerrar, le eché un último vistazo a su trasero perfecto, esculpido con esfuerzo diario a base de zumba y sentadillas. Recordé que esa mañana tenía que salir a hacer un poco de running. Justo entonces la Vecinita abrió la puerta. Salía de casa con sus dos, tres, cuatro, ¡cinco perros! Cinco galgos, según mi poca cultura en razas caninas. Había madrugado para bajarlos a la calle. Desde que se mudó, hacía una semana, no me había enterado de su presencia. Los animales (y ella) eran realmente discretos y silenciosos.

—Qué hay, buenos días —le dije, interrumpiendo mi gesto de cerrar la puerta.

—Hola, buenos días. —Por un momento se paró, como meditando si debería presentarse como nueva vecina—. ¿Qué tal? Soy la nueva vecina, me llamo...

—¿Bajas? —la interrumpió Erika, con la puerta del ascensor abierta, esperando.

—No, no te preocupes, con tanto animal no cabremos. Me espero al siguiente, gracias. —«Sí, gracias, Erika. Mi vecina iba a decirme su nombre y te has cargado el momento.»

Erika cerró, y la Vecinita aguardó en la puerta del ascensor, esperando. Yo me había quedado con la puerta de casa a medio cerrar, como un idiota. Allí de pie con el pantalón del pijama, como un idiota. Y sonriendo, más idiota aún. Soy un patán social total incluso en las situaciones más cotidianas. Cuando no sé cómo comportarme, suelo limitarme a sonreír, cordial. No sabía si seguir la conversación *interruptus*. Me había quedado mirando hacia el ascensor, como cuando acompañas a una chica hasta el portal y te quedas vigilando hasta que abre la puerta y llega sana y salva a casa. Solo que Erika ya había desaparecido. Así que, aunque mi mente estuviera en otra parte, visto desde fuera, Samu (que ahora mismo parecería un vecino loco) tenía la mirada ausente puesta en la Vecinita. Tendría entre veintidós y veinticinco años, calculé. Menuda, algo más baja que yo. Su melena era lisa, hasta la cintura, y de color azul. Piercing en una aleta de la nariz, cara algo aniñada y un tatuaje en un hombro, descubierto como al descuido por una camiseta demasiado ancha. Poco abrigada para bajar a la calle a pasear a los perros en febrero. Parecía la ocasión perfecta, mientras ella esperaba el ascensor, para presentarme: «Hola, me llamo Samu, bienvenida al edificio. Si alguna vez necesitas algo, estoy justo enfrente.» ¿Pero qué...? ¡Ya sabe que vives enfrente, solo hay dos puertas en esta planta, y te ha visto salir de casa! No sé, los americanos hacen esto mejor; se presentan formalmente llamando a su puerta con un pastel casero, como bienvenida al vecindario. «Bienvenida al barrio; blablá; es un vecindario muy tranquilo; blablablá; ya me devolverás el tupper». Pero yo cocinaba fatal. Hacerle un pastel sería más bien una declaración de guerra. «Bueno, siempre tengo sal, si alguna vez se te olvida comprar, estoy justo aquí, enfrente, jejeje...». Mierda, el TDAH otra vez. ¿Cuánto rato llevaba mirándola? ¿Erika acababa de cerrar la puerta tras de sí hacía un segundo o ya debía estar dándolo todo en su clase de zumba?

—Bueno, pues encantado y bienvenida. Cualquier cosa, ya sabes. —Y cerré la puerta.

«Imbécil, imbécil, imbécil. Anda, ponte a desayunar, que has hecho para dos, patán», me increpó Nacho.

No tenía ningún trastorno de doble personalidad. Al menos diagnosticado. Pero como hablaba tanto conmigo mismo, había bautizado a mi Pepito Grillo como Nacho. Más que nada, porque tenía el aspecto de Nacho Vidal. Un diminuto Nacho Vidal que me aconsejaba, casi siempre acertadamente, cuando había una mujer cerca. Al menos me ayudaba a salir de mi confortable y templada zona de timidez.

«Mierda —dijo Nacho—. Seguro que, además de Erika, también ha visto a las otras dos tías de esta semana. O las habrá oído, las paredes son finísimas.»

«¿Y? ¿Qué problema hay? Ya es mayorcita, sabrá que la gente hace esas cosas. No creo que sea Testiga, no irá a escandalizarse.»

«Pues el problema es que si te ve cada día con una, eso la descarta como candidata a...»

«Candidata a nada, Nacho. Es la vecina nueva. Punto. No voy a complicarme la vida con la vecina de enfrente. Además, no es mi tipo para nada.»

«Pues para no ser tu tipo, no sabes cuánto rato has estado mirándola mientras esperaba el ascensor.»

«Han sido unos segundos, no me líes.»

Lo bueno de las conversaciones con Nacho, es que duraban lo que yo quería. No tenía que inventarme una excusa para ponerles fin. Si no le contestaba, desaparecía y ya. Y si se quedaba un rato, pues lo ignoraba. Lo malo de esas conversaciones es que parecía un puto loco y que Nacho, a veces, era pesado; pero que muy pesado. Si se le metía una idea en la cabeza, que era también la mía, no paraba. Pero esta vez no iba a hacerle caso. La Vecinita era una chica joven, que puede que tuviera cierto atractivo, vale, pero que también puede que viviera con su novio. Y que no, que aunque no viviera con su novio, aunque ni siquiera tuviera novio, que no me iba a meter en un jardín así de complicado. Por suerte o por desgracia, no siempre había contado con la ayuda del mini Nacho Vidal, todo un experto (según él) en mujeres. De haber contado con su consejo cuando iba al instituto con Vanesa, seguro que ahora estaría con ella. Pero entonces ni siquiera sabía quién era Nacho. El real, quiero decir. Y mi única posibilidad se esfumó por completo cuando dejé los estudios y me puse a trabajar como peón de albañilería para ayudar económicamente en casa, pese a la oposición de mis padres. Hacía un año que no sabía nada de Vanesa. ¿Qué sería de su vida? ¿Seguiría pintando? Y sobre todo, ¿pensaría también ella en mí? Probablemente no. Fue entonces cuando conocí a Sandra, en una de las asambleas de los Testigos, que eran como las reuniones a las que íbamos tres días a la semana, pero a lo bestia. Tenían lugar una vez al año, habitualmente en un estadio alquilado para albergar a unas diez mil personas. Diez mil Testigos que, durante los dos días que duraba la asamblea, hablaban todo el rato de Jehová, cantaban cánticos cristianos y escuchaban atentamente varias horas de discursos enumerando las bondades de Dios y cuánto se interesaba por nosotros. Yo, incapaz de estar más de media hora sentado mirando al frente, me escabullía todo lo que podía. Mario y yo teníamos una seña acordada. Entre tanta gente, siempre nos poníamos de acuerdo para escaparnos y salir a tomarnos un café en el bar más cercano. Creo que por culpa de esas asambleas ahora soy un adicto a la cafeína. En la de ese año, me crucé con Sandra, que era amiga de unos amigos. Sandra y yo nos caímos bien de inmediato. Además, tenía una carita bonita, con ojos enormes e inteligentes, y era realmente simpática. Incluso sin la ayuda de Nacho, ese fin de semana volví a casa con su teléfono apuntado en mi Biblia. El teléfono de casa, el fijo, claro. Entonces casi nadie tenía móvil. Como vivíamos a unos ochenta kilómetros de distancia, y en aquel tiempo las llamadas eran carísimas, mantuvimos contacto por carta varios meses (sí, sí, cartas de las de antes, escritas a mano, con su sello y todo). Aunque ambos fuéramos Testigos, estaba mal visto quedar a solas con personas del sexo opuesto, así que las pocas veces que podíamos vernos en persona tenía que convencer a Mario y unos cuantos amigos más para que nos acercáramos, como por casualidad, al cine donde estaría ella ese domingo, y cosas así. Mis amigos tenían que comerse una hora en coche conmigo, para hacer de carabinas. Así era nuestro mundo. Hoy por mí, mañana por ti. Esto no cambió cuando Sandra y yo nos hicimos novios formales, dos años después. Por muy novios que fueran, dos personas no casadas no podían compartir momentos a solas. La tentación de la carne, el deseo del Diablo y todo eso, podían conseguir que desde la última fila en un cine se convirtiera en incómoda una escena tórrida de *Emmanuelle*, que era la máxima referencia erótica que yo conocía entonces.

Y si no podíamos estar a solas en un cine, en un coche menos todavía. Era una situación que los Testigos aconsejaban evitar encarecidamente. En caso de ser necesario, si no quedaba más remedio y no podía acompañarnos nadie, era mejor que ella se sentara detrás. Como en un taxi; por si en el momento más inadecuado me quedaba sin gasolina en un descampado solitario iluminado por la luz de la luna. «Fuera tentación»: Ese fue el lema de nuestros ocho años de noviazgo. El sexo (cualquier tipo: oral, manual, telefónico...) estaba reservado exclusivamente a las personas casadas. Del sexo por carta no me habían dicho nada, pero porque seguro que sabían que era inviable. «¿Qué llevas puesto?» Una semana después: «Un camisón muy sugerente, ¿y tú?» Pasados unos días: «Ufffff, me encanta. Yo un pijama de verano. ¿Y debajo no llevas nada?» Y más tarde: «No. Este mes he sido muy mala.» O sea, que descartado. Y sí, ocho años de casto noviazgo. Ocho. Con patatas nos los comimos. Ni el sexo con uno mismo, estaba permitido. Así que cuando mis padres descubrieron mi segundo cajón de la mesita, el de los calcetines, pusieron el grito en el cielo. Y eso que lo que escondía ya no eran gominolas. Bueno, se escandalizaron la primera vez que lo abrieron, pero creo que se fueron acostumbrando; porque aunque les prometía, muy arrepentido, que no sucedería más, acababa reincidiendo. Solo en parte cumplía mi palabra: lo que no volvía a pasar era hacerlo en el mismo lugar. Anda que no hay sitios supersecretos en una habitación para guardar una *Playboy*: debajo del colchón, detrás de los libros, encima del armario... Vamos, los primeros rincones donde se mira en una redada sorpresa. Hackear mi castidad se me daba bastante peor que hackear los cumpleaños. Durante aquella larguísima Ley Seca, mis padres eran Eliot Ness y yo un Al Capone de marca blanca. Por supuesto, cuando me atrapaban, había interrogatorios. Eran duros, pero me mantenía firme, como un soldado capturado en terreno enemigo. Jamás reconocí que aquel material fuera mío; era de un amigo al que se lo estaba cuidando. ¿Que de quién? ¿Me tomaban por un soplón, una rata? Jamás traicionaría a un camarada. Podían hacer conmigo lo que quisieran, pero no doblegarían mi voluntad de hierro. Ah, ¿castigado un mes sin ver la tele? Bueno, para casos así de extremos, Mario y yo teníamos un pacto.

Si el castigo se volvía intolerable, el marrón se lo comía el otro. Sería mucho más suave para él, porque pasaría por varios filtros: mis padres hablarían con los suyos, que, a su vez, charlarían con él, que diría que no era para tanto y que yo mentía bellacamente, que no entendía cómo podía estar calumniándole de esa manera y que cuando se cruzara conmigo me pediría explicaciones. Yo también me sacrificaba cuando era Mario el soldado abatido. Nuestra brillante estrategia de pasarnos la pelota era lo que nos mantenía en el juego. Como cuando pillan, imaginemos por un momento, a un político que ha defraudado varios millones de euros, pasando el dinero por tantas empresas fantasma que es imposible seguirle el rastro. Como mínimo, retrasábamos tanto el castigo que cuando se esclarecía el asunto, el crimen ya había prescrito. Así que no, los interrogatorios no me preocupaban. Pero aquello siempre tenía dos consecuencias terribles. La primera, que el material requisado y destruido era dificilísimo de sustituir. Hoy en día, es muy fácil tener acceso a tetas. ¿Quién no tiene acceso a Google? Los chavales de hoy no saben lo que es la necesidad. Porque en aquellos tiempos, el cajón de los calcetines de un niño (incluso de los no-Testigos) era su santuario. Era una colección de un valor incalculable, construida con meses de sacrificio. Era mi kit de supervivencia. Era el barrilete del cuello de un San Bernardo rescatándote cuando llevas dos días aislado por un alud de nieve: a lo mejor no llegaba a salvarte de morir congelado, pero te subía la temperatura. Perder todo aquello te hundía en la desesperación varias semanas. En mi caso, sobrevivía a duras penas robando del buzón de mi vecina la sufrida revista *Venca* (benditas páginas centrales de lencería) hasta que conseguía reponer la mercancía confiscada. Así que la propia pérdida, aunque trágica, tenía arreglo. Lo peor era lo que venía después de cada incautación: mi padre siempre sentía la necesidad de tener una charla padre-hijo conmigo, sobre sexo, pero desde el punto de vista de un Testigo. Así que, aunque tremendamente incómodas, al menos eran monólogos bastante cortos: «Hijo, no hagas nada hasta que te cases. Nunca. Ni con nadie, ni contigo mismo. Ni pienses en nada. Y para ayudarte, se acabó ver *Los vigilantes de la playa* en esta casa.» Por lo que suponíamos Mario y yo, esas charlas debían de ser muy comunes en casa de cualquier Testigo adolescente. Por supuesto, también lo fueron en la de mi novia, Sandra. Y aunque no lo supiera en ese momento, esas conversaciones acabarían afectando a mi vida futura de una forma inimaginable. Empezando por que hasta nuestra noche de bodas, con veinticinco años, no había visto nunca de cerca a una mujer desnuda físicamente.

Escuché las llaves al otro lado de la puerta. Instintivamente di unos pasos para abrir la mía, pero me detuve. Ya no era Jero, ahora era la Vecinita. Jero y yo teníamos esa costumbre. Era un ritual. Cuando uno escuchaba la cerradura del otro, siempre salía al rellano a saludar. Bueno, después de comprobar por la mirilla que no fuera acompañado. Jero tenía una vida sexual bastante más ajetreada que la mía. Aunque en alguna ocasión, si ya había cierta confianza con el ligue ajeno, salíamos igualmente. Acompañados o no, siempre acababan dándonos las uvas, hasta que uno de los dos (o tres) comentaba que parecíamos unos pasmarotes. Entonces la charla continuaba en cualquiera de las dos casas, con unas cervecitas (si era la mía) o un buen vino (si era la de Jero).

¡Ups! Me había solazado tanto con el flashback de Jero que cuando quise darme cuenta, ya había abierto la puerta de golpe.

—Ah, hola otra vez, vecino.

—Hola... —No podía parecer que había salido a la puerta a cotillear. Me quedé congelado—. ¿Qué tal ese paseo, hace buen día?

—Bueno, un poco de frío, pero no está mal... —respondió mirándome extrañada—. ¿Sales?

—Sí. —«Invéntate algo, Samu. Lo que sea»—. Salgo un rato... a correr.

—¿En pijama? —preguntó sorprendida.

En efecto. Seguía en pijama.

—¿Esto? Jejeje... No... No es un pijama —Por supuesto que lo era. Claramente. Era un regalo de mi madre, tenía hasta ositos—. Me lo dicen muchas veces. Es una línea de ropa deportiva de una marca que me han pedido que promocione por Instagram, y tengo que salir a probarla. Es comodísima... De material transpirable...

—Ah. ¿Y corres descalzo? —Me cago en todo. No hizo falta que me mirara los pies. El suelo estaba congelado.

—Sí, bueno. Dicen que es lo más sano. Como caminar descalzo por la playa, para el riego sanguíneo... Pero en vez de arena, por el césped del parque.

—Qué guay. ¡Pues tengo que probarlo algún día! Pero cuando haga mejor tiempo, que no soy tan valiente como tú.

Bajé nueve pisos por las escaleras, porque no tenía

sentido salir a correr y usar el ascensor, mientras me preguntaba si habría colado. Ahora lo importante era que no podía volver a casa en al menos una hora. Si me escuchaba entrar en seguida, sabría que era una excusa, y pensaría que abrí la puerta para espiarla. Solucionado, me metería en el bar que hay junto al portal, y me tomaría un café tranquilamente. Nunca había entrado hasta ahora. Si alguien me miraba raro, diría que me dejé las llaves dentro de casa y estaba esperando a que llegara el cerrajero. Eso es. Claro, genio, eso es. Y pagas con la cartera que siempre llevas en el pijama sin bolsillos cuando sales «a correr» descalzo. ¡Maldita sea! Así que decidí que lo más sensato sería precisamente correr un rato por Madrid Río. A esa hora no había mucha gente, y la ropa llamaría menos la atención en movimiento que si me sentaba en el césped, como un loco. Puede que incluso fuera beneficioso realmente para los pies. Que hubiera descubierto una nueva terapia y que acabara poniéndose de moda. No llevaba ni diez minutos trotando y ya me quería morir. Tenía los pies destrozados. Eso no podía ser bueno para estimular el riego de ninguna parte. Ni todavía menos, para mi dignidad. Y era posible que hubiera pisado alguna caca de perro. Lo de intentar pasar desapercibido tampoco funcionaba como esperaba. La gente se me quedaba mirando. Y cuando no podía ser peor, alguien que corría en sentido contrario me gritó algo a los pocos metros de cruzarnos. Me giré por instinto, y sí, parecía que me gritaba a mí. Era una rubia enorme, que me sacaría un par de cabezas, con el uniforme oficial del runner, de un montón de colores fosforito.

Resulta que cualquier color tiene su versión *runner*, que es lo mismo pero en fosforito chillón. Toda la gama del Pantone. No, no podía ser, no me sonaba. Volvió a gritarme. Y esta vez usó mi nombre

—¡Samu! ¡Eh, Samu! —Estaba seguro de que no la conocía de nada. ¿Algún ligue del que no me acordaba? Imposible, me sonaría aquella valkiria. Por instinto, aceleré lo que pude. Ella seguía llamándome y corriendo. Me ganaba terreno. Claro, con aquellas zapatillas con cámara de aire, normal. En realidad, no sabía por qué huía. Y me iba a alcanzar en cero coma. Así que, en un ataque de súbita dignidad, planeé que me detendría de repente, como si admirara un árbol cualquiera. No huía, simplemente no la había escuchado. Y no me paraba porque me hubiera vencido, sino porque aquel árbol me interesaba muchísimo. Justo en ese momento, di un traspié que me hizo polvo el dedo gordo del pie izquierdo y caí sobre un arbusto. Y entonces me alcanzó—. Tío, ¿estás bien?

—Ah, no te había visto. Sí, sí, estaba probando una cosa. —Me incorporé como un resorte, como si mi caída estuviera perfectamente preparada, mientras me sacudía ramitas y hojas de la ropa y el pelo.

—Eres Samu, ¿verdad? —dijo respirando pesadamente.

—Sí, soy yo. Perdona, ahora mismo no caigo. Bueno, ya me entiendes. ¿Nos conocemos?

—No, tío, pero yo a ti sí. ¡Tú eres el de los vídeos, me encantan! Te sigo en todos tus canales.

«De hecho, me sigues hasta por el parque, querida chalada.»

—Ah, claro. Jo, qué guay, pues muchas gracias —dije, aliviado.

—Oye, ¿y sales a correr así, con esa ropa? Ah, calla: estás grabando un vídeo, ¿verdad?

—Pues... Sí, algo así. Estoy preparando un *sketch* y reconocía el terreno, necesitaba localizar un árbol justo como este... Como aquel, quiero decir, pero al final creo que la caída de coña queda mejor en este arbusto. Qué bien, ya lo tengo, me vuelvo a casa a escribirlo todo. Oye, encantado —solté atropelladamente como siempre que mentía, mientras me daba la vuelta muy dignamente.

—Guay, tío, pues que vaya genial la grabación. —Me puso la mano en el hombro. Yo creía que ahora sí, me iba a arrancar la cabeza de un mordisco y se la iba a comer, como en ese cuadro de *Saturno devorando a su hijo*. Pero solo recuperaba el aliento apoyándose—. Un placer, tío, ¡ya nos veremos! —Y tal y como lo dijo, dio media vuelta y siguió con su trote como si nada. Por favor, que acabara ya aquella mañanita de trolas. Mentir me agotaba. Más que nada, porque siempre acababa fatal. Llegué a casa media hora después, magullado y maltrecho. Aún llevaba restos del arbusto en la barba, el pijama estaba un poco roto y me había hecho un par de arañazos leves en la frente. Seguro que algún soldado aliado en Normandía acabó mejor parado que yo. Como no podía ser de otra forma, la Vecinita estaba en la puerta. Estaba pintándola de verde, dando la espalda a la mía. Si entraba rápido, para cuando se volviera a saludar yo ya habría desaparecido. Sé un ninja, Samu, quedarás como un borde pero no te verá hecho un mamarracho. Y de nuevo, como no podía ser de otra manera, se giró antes de que pudiera dar un solo paso.

—Ah, hola. ¿Qué tal ha ido el *footing*?

—¡Ey! Bien, bien. —Me recompuse como pude—. ¿Y tú? De reformas, ¿eh?

—Sí, es que no me gustaba el color de la puerta, me parecía un poco triste. Oye, ¿estás bien? ¿Seguro que vienes de probar la ropa y no del desembarco de Normandía?

—Sí, para correr está bien. —Estupendo, ahora me leía la mente—. Pero se me ha ocurrido intentar hacer *parkour*, y para eso no sirve. Voy a tener que comentarles un par de cosillas a los de la marca. —Me excusé como pude y cerré la puerta tras de mí. Corrí al espejo para comprobar con qué aspecto me había visto la Vecinita. Y sí, parecía que volviera de luchar contra las hordas nazis.

«¿Te acuerdas de que la descartábamos como candidata? —me dijo mini Nacho Vidal—. Pues olvídalo. Es ella la que acaba de descartarte a ti. Ahora eres su vecino "el Pirado".»

—Ahora no, Nacho. No es un buen momento.

Tenía razón. Una semana antes mi preocupación era que no se mudara justo enfrente un bicho raro. Y resulta que el bicho raro era yo. La única parte positiva era que esa noche tenía un monólogo, y aún no me había preparado nada. Pero con aquel episodio, seguro que podía improvisar unos minutitos.

3

Comedia

—¡Gracias, sois un público estupendo! ¡Ahora quiero que recibáis con un fuerte aplauso al segundo cómico de la noche: mi compañero y amigo, Samu! —gritó Carlos como si fuera una *rockstar*. Y el público que había ido a vernos al Beer Station, en la céntrica plaza de Santo Domingo, aplaudió a rabiar, principalmente por la estupenda primera parte del show que se había marcado Carlos.

Ahora era mi turno de mantener el listón a la altura. Y aunque no era lo habitual, esa vez sí lo estuve. Al principio de actuar juntos, Carlos siempre tenía mucho más éxito que yo. Más risas, más aplausos. Ahora estábamos a la par en eso, aunque su talento para hacer reír seguía siendo claramente superior al mío. Pero desde que mi cara era conocida en Internet, más de la mitad de los asistentes venían atraídos para ver de cerca al personaje que conocían por los vídeos de YouTube. Mi único problema era que no había un solo día en que no se me olvidara el texto sobre el escenario. Mi TDAH hacía de las suyas, y ante la más mínima distracción, perdía el hilo de lo que estaba diciendo. Por suerte, improvisaba bien, y a menudo eso funcionaba mucho mejor que lo que llevaba preparado. Solía comenzar mis monólogos riéndome de mí mismo, principalmente con chistes sobre mi estatura. Luego hablaba un poco sobre mi infancia como Testigo de Jehová, aquel largo noviazgo de castidad y cómo fue mi matrimonio. Una vez hecho esto, prácticamente tenía licencia para hacer chistes sobre cualquier cosa. Paradójicamente, allí arriba perdía mi timidez (aunque parezca mentira, les pasa a muchos cómicos) y me sentía protegido por el micro. Incluso una temporada me dio por bajarme los pantalones cuando el público se dispersaba. Me atrevía a hablar de todo: políticos, curas y religión, noticias de actualidad... Nunca he considerado que se le pueda poner límites al humor, así que me despachaba bien a gusto, intentando no dejar títere con cabeza. Más o menos como en los vídeos que colgaba en YouTube. Sin filtro, pura y dura franqueza. Siempre había alguien que se me ofendía, o a veces, incluso, se iba en mitad de mi actuación. Y a decir verdad, eso me encantaba. Me hacía ver que estaba en el buen camino. Carlos y yo a menudo comentábamos que el día en que agrades a todo el mundo, preocúpate porque estarás haciendo algo mal. Aunque lo cierto era que él gustaba a todos, el muy jodío. Pero involuntariamente, sin ningún esfuerzo por su parte. Había sido bendecido con una especie de aura de carisma y, dijera lo que dijera, era muy difícil que a alguien le sentara mal; por muy bestias que pudieran ser sus chistes. Que lo eran. A Carlos lo conocí el primer día que me subí a un escenario para hacer comedia. En Madrid había varios locales de micro abierto, donde un día a la semana podía subirse cualquiera a probar diez minutos que tuviera preparados. Uno de ellos era El Paso de la Cebra, en Vallecas. En el entorno de cómicos, estaba considerado un templo del humor. Ese día yo estaba nerviosísimo, pero cuando me bajé del escenario, lo consideré un éxito. No por la reacción del público, que se había reído muy poco conmigo, sino por haberme atrevido con algo que llevaba años queriendo hacer. En total actuamos seis cómicos, y uno de ellos era Carlos. Al acabar, el dueño, muy amigo de todos los cómicos, nos invitó a todos a unas copas. Me acogieron muy bien en su grupo y no faltaron consejos para mejorar y felicitaciones de los más veteranos. Carlos me dijo que, aunque mis chistes no hubieran funcionado demasiado bien, a él le habían encantado. Durante varios meses coincidimos en más eventos de micro abierto, y fue en una de esas noches cargadas de alcohol, cuando decidimos hacer monólogos a medias. Cada uno haría media hora de show. Tendríamos que repartirnos el dinero, pero nos divertiríamos el doble. Yo acepté encantado; después de verlo actuar varias veces, lo admiraba profundamente. Y además de parecerme un tío muy ingenioso, Carlos poseía una peculiaridad como cómico que le hacía único. Carlos tenía dos personajes cuando hacía monólogos. O en realidad, solo uno. A veces actuaba como él, como Carlos, obviamente, pero en muchas ocasiones lo hacía vestido de mujer. El personaje se llamaba Bárbara.

Una larguísima y morena melena postiza, gafas de pasta y traje de chaqueta perfectamente escogidos. Me recordaba a Ana Morgade. Me contó que la primera vez lo había hecho por una apuesta con otro cómico, el clásico «¿a que no hay huevos?», pero le funcionó tan bien que acabó convirtiéndose en costumbre. Cuando aparecía Bárbara, nadie del público creía estar viendo a un hombre disfrazado de mujer. Desde el minuto uno, Bárbara era una cómica de los pies a la cabeza. Por supuesto, todo el mundo sabía que era Carlos disfrazado, pero lo olvidaban rápidamente. Bárbara tenía personalidad propia. Su sentido del humor era mucho más agudo, más incisivo y rápido que el de Carlos. Era una mujer que hablaba sin tapujos de sus problemas y de sus manías sin caer jamás en la vulgaridad pero apurando el límite. Mientras Carlos el cómico era un tipo entrañable, bonachón y en apariencia tímido, Bárbara disfrutaba tensando la cuerda que la unía al público, hasta que estaba a punto de romperse. Entonces hacía una pequeña concesión que volvía a acercarlos y, ¡chas!, un nuevo hachazo. Manejaba perfectamente los tempos, tan importantes en comedia. Las inflexiones de voz, su corporalidad y hasta la más mínima mueca estaban al servicio de cada chiste, de cada línea. Hacía de su espectáculo un ejercicio de transgresión inteligente. Tanto, que ni siquiera lo percibías hasta que llegabas a casa. El público caía rendido a sus pies, igual que yo el primer día que la vi sobre el escenario.

—¿Qué? Hoy hemos estado muy bien, ¿no? —Apoyados en la barra tras nuestro show, de nuevo Carlos y yo brindábamos con las cervezas a las que nos invitó el dueño del local.

—Pues yo creo que sí, tío. Bueno, yo me he visto bien. Pero tú...

—¿Yo qué? No me seas cabrón. En serio, ¿cómo me has visto?

—Pues a ti no te he visto. Solo tenía ojos para Bárbara.

—Jajaja, eres un idiota. Pues eso, ¿cómo ha estado Bárbara? —Cuando iba a responderle, nos interrumpió un grupo de amigos que se acercó para pedirnos una foto. Dos parejas que habían venido a verme al monólogo porque lo había anunciado en mis redes sociales, pero que acabaron mucho más maravilladas por Bárbara que por mi actuación. Así funcionábamos. Yo era el cebo, y cuando habían picado el anzuelo, Bárbara les deslumbraba—. A ver, ¿dónde me pongo? —dijo Carlos mientras buscaba su posición para la foto entre las dos chicas del grupo—. ¿Aquí, en medio de vosotras dos, por ejemplo? —Nunca perdía baza con una chica. Yo puse mi mejor sonrisa. Y mientras buscaba mi hueco en la foto, pensaba en lo bien que nos estaba yendo a Carlos y a mí, y lo poco que me imaginaba aquel más que modesto éxito cuando decidí probar con los monólogos, un año y medio atrás.

Al poco tiempo de llegar a Madrid, Jero me había hablado de una amiga suya, actriz y cómica, que impartía un curso de escritura creativa y comedia. «Igual te suena, ha aparecido varias veces en Paramount Comedy. Se llama Carolina Noriega.» ¡Pues claro que la conocía, era superfan! Bueno, yo era un fanático de los monólogos en general. Podía ponerme una docena seguida en la tele, y no me aburría nunca de verlos. Pero hacerlos... Eso aún me parecía lejano. Y dificilísimo. Me imponían demasiado respeto. Así que, después de mucho pensarlo, decidí apuntarme al curso. El primer día llegué un poco nervioso. Carolina era una tía bastante conocida como cómica, y no sabía de qué hablar con mis compañeros, principalmente por mi timidez. La misma que había retrasado diez años que me subiera a un escenario a intentar hacer reír. Había hecho mis pinitos en teatro y televisión, pero no era lo mismo. ¿Y si nadie se reía? Me daba pavor imaginarme en una situación así. Por suerte, Carolina era una profesora estupenda con la que me llevé bien enseguida. En pocas semanas consiguió que dedicara la mayor parte de mi tiempo libre a escribir, cuando no trabajaba en el mercado de San Ildefonso. Después de cada clase, siempre nos mandaba deberes: escribir un relato, un pequeño monólogo, un cuento... Escribir, escribir y escribir. Tenía la muñeca más hecha polvo que cuando mi cajón de los calcetines vivía una época de abundancia.

Las clases duraban tres horas, y solíamos ser cuatro o cinco alumnos como mucho. Una tarde fui el único asistente, todos fallaron por una u otra razón. Así que nos la tomamos de relax, nos pedimos unas cervecitas y empezamos con nuestros ejercicios de escritura. Carolina me aconsejó que procurara escribir siempre desde mi verdad. Y si existía, desde mi dolor. Y como además de cómica, era psicóloga, al poco rato le había contado mi vida entera con pelos y señales. Mi infancia como

Testigo, mi niñez y adolescencia sin sexo, y cómo perdí la virginidad a los treinta y dos años.

—Espera, espera, espera —me interrumpió Carolina mientras retenía el trago de cerveza que iba a dar—. ¿Que perdiste la virginidad a los treinta y dos años? ¿Cómo puede ser, si te casaste a los veinticinco con tu novia de toda la vida? Vale que de novios no pudierais hacer nada, pero...

—Pero de casados tampoco fue muy diferente, Carolina. Verás, el día que me casé con Sandra fue un día feliz para ambos, nos queríamos mucho. Estábamos deseando que el banquete se acabara cuanto antes para volver a casa. Iba a ser nuestra primera noche juntos. ¡Por primera vez después de ocho años podríamos expresar nuestro deseo de una forma física! Yo estaba nervioso, por supuesto, pero era joven. No me hizo falta demasiado para ponerme en marcha. Sobre todo cuando vi a Sandra desnuda por primera vez. Tenía un cuerpo más bonito del que me había imaginado cada día de aquellos ocho años, a veces, incluso más de una vez al día. Pero en el momento clave, algo no iba bien. Siempre había pensado que el sexo sería fácil. Aritmética simple. Dos más dos. O, expresado gráficamente, 1+0, un puzle bastante elemental. Pero parecía ser que no. No había forma de penetrar. ¿Podía ser la lubricación? Éramos dos novatos del sexo, no disponíamos de material especializado. Ni juguetitos, ni geles. Así que usamos aceite de oliva virgen extra, que si era la base de la dieta mediterránea, malo no podía ser. Vaya, pues no, no era eso. Solo conseguimos que la cama pareciera una ensalada. ¿La falta de tracción de las sábanas? Debía de ser eso, habíamos preparado nuestra cama, nuestro lecho del amor, con sábanas de seda. Y entre eso y el aceite, me faltaba empuje. Las cambiamos por otro juego, de un tejido menos deslizante. Tampoco. Finalmente, dos horas después, exhaustos y frustrados, desistimos. Ya eran las cuatro de la madrugada. Posiblemente el estrés del día (el juzgado, el discurso, el banquete, las altas horas...) estuviera influyendo. A lo mejor, el sexo necesitaba de más relax que en los kikis «aquí te pillo-aquí te mato» de las películas. Como en pocas horas volábamos a La Habana, decidimos descansar un poco y posponerlo para nuestra inminente luna de miel. Creo que pasaré a la Historia de la Humanidad como la única persona que no ha conseguido follar en Cuba. Y no será porque no lo intentamos cada uno de esos once días. Definitivamente, algo no estaba bien. Volvimos a Valencia algo frustrados, y expertos en beber mojitos, que se convirtieron en nuestro plan B. Lo primero que hicimos al llegar fue pedir hora en la consulta de sexología de la Seguridad Social. ¡Meeec! ¡Error! Entramos en aquel despacho bastante avergonzados por nuestra situación, y aquella sexóloga lo expuso muy claro: todo indicaba que Sandra padecía vaginismo. Esto es que la vagina se contrae, casi siempre involuntariamente, hasta tal punto que hace imposible cualquier penetración. A veces responde a factores fisiológicos, y otras, a cuestiones puramente psicológicas. Al inconsciente. De repente, me vinieron a la cabeza aquellas charlas padre-hijo. Sandra me había contado en alguna ocasión que también las había tenido con su madre y fueron tan poco pedagógicas como las mías. Aunque no fuera consciente de ello, después de tantos años de represión, algo en su interior seguía diciéndole que las relaciones sexuales eran sucias e inapropiadas. En pocas palabras: las creencias religiosas añejas y erróneamente interpretadas nos habían jodido la luna de miel.

—Tranquilos, tiene solución —dijo la sexóloga—, pero requiere bastante tiempo y paciencia. —¿Cómo? Yo la miré. No me gustaba cómo sonaba aquello. ¿Más paciencia todavía? Había aguantado toda mi adolescencia con mi cajón de los calcetines como único recurso. Cuando conocí a Sandra, tuve que esperar otros ocho años más de casto noviazgo. ¿Y ahora había que seguir esperando? Gracias, Dios mío. Gracias, Jehová, en serio. La sexóloga nos explicó que con una serie de ejercicios diarios de relajación, masajes y un ambiente tranquilo con música *chill out* y velitas, iría ganándome poco a poco la confianza de su zona afectada. De haber conocido entonces a mini Nacho Vidal, seguro que me hubiera recomendado algo distinto, más radical. Así que empezamos con la terapia inmediatamente. Al principio seguíamos lo que nos dijo la sexóloga todos los días, después de llegar agotados del trabajo. Transcurridos varios meses sin notar mejoría alguna, las sesiones diarias pasaron a ser semanales. Luego mensuales. Dos años después, derrotados por la frustración, las habíamos abandonado por completo. Para cuando cumplí los treinta años, tenía totalmente asumido que moriría virgen. Como era lógico, nuestro matrimonio se resintió. Aunque (ahora sí) podíamos al menos desfogarnos con preliminares, la apetencia sexual había desaparecido por completo. La guarnición está bien, pero ¿a quién no le apetece el plato principal? Ambos nos queríamos, sí, pero empezábamos a parecer más dos compañeros de piso que un matrimonio. Y cada vez con más frecuencia, me sorprendía pensando en lo diferente que sería mi vida si Vanesa y yo estuviéramos juntos. Aunque no parecía tener Facebook, siguiendo algunos rastros había conseguido localizarla en fotos más recientes de otros usuarios. Y estaba mucho más guapa de lo que la recordaba en el colegio. Seguía teniendo aquella carita aniñada de gata, poblada de pecas, pero se había convertido en una preciosa mujer de treinta y pocos. Cuando la veía, solía imaginar que ahora podríamos tener uno o dos críos preciosos, mérito de ella, por supuesto. Al llegar a casa, ambos hablaríamos de cómo nos había ido el día mientras cenábamos. Yo la escucharía embobado y, después de acostar a los niños, haríamos el amor apasionadamente todas las noches. O quizás no. Puede que me hubiera rechazado si hubiera tenido el coraje necesario para decirle lo loco que estaba por ella. Seguramente acabó con Raúl, el chico más popular del colegio. En cualquier caso, nunca lo sabría. Me había dejado llevar por unos principios religiosos heredados, prácticamente impuestos al nacer. Había aceptado las circunstancias sin luchar, sin intentar cambiarlas. Sin el empuje necesario para querer ver qué había más allá de las barreras de mi pequeño mundo. Empezaba a sentir que me había pasado la vida a la deriva. Pasivo, esperando que la vida me llevara por donde quisiera. No había hecho el esfuerzo de remar y la corriente me arrastró a un pequeño y mediocre remanso del río. Mi vida estaba estancada. Y a pesar de todo, quería a Sandra con todo mi corazón. A ella le encantaban los niños y se moría por ser madre; y, claro, lo de la virgen María y la paloma no pasa todos los días. En secreto le reprochaba que a ella solo parecía preocuparle el hecho de que no tuviéramos sexo cuando su instinto maternal se intensificaba. No por nuestro matrimonio. Ni por cómo debía sentirme cuando con treinta años aún tenía el precinto de garantía intacto. Aquello casi me hundía más que la propia falta de sexo. Y fantasear con Vanesa hacía que me sintiera aún peor. Necesitaba mantenerme ocupado en algo al salir del trabajo, así que me apunté a clases de teatro. Era una de las espinitas que tenía clavada desde pequeño, cuando me seleccionaron para actuar en una obra del colegio aunque mi padre me convenció de que lo rechazara por ser demasiado mundano todo. Pero mi deseo de ser actor había seguido latente todo ese tiempo. Y aquellas clases de teatro me sirvieron como válvula de escape. Me ayudaban a sobrellevar un matrimonio que no estaba funcionando como había esperado. También me sirvieron para enterarme de cierto casting en Madrid, para una serie autonómica. Y por azares de la vida, me escogieron como actor de reparto en *Café Express*, que se emitió en Telemadrid. A mi mujer no le hacía demasiada gracia que quisiera ser actor («¿Y si en una escena tienes que besar a otra?»), así que al acabar las seis semanas de rodaje, retomé mi vida y mi empleo de siempre. Una mañana, mientras trabajaba en la construcción, rodeado de hormigón, recibí una llamada al móvil. Era un importante director de casting, que me había visto en la serie y me aconsejó mudarme a Madrid porque allí no me faltaría trabajo. Cuando digo «importante», es porque era quien en aquel momento seleccionaba el reparto de las principales series de emisión nacional, y no pocas películas. Como yo era bastante imbécil, mi respuesta fue que no podía aparcar mi vida de casado y mudarme por trabajo, así sin más. Que lo agradecía, pero no, gracias. Durante años lamenté casi a diario haber dejado pasar ese tren. Así transcurrieron varios años de matrimonio. Confiando mi cordura a las clases de interpretación y, lo reconozco, a consumir porno por internet a escondidas. Siempre que podía. Como un mandril. Saberse más nombres de actrices porno que de escritores de la Biblia podía ser normal para cualquiera, pero para un Testigo de Jehová... Bueno, llevaba media vida leyendo el Libro Sagrado, y las *pornostars* me eran de más ayuda que los apóstoles. Una noche, Eva, una actriz de mi clase de teatro, me envió un sms. Era lo que se llevaba entonces. Ahora, enviar un whatsapp es gratis, pero antes, gastarte quince céntimos más IVA en un mensaje denotaba cierto interés. No se anduvo por las ramas: era viernes, estaba sola en casa y tenía ganas de mambo. Realmente no teníamos demasiado trato en clase, así que no había compartido con ella información sobre mi estado civil. Vale, estaba feo, era inmoral y fui un cerdo. Pero yo llevaba treinta y un años con ganas de mambo. Así que le seguí el juego, y una veintena de mensajes después, parecía cosa hecha. Una conversación por sms, tres euros y pico. La expectativa de sexo casual por primera vez en más de treinta años, puedo asegurar que no tiene precio. En serio. Convencí a uno de mis mejores amigos, David, de que me llamara al móvil para hacer el paripé diciendo que se encontraba deprimido y que me rogara salir a tomar algo con él. A las doce de la noche. Por supuesto, me las ingenié para que Sandra fuera testigo de la conversación. Ya tenía coartada, calculé que dispondría de unas tres horas. Y además quedaría como un amigo altruista y sacrificado. Un héroe. No un cerdo, que era lo que estaba siendo realmente. Cuando llegué a casa de Eva, ella estaba sentada en el sofá frente a la tele, muy interesada en uno de esos programas de teletienda. Hice lo mismo y, durante diez minutos, mantuvimos una charla trivial que en realidad era un tanteo mutuo. A ver quién tomaba antes la iniciativa. Yo era un novato en aquellas lides, así que Eva decidió pasar a la acción. Se sentó encima de mí y comenzamos a besarnos. Aquello marchaba. Me quitó la camiseta y, al desabrocharme el pantalón, todo se torció. Literalmente. No conseguía sacarme de la cabeza que, pese a todo, yo estaba casado. Aquello estaba mal, y como protesta, mi pequeño ayudante se negó a participar. Se había puesto en huelga de miembro caído. Mi conciencia estaba boicoteándome. Aparté a Eva y le dije que no podía hacerlo. Le conté que estaba casado y que había ido a su casa porque me sentía muy atraído por ella, pero que no podía ser. Me vestí todo lo deprisa que pude, intentando no mirar su cara, que era de asombro. Me excusé mil veces y salí de allí convencido de que, definitivamente, yo no valía para el sexo. Que no lo practicaría jamás. Y que me lo merecía.

Casi paralelamente a este episodio, como supe después, mi buen amigo David resultó no ser tan buen colega. Era el único soltero del grupo de parejas con el que solíamos salir los fines de semana. Hacíamos las típicas cosas de parejas: bailar salsa, cenar o ir al cine. Y, por lo visto, David llevaba un tiempo fijándose en Sandra. Sí, mi buen amigo David. Ambos eran unos fanáticos de los bailes latinos. Yo, en cambio, los detestaba. Así que cada vez que íbamos a un local, David me hacía el enorme favor de bailar con Sandra casi toda la noche junto a las demás parejas, mientras yo disfrutaba de mi Brugal con cola apoyado en la barra. Poco tiempo después de la historia secreta de mi primer gatillazo, empecé a notar cambios en Sandra. La notaba de mejor humor. No se separaba de su móvil ni un segundo. Y conmigo era menos cariñosa. Además, los sábados empezó a salir de baile «con sus amigas», diciéndome que no hacía falta que yo fuera, que sabía que no me gustaba. Y cuando coincidíamos todo el grupo, las carantoñas entre David y ella eran más evidentes. Después de varios meses de sospechas, hice algo de lo que no estoy orgulloso: un día que Sandra no estaba en casa, hackeé su cuenta de Facebook y leí sus mensajes con David. El corazón me dio un vuelco. Literalmente. Los mensajes dejaban muy claro que aquellas salidas nocturnas «con sus amigas» habitualmente transcurrían en el coche de él. O en su casa. Al menos, lo de bailar parecía ser cierto. Los mensajes eran bastante explícitos. Por lo visto, David se había ganado en pocos meses el derecho a hacer exactamente lo mismo que yo había aguardado durante ocho años de novios, más los seis que llevábamos casados. ¿Para qué había servido mi paciencia durante casi catorce años? ¿Para qué tanto respeto, tanto remordimiento de conciencia por ver porno a escondidas, por aquel fallido y patético intento de sexo primerizo con Eva? Para ser un cornudo. Un perdedor del que se estaban burlando su mujer y uno de sus mejores amigos. Toda una vida de intentar seguir las normas (en la medida de lo posible), a la mierda. Al llegar a casa, me faltó tiempo para pedirle explicaciones, con toda la calma que me fue posible, que no fue mucha. Aunque intentó negarlo, no pudo sino acabar admitiéndolo todo. No necesité ni contarle cómo lo había averiguado. Se doblegó mucho más fácilmente que yo de crío, cuando mis padres me interrogaban acerca del tesoro del cajón de la mesita de noche, lo que creo que me decepcionó un poco. Después de varias horas de charla, recriminaciones y lloros, ella me contó que David llevaba meses a pico y pala, y ella se dejaba querer. Que tomó la decisión cuando David le contó mi breve historia con Eva. Yo se lo había puesto en bandeja y el muy cerdo le había contado lo cerdo que yo era. Sandra y yo, entre lágrimas, asumimos nuestra correspondiente parte de culpa: yo por mi patético escarceo y por haberla descuidado con mis nuevas aficiones y ella, por haberme traicionado. Arrepentidos, juramos que lo solucionaríamos. Ella prometió cortar todo contacto con David, y yo, que desde ese momento renunciaba al sexo por el resto de mi vida por estar con ella. Durante las siguientes dos semanas, parecíamos otros. Volvieron los gestos cariñosos por ambas partes y estábamos mucho más relajados. Después de sincerarnos por primera vez en mucho tiempo, nos habíamos librado del enorme peso de escondernos secretos el uno al otro. Y más importante aún: pudimos hablar largo y tendido de nuestra extraña situación y de cómo nos sentíamos. Ella ya no se pasaba el día colgada del móvil y yo batí mi récord personal sin ver porno, desde que nos habían instalado el ADSL. Mi marca anterior debía de ser de un par de días máximo. Por primera vez, me sentía en paz conmigo mismo. Aparentemente.

«Llevo un par de semanas sin verte, campeón. ¿Todo bien?» Esa fue la primera vez que vi a mini Nacho Vidal sobre mi hombro.

«No creo que nos veamos nunca más. No pienso volver a ver porno. Llevo demasiado tiempo siendo un cerdo y quiero enmendarlo.»

«¿Cerdo? ¿Por qué? ¿Por intentar ser una persona normal? ¿Porque después de treinta y dos años sigues teniendo curiosidad por hacer algo natural, que se te ha negado toda la vida? Lo que eres, es idiota. Y seguro que David y Sandra siguen teniendo contacto.»

«No, imposible. Me lo prometió, y ambos estamos haciendo esfuerzos por arreglar esto.»

«Mira, haz una cosa. Vuelve a meterte en su Facebook. Ella no sabe cómo lo averiguaste, así que si está mintiéndote, seguirá hablando con él. Si me equivoco, podrás confiar en ella de una vez por todas. Solo te sentirás mal por invadir su intimidad, pero encontrarás definitivamente la paz. Y si es así, no volverás a verme nunca más, lo prometo.»

Maldito Nacho, qué piquito de oro. Pero entonces, lo

hice. Ella estaba en casa, así que me metí con el portátil al baño y entré de nuevo en su perfil. El corazón me dio un nuevo vuelco al comprobar que mini Nacho tenía razón. No solo habían vuelto a hablar, a intercambiar mensajes picantes, sino que decían que a partir de ahora tendrían que ser más cuidadosos. Salí del baño y llamé a Sandra, esta vez con toda la calma del mundo. No le dije nada. Me limité a enseñarle, esta vez sí, los mensajes. Ella se puso más nerviosa de lo que yo la había visto jamás. «Quiero que cojas tus cosas y salgas de esta puta casa ahora mismo.» En realidad, ella podía haberse negado, el piso era de los dos, pero se sentía tan mal, que se portó como una persona decente, y dos horas después, oí el portazo. Me había quedado solo. Nacho no me dijo nada cuando rompí a llorar, sentado en el sofá con la cabeza entre las rodillas. Se limitó a mirarme, compadeciéndome. Me pasé toda la tarde en la misma posición. Llorando, recomponiéndome y volviendo a empezar. En bucle. Y entonces sonó mi móvil. Pensé que sería un mensaje de Sandra pidiéndome disculpas, pero quería ser fuerte y decidí no mirarlo hasta la mañana siguiente. Aguanté menos de una hora... y no era Sandra. Por increíble que parezca, era Eva, con la que había tenido el gatillazo diciendo que cuánto tiempo sin saber de mí, y que cómo me iba todo.

«Déjame a mí esta vez, campeón.» Nacho se puso al mando. La llamó por teléfono y le contó lo que había sucedido las últimas dos semanas.

Y dos horas después —juro que pasó tal cual—, Eva estaba en mi cama desnuda, y esta vez Samu perdió la virginidad. Dos veces.

Carolina me miraba con los ojos abiertos como platos de postre. Nos habíamos pasado del tiempo de la clase. Yo ya había acabado mi relato y ella no sabía ni qué decir. Siempre que contaba esta historia a alguien, disfrutaba especialmente de la parte final, cuando no sabía si mirarme con compasión o asombro.

—Pero, pero, pero... —Nunca había visto a Carolina quedarse sin palabras—. ¿Todo lo que me has contado es verdad?

—Todo. Hasta la última coma, te lo prometo —respondí con mucho aplomo. Mi historia solía generar cierta incredulidad, por mucha naturalidad con la que la contara.

—¡Pero de esto puedes sacar un monólogo cojonudo, Samu! ¡Dolor y verdad! Si eres capaz de afrontar esto y contarlo como me lo has contado a mí, lo puedes petar.

—Bueno, lo he pensado alguna vez, pero no sé cómo sacarle la comedia a eso. Creo que el público, más que reírse conmigo, me miraría con cara de pena. Como tú me miras ahora.

—¿Qué dices, tío? Yo te ayudo a escribirlo, ya verás como queda bien —me dijo entusiasmada.

—Podemos probar, a ver qué tal sale eso. Pero no sé yo...

—Y si no, tampoco estaría mal que lo escribieras en un relato corto. ¡O hasta en una novela! —Todo se andaría, Carolina. Todo se andaría...

—Oye, etiquetadnos en la foto si la subís —pidió Carlos a los chicos que nos habían abordado en la barra mientras se iban del Beer Station, satisfechos con su foto trofeo en el móvil—. ¡Y gracias por venir!

—¡A vosotros! ¡Seguro que repetimos otro día! —dijo uno de ellos antes de salir por la puerta.

—Bueno, lo que ibas a decirme. —Carlos se giró hacia mí—. ¿Qué te ha parecido Bárbara hoy?

—Que lo ha petado, como siempre. Además de estar más buena que tú, es mucho más graciosa.

Se me hacía raro, Carlos no solía buscar los halagos; tenía la autoestima muy alta. Y merecidamente. Me sacaba una cabeza (esa era mi forma de medir a casi todo el mundo), y tenía buena planta. Sin necesidad de ir al gimnasio ni cuidar su alimentación, tenía la constitución de un deportista. Maldita genética. Si sumamos a esto sus ojos miel, y el pelo castaño rubio, que llevaba corto y despeinado, se convertía en un rival temible cuando ambos competíamos por la misma chica. Tanto Carlos como Bárbara eran personas muy seguras de sí mismas: sobre todo en lo profesional. El día que no les iba bien en el escenario, lo asimilaban con entereza y analizaban inmediatamente su actuación para no volver a repetir los errores. Por eso me parecía extraño que me preguntara aquello. Bárbara no necesitaba la aceptación de nadie, ni siquiera mía, para saber que esa noche había estado brillante.

—No, pero no quiero decir como cómica —aclaró Carlos—. Como figura femenina, ¿la veías creíble? Como mujer que se ha subido a hacer un show, y que ahora podría estar tomando algo aquí contigo, en lugar de Carlos. ¿Te la creerías? ¿O verías a un tío disfrazado intentando ser quien no es?

—Bueno, no puedo ser objetivo, porque te conozco demasiado. Pero supongo que sí. No solo está bien conseguido el estilismo: además has ido dotando a su personaje con una forma de ser propia, muy diferente a ti. —Estaba seguro de que algo estaba tramando. Preparaba una broma, o algo. Fijo.

—Vale, ok. Oye, no tienes prisa, ¿no? Total, el último metro ya lo hemos perdido...

Inmediatamente supe lo que se proponía. Habitualmente, al acabar el monólogo, la gente salía casi en seguida del local, para tomar algo en otra parte. Las mesas se vaciaban en cuestión de minutos. El local seguía abierto y tardaba poco en ser ocupado por nuevos clientes, más trasnochadores. Pero Carlos miraba en dirección a una mesa que seguía ocupada. Dos chicas, que se habían sentado en primera fila y no habían parado de aplaudir durante el show, estaban mirando furtivamente hacia nuestra posición en la barra. No tardaron en aproximarse y, al poco rato, estábamos sentados con ellas. Juanjo, el dueño, era colega, y para colaborar con nuestra causa, cuando no quedaba nadie echó el cierre a la hora estipulada. «Hala, ya se puede fumar.» Después de cuatro meses actuando allí semanalmente, ya éramos clientes preferentes. En el escenario había un viejo piano de pared, y aún estando bastante tajado, Carlos lo tocaba decentemente mientras el resto cantábamos. Yo me atreví con *Volver* de Carlos Gardel, convencido de que estaba clavando el tema. Pero lo cierto es que puede que se estuviera revolviendo en su tumba. A partir de cierto número de copas de Brugal, habría que saber plantarse con dignidad y dejar de cantar.

Ya llevaríamos gastado la mitad de lo que cobramos por el monólogo cuando Juanjo nos dijo que ahora sí, tenía que cerrar de verdad. A mí me apetecía volver a casa con Laura, la más alta de las dos. Llevaba el pelo corto, con un lado rapado y el otro un poco más largo y liso hasta taparle casi un ojo, y un vestido rojo granate de una pieza bastante ceñido que no se bastaba para cubrirle el tatuaje que le bajaba por el muslo. Me había propuesto averiguar qué otros secretos escondería debajo, aunque según me había confesado al oído un rato antes, como mínimo un par de piercings. Hice números y mini Nacho me apremió a despejar la equis. Salimos a la calle intentando no abrirnos la cabeza con la persiana metálica que Juanjo subió hasta la mitad, para proteger la privacidad de sus clientes clandestinos, y nos despedimos de él hasta la semana siguiente. Los cuatro nos quedamos formando un círculo mientras fumábamos, a la espera de que alguien tuviera el valor de destapar sus cartas. Mini Nacho Vidal se acercó a Laura en mi lugar:

—¿Cuál es tu desayuno preferido? —le preguntó.

—Pues, no sé. Cruasanes tostados, zumo y café, supongo —respondió esbozando media sonrisa.

—Perfecto. Justo lo que te vas a encontrar en la mesa cuando te levantes de mi cama. —Mentira. Solo tenía leche de soja y cereales del Mercadona. Pero eso sería un problema del Samu del futuro, o no sería el de nadie.

—Adjudicado —respondió Laura después de meditar unos segundos—. ¿Pedimos un taxi?

Al salir del ascensor en la planta novena, no pude evitar mirar hacia la puerta verde de la Vecinita. Como el rellano estaba oscuro, por la rendija inferior se veía algo de luz: debía estar despierta a pesar de las horas. Por algún motivo que no entendía, no me apetecía que supiera que llegaba a casa acompañado. Hice un gesto a Laura para que hiciera el mínimo ruido posible, y caminé a hurtadillas hacia mi puerta.

—¿Vives con tus padres, o algo así? —me susurró extrañada. De repente, yo era Samuel volviendo a casa de mis padres más tarde de mi hora tope.

—No... Es por el vecino de enfrente. Es un señor mayor, un cascarrabias. Siempre se queja del ruido que hago.

Seguimos caminando casi de puntillas, como los ladrones en los dibujos animados. Todo el ron que llevaba en el cuerpo hacía que no consiguiera atinar en la cerradura.

—Espera, que no se ve nada. ¿Dónde está la luz? —dijo Laura al tiempo que buscaba el interruptor.

—No, no, ¡esa no! —Demasiado tarde.

Mecagoenmiestampa. El interruptor de la luz estaba al otro lado. El timbre de la Vecinita sonó atronador en mitad de la madrugada. Los perros empezaron a ladrar. Creo que me eché las manos a la cabeza.

—¡Rápido, desaparece! —«Venga Samu, piensa algo.»

Me saqué, no sé, veinte euros de la cartera, creo, y se los di.

—Corre, píllate un taxi. Nos vemos otro día. Con este tío voy a tener un problema. ¡Ya te contaré, pero creo que tiene una escopeta de caza! ¡Está loquísimo! Nos vemos otro día... ¡Corre! —«Quiero agradecer a la Academia de Cine...» ¿Por qué no estaba trabajando en una película de Pedro Almodóvar?

Mi interpretación fue tan convincente, que Laura desapareció inmediatamente en el ascensor, sin preguntar nada más. Los perros dejaron de ladrar, y oí cómo la Vecinita se asomaba a la mirilla y descorría la cerradura. Y ahí estaba yo, congelado entre mi puerta y la suya. Cada pupila mía era el reloj de arena del puntero de Windows, dando vueltas sobre sí mismo. Cargando, cargando...

—¿Pasa algo? —dijo mientras abría la puerta, frotándose los ojos y con los pelos de loca peligrosa recién despertada. Había salido con una camiseta ancha de dormir, y por lo visto nada debajo. Parecía de hombre, pero al menos no debía vivir con ninguno, porque hubiera salido a matarme.

«¡Aguarda, las piernacas que tiene la amiga!», me dijo mini Nacho Vidal, que también llevaba una buena tajada, dándome un codazo.

—No, perdona si te he molestado, es que...

No estaba despierta, como creía. Debía haberle dado un susto de muerte en mitad de la noche. Resulta que la luz en el interior que había visto era de una de esas bombillitas que se ponen en el enchufe de la pared. Debía dejarla puesta por la noche para que los animales no anduvieran a oscuras... ¡Eso era: los perros!

—... es que he visto luz, y como acabo de llegar de... de trabajar... pensé que sería un detalle ofrecerme a bajar los perros por ti. Para que no tengas que vestirte, y eso...

La Vecinita me miraba como si aún siguiera soñando.

—Bueno, suelo bajarlos temprano, pero no tanto. Tenía el despertador para dentro de una hora. O dos, no sé... ¿Qué hora es? —Parecía tener tanto sueño, que ni le salía la mirada de asesina.

—Ahí va, perdona. Son las seis y media, creía que era más tarde. Disculpa, de verdad...

—No te preocupes. Mira, ya que te ofreces, aquí tienes las correas. —Y fue atándolos. Los galgos sí me miraban con odio asesino por hacerles madrugar. Imaginaba que cuando los bajara, me rodearían entre todos, con bates de béisbol y me dejarían tirado en la acera, hecho un *eccehomo*—. Así preparo el desayuno pronto y adelanto todo el trabajo que tengo pendiente. Mira, este gris es *Thor*. La moteada es *Elsa*, y este es *Crusoe*, este es *Dorian*... —Pasó lista a todos los perros mientras me los pasaba, como si yo me estuviera enterando de algo—. Eso sí, nada de *parkour* con ellos, ¿eh? Que se te da fatal, y les tengo mucho aprecio.

A estas horas, calculaba que ya estaría contando los piercings y tatuajes que escondía el vestidito de Laura. En vez de eso, llevaba veinte minutos con un manojo de correas de unos perros desconocidos, dando la vuelta a la manzana bajo la luz de las farolas. Borracho. Hecho polvo. Y deseando dormir, ya que no iba a echar ningún polvo. ¿Cómo se habían torcido tanto las cosas? Y, ¿por qué me había importado que la Vecinita me viera con alguien?

«Anda que, vaya tela... De pasea-perros, en vez de estar haciéndolo a lo perrito, Samu», dijo mini Nacho, más inoportuno que nunca.

—¡Ahora no! —grité. No sé si fue el alcohol, pero juraría que un galgo, creo que *Dorian*, me vio hablando conmigo mismo y me miró, ladeando la cabeza, como si sintiera vergüenza ajena. ¿Qué era lo peor que me podía pasar ya? ¿Que los animales se negaran a hacer sus necesidades para vengarse de mí? O, espera, espera.... ¡Que las hicieran todos porque no llevaba bolsitas para recoger nada! A esas horas era normal que pasara algún coche patrulla de la policía y si se ponían todos de acuerdo (que es lo que haría yo si un imbécil me despierta dos horas antes), cinco animales por setecientos cincuenta euros de multa... ¡Me arruinaban el mes!— ¡Venga chicos, rápido! —les dije tirando de las correas—. ¡A casita! Vamos, que nos está esperando... —¿Cómo se llamaba la Vecinita? Me costó otros diez minutos arrastrar a cinco galgos adultos que me odiaban a muerte hasta el ascensor. Cuando llamé a la puerta, la Vecinita abrió, peinada y más vestida. Lástima, la primera vez no me pareció nada atractiva, pero después de su imagen con la camiseta de dormir...

—Muchas gracias, Samu. Siento haber estado un poco atontada antes, estaba un poco zombi.

—No, discúlpame tú. A veces no pienso las cosas, y quedo como un vecino pirado, pero te prometo que suelo ser una persona muy normal. —Los animales habían pasado adentro corriendo, imagino que intentarían volver a dormir—. Bueno, pues que se te dé bien el trabajo.

—Es domingo, así que me lo tomaré con un poco de calma.

Ya iba a darme la vuelta antes de que volviera a quedarme como un pasmarote, sin saber cómo continuar la conversación. De su casa salía aroma a café recién hecho y tostadas. Entonces ella dijo:

—Oye, ¿te apetece pasar a desayunar?

4

Influencer

Mi teoría de que el desayuno es el mejor momento para conocer a alguien, había fallado. Entre nosotros no había existido tensión sexual. Más bien, la tensión, por parte de la Vecinita, de saber si su vecino de enfrente era un tío rarito, o si el azar había jugado en mi contra en nuestros dos únicos encuentros fortuitos. No se alargó mucho, porque ella tenía que ponerse a trabajar en algún momento y yo tenía tanto sueño que no estaba consiguiendo mejorar mi imagen, precisamente. A lo mejor no era su «vecino pirado», pero estaba quedando como su vecino «El Lobotomizado». Luchaba esforzadamente por no dar cabezadas; intentaba parecer lo más despierto posible, pero uno de los grandes enemigos del TDAH es la falta de descanso. Para mi cabeza, no dormir lo suficiente era como echarle gasolina 95 a un coche diésel, o como darle una calada de marihuana a un perezoso. Era consciente de que desde fuera tenía la cabeza en otra parte, sobre todo en mi cama, pero no podía remediarlo. Era como si estuviera colocado; tan pronto me abstraía admirando el pelaje de los perros («¿Quién lo habrá diseñado así?»), como me veía inmerso en un profundo debate interior especulando sobre si Vanesa también tendría pintada su puerta de verde, allá donde estuviera ahora. La Vecinita había servido unas galletas que parecía haber horneado recientemente, y una cafetera tamaño *king size* de café. Ni con la tercera taza conseguí levantar un poco el ánimo. Tomaba tanta cafeína a diario, que estaba totalmente inmunizado.

—Oye, por el poco tiempo que llevo aquí, parece que el portero es un poco... peculiar, ¿no? —dijo ella, intentando darme conversación.

—¿Quién? Ah, el portero. Julián. Sí... Es peculiar.

No era peculiar, era raro de cojones. Tenía muchas historias que contarle al respecto, pero todas se me mezclaban y preferí no entrar en detalles.

—Ya. ¿Sabes qué? Cuando vine a ver el piso una semana antes de instalarme, lo primero que me preguntó fue: «Vas a casa de Samu, ¿no? Es en el noveno.» Yo le dije que ni idea de quién era Samu, que yo era la nueva inquilina.

—¿En serio? —disimulé. Pero claro que me lo creía. Se lo preguntaba directamente a todos mis ligues cuando las veía entrar al portal. Y eso me había costado más de una discusión. Intimidad cero con Julián.

—Sí, sí. Así que ya sabía tu nombre cuando me lo dijiste ayer. Pero bueno, parece majo.

—No es mal tío. Yo le regalo libros de... ¿Cómo se

llaman los puzles japoneses esos de números que...? Ah, sudokus. Le regalo sudokus siempre que puedo para que esté ocupado y no se meta mucho en mi vida.

—Vamos, que si ve una chica desconocida, él presupone que va a tu casa. Eso es porque sueles recibir visitas a menudo, ¿no? —dijo riéndose con picardía. Me había calado bien.

—No... Bueno, pero porque aquí casi todos los vecinos son mayores, y... vamos, por probabilidades lo normal es que... que sí, que sea alguna amiga mía o la nietecita de alguien. Y conoce a todas las nietecitas, lleva años aquí.

—Entiendo. ¿Y a qué te dedicas, Samu?

—Pues es complicado —dije sirviéndome una cuarta taza de café solo y sin azúcar, que no llegaría a tomarme—. Digamos que soy *freelance*. Creo contenido para internet, sobre todo vídeos; colaboro con blogs, y...

—O sea, *youtuber*.

—No, por Dios. Parecido, pero no exactamente. —Me estaba quedando dormido—. Es largo de explicar, pero no me... Nunca me ha gustado cómo me suena *«youtuber»*. ¿Y tú, a qué te dedicas, estooo...? ¿Cómo te llamas, por cierto?

—Ay, tengo que ponerlo en el buzón, me lo acabas de recordar. —Yo empezaba a parpadear fuerte—. Creía que te lo había dicho ayer. —Los ojos se me cerraban por momentos—. Ah, no, que la chica del ascensor me cortó. —Mierda, ¿por qué me habría acomodado tanto en su sofá?—. Me llamo... —¡Plof!

—No estoy diciendo que tengas que hacerte *youtuber* —replicó Carlos. Nos conocíamos hacía pocas semanas e intentaba ser pragmático—. Además, no es algo que se elija. Simplemente pasa, o no pasa. Lo único que te digo es que no tienes que descartar los chistes que no te funcionan en el monólogo. Les puedes dar otra salida: puedes hacer vídeos, por ejemplo. Y eso no quiere decir que seas *youtuber*. Simplemente es otra vía, otro canal. Yo te puedo ayudar, si quieres.

Me lo había sugerido varias veces, y por primera vez no me parecía mala idea. Inicialmente lo había descartado, porque no me atraía la imagen que se suele asociar a *youtuber*: la de un tío que conecta su cámara y empieza a disparar discursos absurdos y sinsentidos, gritando y haciendo aspavientos para llamar la atención de espectadores demasiado jóvenes, sin tener nada que decir aparte de «¡Eh! ¡Miradme todos, por favor!». Además de que casi todos eran jovencísimos, de apenas veinte años, con su gorra de béisbol, corte de pelo a lo Justin Bieber y el fondo de su habitación empapelado con posters de videojuegos que yo ni conocía. Y yo con mis treinta y tantos tacos tenía poco que ver con todo aquello. Pero oye, que podía funcionar. O no. En cualquier caso, sí era cierto que tenía muchas ideas, y sería divertido usarlas para hacer vídeos cortos. Así que en aquella barra de bar, después de acabar el monólogo, Carlos y yo empezamos a apuntar posibles argumentos para vídeos. Según aumentaba el número de botellines vacíos, nos parecían más y más divertidos. No tardé ni una semana en subir el primer vídeo. Muy mal editado, demasiado largo y de un humor inocente y simplón. Iba sobre lo que todos hacemos cuando se nos acaba el rollo de papel higiénico. Superoriginal. Doscientas ochenta y cinco reproducciones en una semana. Bueno, no iba mal. Yo esperaba menos de tres cifras. Los siguientes fueron en la misma línea. Tampoco les prestaba mucha atención, pero resultó que dedicarle tiempo a los vídeos me servía para mejorar mi capacidad de concentración. Tenía que escribirlos, grabarlos varias veces y editarlos con un programa muy básico —Windows Movie Maker— que a mí me parecía complicadísimo. A veces subía varios en una misma semana, y otras, no colgaba nada en un mes. Habitualmente los olvidaba nada más subirlos, pero como me obligaban a centrarme en una tarea, aprovechaba el momento de concentración para escribir partes nuevas del monólogo. A los tres meses, uno de los vídeos consiguió novecientas y pico reproducciones. Aquello me parecía una barbaridad: ¡casi mil personas habían usado tres minutos de su tiempo en ver mis tonterías! Comparado con las treinta personas que Carlos y yo solíamos tener en los primeros monólogos, aquello era una hazaña. Y vi que podía ser un escaparate enorme al mundo. Pero los vídeos solían caer rápidamente en el olvido, marchitándose en el sobreexplotado mundo de las redes sociales. Ya había demasiados vídeos de gatetes haciendo monerías, o bebés haciendo tonterías, o rusos borrachos haciendo... lo que podían. Y los míos, en particular, no aportaban nada que no se hubiera visto ya cientos de veces: un *sketch* sobre cuando tu madre te da un consejo típico de madres y le haces caso; otro sobre ir por la calle pendiente del móvil y chocarte con una farola... «Cuando te pasa esto...», «cuando te pasa aquello...». Cientos de imitadores seguían la estela de Jorge Cremades, que, a su vez, imitaba la línea de cientos de *youtubers* americanos. Todo estaba inventado. Un día grabé un *unboxing* del móvil que acababa de comprarme. Sí, había gente que lo petaba grabándose mientras abría un paquete que le había llegado a casa y describiendo minuciosamente el contenido y hasta el envoltorio. Porno para *geeks*. El concepto me parecía tan bizarro, que me apeteció parodiarlo. Lo hice a mi estilo, sin cortarme un pelo al meterme con los consumidores de aquella clase de vídeos. Curiosamente, este fue el único vídeo que superó las mil visitas en pocos días. Y ya, hasta que un buen día, por casualidad, se me ocurrió el vídeo más simple que había hecho hasta el momento. El que me cambió la vida. Yo estaba leyendo sobre la situación política actual. Muy resumidamente: en España llevábamos casi un año sin gobierno, porque distintos partidos no llegaban a un acuerdo para gobernar. Se convocaban elecciones; no salía mayoría; se volvían a convocar, y así. Me dio por pensar: «¿Qué le pasaría a un trabajador normal si siguiera el mismo criterio que los políticos? ¿Seguiría cobrando durante todo un año a pesar de no hacer aquello para lo que se le paga, como estaban haciendo ellos?» Me escribí un pequeño guion, le di un par de vueltas y unas dos horas después ya lo tenía grabado. Como estaba solo en casa y el *sketch* requería de dos actores, hice yo de ambos personajes cambiándome de ropa. El mensaje del vídeo no era el más original del mundo. No había inventado la Coca-Cola, pero esos dos minutos reflejaban de una forma bastante ácida el momento político que estábamos viviendo. Y a mí me gustaba. Lo titulé «No sé si lo he comprendido bien...». Lo subí a YouTube y a mi Facebook personal, y ahí se quedó.

Cuando volví a revisarlo un par de días después, llevaba cinco mil reproducciones. Me parecía casi aberrante. ¡Cinco mil personas a las que no conocía de nada lo habían visto, y algunas hasta lo compartieron! Resultó ser un tema con el que mucha gente estaba sensibilizada esos días. Varios actores y directores que tenía en mi Facebook lo habían publicado en sus muros. Al día siguiente, once mil. Cien mil en dos semanas. *Whaaat?* Aquel número era astronómico, por lo menos para mí. Tres semanas más tarde, sobrepasaba el millón. Me llegaban mensajes felicitándome por el vídeo. También había algunos a los que no les gustaba y me lo hacían saber de no muy buenas maneras, pero no me importaba: en dos meses había alcanzado los tres millones y medio de visitas. No daba crédito. La gente empezaba a agradecerme que hubiera dicho en alto lo que muchos pensaban y no sabían cómo expresar. Me llegaban peticiones de amistad y mensajes sugiriéndome nuevos temas que tratar. «Tú que eres influyente, me gustaría que hablaras de...» Me parecía increíble que algo que había creado yo en un rato, en mi casa, con el móvil, hubiera tenido más audiencia que un programa malo de televisión. Mi canal de YouTube parecía haber despegado. Y definitivamente se llamaría «No sé si lo he comprendido bien...».

Carlos dominaba bastante el tema y fue una ayuda

inestimable. Trabajaba en una agencia de publicidad, y había hecho algunos cursos de diseño gráfico y SEO. Me dijo que lo mejor era subir un vídeo semanal; me explicó cuáles eran las mejores horas para hacerlo y cómo analizar las estadísticas. Aquel hobby que desempeñaba en mis ratos libres se volvió casi un segundo trabajo de media jornada. Subí un nuevo vídeo, quejándome del salvaje aumento del precio de la luz y también alcanzó millones de visitas en mucho menos tiempo, apenas quince días. Empecé a ser mucho más constante, subiéndolos una vez por semana cuando podía. Alternaba la temática de crítica social con *sketches* de humor, que no tenían tanto éxito. Aun así, cosechaban un buen número de visitas. El resto de mis redes sociales también ganaron seguidores en muy poco tiempo. Era como que unas se retroalimentaban de otras. Una empresa de zapatillas se puso en contacto conmigo para regalarme un par si hablaba de ellas en un vídeo. Aquello me parecía fantástico: unas zapatillas gratis a cambio de unas horas de mi tiempo. Aún no sabía que aquellas campañas publicitarias solían pagarse mucho mejor. Con dinero contante y sonante.

Todo iba muy rápido, casi demasiado. Por suerte tuve a Carlos para servirme de guía por aquellos mundos virtuales que yo desconocía casi por completo. Era un paleto digital. Me explicó que si una empresa me pedía alguna vez que la mencionara en Twitter, el caché era tanto; por un selfie en Instagram mostrando determinado producto, tanto; un vídeo *review* de una marca, se pagaba a equis... Y era posible que se pusieran en contacto conmigo, si seguía a ese ritmo, para hacer apariciones en eventos, a gastos pagados más una cantidad a negociar. Resultaba que si eras una cara conocida, todo el mundo querría un pedacito de ti. Y a menudo te pagaban por ello. Me contrataron para unas cuantas campañas por redes sociales, no excesivamente bien pagadas, pero que me arreglaron el mes. Un día me encontré un correo en la bandeja de «no deseados» que me llamó la atención: «Hola Samu, me pongo en contacto contigo porque he visto tus vídeos y me han encantado. —Me llegaban bastantes correos así, pero este continuaba—: Trabajo en una importante editorial y me gustaría proponerte algo. Estoy seguro de que puede interesarte. Llámame cuando quieras al número de teléfono de abajo y te explico. Atentamente, Pedro.» Le llamé por curiosidad. Yo no tenía absolutamente nada que ver con el mundo editorial y la propuesta me parecía muy marciana. Pedro me propuso quedar para comer esa misma semana para explicármelo mejor, y acepté. Pedro ya estaba en el restaurante del hotel y me recibió con los brazos abiertos, como si me conociera de toda la vida. Era de esas personas que se muestran tal y como son a todo el mundo, sin tapujos, y eso te desarma desde el primer momento. Nos sentamos en su mesa de siempre, ya que era un habitual de aquel hotel de cinco estrellas. Antes de pedir los platos, Pedro ya me había contado la mitad de su vida. Era expresivo y muy hablador —deformación profesional supuse—, pero nada aburrido ni acaparador. Podías estar escuchándole horas y horas, y por su forma de expresarse no te parecía que hubieran pasado más de diez minutos. No hay mejor traje para una persona que una mente leída. Y para mi déficit de atención, escuchar a alguien expresarse tan bien era como un bálsamo. No tenía que estar batallando con mi concentración para que no escapara de allí a los cinco minutos de sentarme, como solía pasar. Para cuando llegamos al segundo plato, Pedro me dijo que era muy seguidor de mis vídeos desde que se los enseñó una amiga. Le encantaba cómo me expresaba —yo discrepé, sinceramente—, y creía que todo aquello que comunicaba podía encontrar un buen canal de comunicación en la palabra escrita. Quería que escribiéramos un libro que recopilara las opiniones de mi canal de YouTube y que también se llamara «No sé si lo he comprendido bien...». A mí, el oficio de escritor siempre me ha causado un gran respeto y le dije que igual yo no era el más adecuado. Por no precipitarme, prometí responderle en un par de días y una vez cerrado el tema hasta entonces, seguimos hablando de otras cosas: de amigos que teníamos en común, de teatro y de cine, principalmente. Pedro me contó que era de Zaragoza, aunque llevaba en Madrid muchos años. Yo tampoco era madrileño; empecé a hablarle de mi vida en Valencia y cuando quise darme cuenta le había narrado mi biografía entera, igual que hice con Carolina. Pedro se asombró mucho menos que otras personas que habían oído antes aquella historia, la asimiló con naturalidad. Al acabar nuestra reunión, nos despedimos con un abrazo emplazándonos a hablar por teléfono dos días después, a la espera de mi decisión.

No había pasado un día, cuando me llamó al móvil.

Me dijo que no había dejado de darle vueltas a mi historia. Estaba entusiasmado. En nuestra reunión había hablado de una forma calmada y correcta, en cambio ahora lo notaba mucho más excitado. Lo había comentado con gente de la editorial y todos creían que podía ser una gran historia.

—Tienes que escribir el libro, Samu. Contar tu vida. ¡Todo! Tu infancia, tu adolescencia, la clase de matrimonio que tuviste, la traición de tu amigo. Cómo un chico de un pequeño pueblo en la costa, que apenas ha visto mundo, cambia tan radicalmente de vida y se convierte en *influencer*. —Yo no me consideraba ni *influencer*, ni *youtuber*, pero Pedro estaba convencido de que a este paso, durante el tiempo que me llevara escribir el libro, mi nombre en el mundo virtual sería mucho más conocido. El proceso resultaría complicado, como me dijo que solía ser, pero contaría con su ayuda como editor y redactor. Cada vez me apetecía más aquello; al fin y al cabo, durante cierto tiempo fui bastante reservado con contar mi vida pasada, en la que no me llamaba Samu, sino Samuel, pero de un tiempo a esta parte la soltaba a la mínima oportunidad. «Oiga, señora. Ya que vamos en el mismo vagón de metro, ¿sabe que yo fui Testigo de Jehová y no caté hembra hasta los treinta y dos?» Bueno, quizá no con tanta ligereza, pero casi. Como poco, ponerlo por escrito sería terapéutico. ¡Qué demonios! Había un generoso adelanto por comenzar con la escritura. Además, los plazos de entrega no eran en absoluto exigentes, ya que sería mi primera (y posiblemente única) obra. Acepté de inmediato. No podía creerme todavía lo que me estaba pasando. Primero, todo lo que me había contado Carlos que podía conseguir tan solo dedicándoles un poco de tiempo a los vídeos y las redes sociales: reconocimiento, ingresos extra... Y ahora, ¡escribir una novela! Así que esto era lo de ser *youtuber*... Un momento ¿quién o qué estaba mordiéndome el pie? Abrí los ojos y me reincorporé del sofá de la Vecinita. *Dorian*, aquel galgo que pareció verme hablar con mini Nacho, me había despertado mordiéndome la zapatilla insistentemente, como si me dijera: «¡Lárgate de aquí, intruso!» Al principio no sabía si había dormido treinta segundos o más de una hora, pero debía ser lo segundo, porque el desayuno de la mesa estaba recogido y había mucha más luz. La Vecinita estaba en la habitación contigua. Se había puesto ya a trabajar. Al levantarme, el resto de la jauría de perros, que dormitaban, comenzó a ladrarme al unísono. La Vecinita se asomó al salón para calmarlos.

—Vaya, mira quién se despierta...

—Jo, siento haberme quedado dormido mientras hablábamos. Me voy a casa, a ver si consigo descansar un par de horas... —¡Qué coño! Era domingo y no pensaba salir de la cama—. Ah, y de nuevo siento haberte despertado tan pronto. Muchas gracias por el desayuno. La próxima vez te invito yo. —¿Pero qué estaba diciendo? ¿Estaba invitándola a desayunar? ¿Lo había dicho mini Nacho Vidal?

—Jaja, de acuerdo. Y no te preocupes, que no me ha venido mal. He adelantado bastante lo que tenía entre manos. —¿A qué se dedicaría?

Me dejé caer en mi cama sin cambiarme de ropa. Tuve

un sueño muy extraño. Aparecía Vanesa, como en casi todos, pero no como la mujer de más de treinta en la que se había convertido, sino de niña. En el colegio. Estábamos en el patio. No nos rodeaban otros niños, sino perros y gatos. Animales que hacían las cosas normales de niños en el recreo: jugaban al fútbol, saltaban a la comba o corrían por el patio intentando pillarse unos a otros, chillando como críos. Y Vanesa, con su enorme cuaderno de pintura, los retrataba a todos a una velocidad pasmosa. Entonces se nos acercó uno de los perros, un galgo enorme, y se acurrucó en su regazo. Ella comenzó a acariciarle la cabeza. Y de repente, ya no era un galgo.... ¡Era Raúl, el guaperas del colegio! Yo lo miré con odio asesino e intentaba disimularlo, hasta que exploté de ira y empecé a morderle sus zapatillas de jugar a fútbol, muy agresivo. Vanesa se echó a reír. Me dijo: «Anda, no seas pelusón, ven aquí», y empezó a acariciarme las orejas. Ahora ya no era Vanesa niña, sino la Vanesa adulta que había visto en algunas fotos inéditas en Facebook. Raúl y yo nos mirábamos con rivalidad cuando nos sobresaltó un ruido, como si mil canicas cayeran al suelo a la vez en un piso más alto. Ambos nos levantamos de un salto y comenzamos a ladrar. ¿Pero qué coj...? El ruido como de canicas era real, venía de la casa de la Vecinita. Cientos de pequeños objetos metálicos cayendo y rebotando en el suelo. Me pareció escuchar que regañaba severamente a los perros. ¿A qué se dedicaría esa chica? Ese era un misterio que debía resolver, pero no en ese momento. Ya que me habían despertado y no iba a volver a conciliar el sueño, podía echar unas partiditas a la recreativa que apenas había utilizado. Me preparé un café (otro más) y me dispuse a darlo todo en el Street Fighter II, como cuando Vanesa me veía jugar en los recreativos. ¿Cómo podía ser que, últimamente, su recuerdo hubiera vuelto a estar tan presente? No quería reconocerlo, pero incluso la Vecinita me había recordado a ella mientras desayunábamos. No por nada en concreto... Era extraño: la forma de sus ojos al sonreír mientras le contaba lo cotilla que era el portero; o esa manera de fijarse en los pequeños detalles como si ahí estuviera Dios. Como cuando la descubrí atenta a mi forma de juguetear con la taza. Debía de ser cosa del sueño, no podía ser. No se parecían absolutamente en nada. ¿Verdad? «Claro que no se parecen en nada —dijo Nacho Vidal—. Lo que tienes que hacer es olvidarte de Vanesa. Entierra de una vez lo que no pudo pasar hace tantos años. —Quizás tenía razón—. Anda, abre el Tinder, que hace varios días que no lo miras, y seguro que tienes asuntos pendientes.» Cierto, hacía tiempo que no lo miraba. Hasta la semana pasada, era mi pasatiempo favorito. «Esta me gusta, esta no. Esta tampoco, pero esta, y esta, y esta sí. Esta, poniendo morritos de boca de pato, no. ¡Uy, chica surfera sí! Y esta otra posando sexy mientras espera en el andén del metro, jamás de los jamases...» Era la forma más cómoda y rápida de conseguir encuentros ocasionales. Nacho estaba encantado con el Tinder; lo veía como una especie de compensación kármica por tantos y tantos años de Ley Seca. Era como si el Universo me dijera: «Samu, ya que has pasado tanta escasez, ahí tienes, majo. Úsalo sin moderación alguna y recupera todo el tiempo perdido.»

Y ¿quién era yo para oponerme al Universo? ¿O al mini Nacho Vidal imaginario que me había construido para justificarme? Además, los domingos, sin duda, eran el mejor día para el Tinder. Nadie hacía planes para el domingo. A todos los solteros nos entraba una especie de nostalgia ñoña: echábamos de menos estar con alguien en plan tranquilo y entrábamos a la aplicación casi en manada. Si la semana había ido mal en cualquier aspecto, un casquete para enmendarla a última hora. Si había sido buena, uno para ponerle el broche de oro. Abrí el Tinder y tenía varios resultados. Encontré el perfil de una chica espectacular, que cumplía absolutamente todos mis requisitos físicos, que no eran indispensables, pero sí de agradecer. De mini punto extra: grandes ojos verdes, piercings, tatuajes a porrillo, piernas bonitas y escote desbordado. Le hablé sin mucha esperanza de recibir respuesta, porque parecía el típico perfil falso que acaba siendo de un camionero de Albacete que se ha dado de alta con fotos robadas para echarse unas risas. Y si era un perfil auténtico, presumí que su tipo de hombre respondería más bien al de tronista y tampoco me contestaría. Pero no, respondió y resultó ser cierto. Todo iba sorprendentemente bien. Tendía a pensar que cuando algo parece demasiado bonito para ser verdad, la vida me reserva una zancadilla, agazapada tras la esquina para reírse de mí como Nelson en *Los Simpsons*. Pero aquella vez me equivocaba; no tardamos en intercambiar los teléfonos y hablar por WhatsApp, y parecía una chica encantadora. En menos de una hora habíamos quedado para tomar unas cervezas en su barrio esa misma noche.

Como soy un pésimo conversador, solía intentar sacar toda la información posible antes de vernos, para tener algo de qué hablar. A la hora de la verdad, solía ser el mismo adolescente sieso que no sabía qué decirle a una chica desconocida.

—Oye, y ¿a qué te dedicas? —dije casual—. Por tus fotos, yo diría que azafata de eventos.

—Pues casi. Lo fui hace tiempo. Ahora soy actriz.

—¡Ah, actriz! Qué casualidad, yo también. —Esto era discutible, pero no había necesidad de decirle «actor fracasado»—. ¿Te he podido ver en algún sitio?

—Bueno, no creo. —Dudó unos instantes. El «escribiendo» se alargó tanto, que pensé que estaba escribiéndome un testamento—. Mira, te envío algo.

Y me mandó un link. Supuse que sería de su videobook o alguna aparición en televisión. Pero al abrirlo en el móvil, solo me saltó una página con vídeos porno. Maldita sea, era un virus. Eso era, desde el principio. No podía ser que una tía espectacular estuviera interesada en mí. En alguna parte de Albacete, un camionero en calzoncillos, calcetines y camiseta sucia de tirantes debía estar descojonándose de mí... Un momento. No era ningún virus. Esta tía me había mandado porno intencionadamente. ¿Por qué? Iba a cerrarlo, pensando que se había equivocado, cuando vi que estaba en lo cierto al principio. La de los vídeos era ella. ¡Era actriz porno!

—Bueno, soy actriz de cine para adultos. Pero sí, suele ser más corto decir «actriz porno». —Yo no daba crédito. No podía ser cierto.

«Espera, ¡yo la conozco! —Mini Nacho Vidal tenía

los ojos como platos, mirando la pantalla del móvil tan de cerca que apenas me dejaba ver—. ¡Me suena un montón! Es... ¡Es Doris Shark! ¡Si yo he trabajado con ella! Madre mía, era cierto. Por eso me sonaba tanto. Era Doris Shark, una de mis actrices favoritas cuando estaba casado y tenía que ver porno a escondidas.»

—¡Pero si yo he visto muchas de tus... Quiero decir, que he visto muchos de tus trabajos!

—Ah, puede ser, llevo bastante tiempo dedicándome a esto. Imagino que ahora ya no nos veremos esta noche, ¿verdad? —¿Estaba de broma? ¡Deseaba que dieran las ocho! Aunque ahora me sentía más descolocado. Definitivamente, no era el camionero albaceteño; pero, ¿por qué iba a querer quedar conmigo una de mis actrices porno preferidas? ¿Alguien me estaba gastando una elaboradísima broma de mal gusto?

Al llegar al bar donde habíamos quedado, comprobé que nadie se estaba riendo de mí. Realmente era Doris Shark. Todo iba muy bien y era un encanto de chica, nada que ver con la imagen sexualmente agresiva que tenía de ella por sus escenas. Que estuviera vestida también ayudaba, claro. Aparte de ser una mujer tremendamente sexy, nadie hubiera dicho al verla que se dedicaba al entretenimiento para adultos; ni por el aspecto, ni por la forma de hablar. Si me hubiera dicho: «soy abogada laboralista», no lo hubiera puesto en duda. También debe haber abogadas laboralistas sexys. Lo que sí me dijo fue que no esperaba que acudiera. Por lo visto, la mayoría se echaban atrás al descubrir quién era, o pensaban que se trataba de una broma —como pensé yo—, o debía imponerles demasiado. Por eso me había enviado el vídeo horas antes de quedar: si yo me achantaba por aquello, como le había pasado con otros tíos, al menos no perdería el tiempo conmigo y se ahorraría un plantón. A ella le apetecía conocer gente, como me sucedía a mí, pero de fuera de su entorno laboral. Ser quien era, solía suponer un impedimento más que una ventaja, así que intenté no sacar en la conversación su trabajo, a no ser que lo hiciera ella. Y cuando hubo algo más de confianza, lo hizo.

—¿Así que yo era una de tus actrices favoritas, eh, guarrete?

—Sí —le respondí—. Nunca había confesado en una primera cita que soy consumidor de pornografía. Claro que tampoco había imaginado que acabaría quedando con una actriz porno y que ganaría tanto sin ropa de trabajo. —Conseguí hacerla reír.

—Bueno, tú juegas con ventaja, me has visto desnuda antes de conocerme en persona. Sabes mucho más de mí que yo de ti. ¿A qué te dedicas?

Le hablé de mis vídeos, de los monólogos, y la cena transcurrió muy amena. El bar estaba cerca de su casa, así que cuando acabamos subimos a tomar algo. Me enseñó su habitación de trabajo —también hacía webcam para adultos—, y acabó mostrándome toda su filmografía en el ordenador, mientras me explicaba las anécdotas de muchas de las escenas que yo ya había visto tiempo atrás.

—Mira, ¿ves a este tío, el de la derecha? Se llama Esosa —me aclaraba mientras me mostraba una escena en la que la rodeaban tres actores nigerianos con unos talentos envidiables—. Pues lo conocí ese día y era majísimo. Cuando acabamos el rodaje nos fuimos todos a tomar algo y era supergracioso. Nos estuvo explicando cómo había llegado a España sin papeles y que acabó en el mundo del porno por casualidad. Ahí donde lo ves azotándome sin compasión, es un cielo de persona. Está perdidamente enamorado de su chica, que no es actriz, y, aparte de su trabajo, nunca ha tenido otra pareja. Los dos son de mis mejores amigos.

Me encantaba todo aquello. Curiosamente, hablando con ella mientras la veía en la pantalla totalmente desnuda, en posturas tan variadas como explícitas, estaba mucho más interesado en escucharla hablar que en acostarme con ella. Así que en ningún momento me lancé. Se nos hizo tardísimo y me propuso que me quedara a dormir. Por supuesto, aparte de agradable era muy atractiva y no iba a dejar pasar la oportunidad de cumplir una de mis fantasías más veteranas. Pero no sería yo el que diera el primer paso. No aquel día, al menos. Eso es lo que hubiera hecho cualquiera en mi lugar y no quería prejuzgarla por su profesión. Así que nos acostamos en aquella cama redonda enorme, como dos personas adultas aparentemente sin pretensiones pero prácticamente en pelotas. Ella porque, decía, nunca usaba pijama; y yo tampoco me lo había traído. Habíamos conectado y no pensaba estropearlo todo de repente si me lanzaba; ni aun siendo sus señales tan inequívocas. Aunque tenía un cuerpo espectacular, no me costaba mucho reprimirme. Tantos años de abstinencia me habían dado una especie de superpoder. Era «Bajocontrol-man», capaz de manejar situaciones extremas a altas temperaturas, sin abalanzarme sobre la persona desnuda y claramente dispuesta con la que había fantaseado tantas veces. Aunque pareciera mentira, en mis erecciones mandaba yo. Me desperté abrazado a su talla cien de pecho. Ella seguía dormida y dediqué unos segundos a admirar aquel cuerpo de infarto cubierto de tatuajes. Repasé mentalmente la noche anterior y sonreí. Me levanté para intentar conseguir un café de su cocina y cuando lo terminé, volví al dormitorio. Se despertó mientras yo me vestía. Me hubiera encantado desayunar con ella, pero tenía algo pendiente que hacer. Me despedí, esta vez con un beso. «Hablamos más tarde si quieres», y bajé a la calle preocupado porque mi moto había pasado toda la noche a la intemperie. Pero ahí estaba mi *Lola*, atada a una señal de tráfico. Al llegar a casa intenté no hacer ruido para que la Vecinita no me viera llegar por la mañana. Al cabo de un rato, me llegó un whatsapp: «Me ha encantado conocerte, espero que nos volvamos a ver. Doris.»

    Abrí el portátil, busqué «Doris Shark» en un portal porno, y me acomodé frente a la pantalla.

5

Al natural

Durante la semana siguiente volví a quedar un par de veces en mi casa con Doris Shark y esta vez no me conformé con dormir haciendo la cucharita. A mini Nacho Vidal no le había gustado nada mi actitud de la primera vez y me animó a tomar la iniciativa en cuanto ella entrara por la puerta. Pero la primera noche descubrí que, curiosamente, en la intimidad, su actitud no tenía nada que ver con lo que había visto sobre ella en la pantalla. Aun sabiendo que, aparte de mí, era la fantasía de muchos tíos, Doris era bastante pudorosa y prefería esos asuntos en un tono más cariñoso y con menos luz. En realidad, la diferencia entre la actriz y la persona que había tras ella era tan grande en esos momentos que llegué a pensar seriamente si no sería una tía que estaba aprovechando su enorme parecido físico para hacerse pasar por Doris Shark. Incluso revisé los vídeos minuciosamente, para comprobar si los tatuajes coincidían o se trataba de una impostora. Pero sí, era la misma persona; o, al menos, el mismo cuerpo. Simplemente interpretaba un papel cuando trabajaba. Era lo que más nos diferenciaba: en mis vídeos yo me mostraba tal cual soy, deslenguado y mordaz, que era lo que más éxito parecía tener entre los suscriptores, según me dijo Pedro. No establecía limitaciones sobre eso. El Samu que podía ver cualquiera en YouTube era exactamente el mismo que conocían Carlos o Jero.

La segunda vez que quedé con ella, me invitó a una pequeña fiesta de cumpleaños que daba Rebeca, una compañera suya de trabajo, también actriz. Al llegar a la abarrotada sala Larios, junto a la Gran Vía, yo no conocía a nadie. Doris me fue presentando a sus amigos y, en general, era una gente sorprendentemente cercana, tanto que mi incomodidad social desapareció en poco tiempo. Casi todos, y todas, se dedicaban al sector del entretenimiento para adultos. Ojalá hubiera podido viajar atrás en el tiempo para contarle al Samuel casado y virgen que no se preocupara por el futuro, que algún día quedaría muy lejos su mundo de restricciones y correas atadas en corto. Pero el que estaba realmente excitado era mi mini Nacho, ¿y si se presentaba el auténtico Nacho Vidal? En realidad, nunca apareció. A quien sí conocí fue a un agente del mundo del espectáculo que me reconoció por mis vídeos. Me preguntó por mi agencia de comunicación y, como no tenía ninguna, me propuso acudir como *influencer* a un acontecimiento que tendría lugar ese fin de semana en

Bilbao: la apertura de un nuevo restaurante, de un cocinero mediático que había ganado su segunda estrella Michelin. Yo ya había colaborado en algunos de esos eventos. El funcionamiento era muy sencillo: un negocio, habitualmente dedicado al ocio (casino, discoteca, boutique, local de copas...) quería darse a conocer; contrataba una agencia de comunicación y esta se encargaba de que acudieran a la fiesta de inauguración distintas *celebrities* de diversos ámbitos, entre ellas *influencers*. Te pagaban el billete de ida y vuelta, alojamiento en un buen hotel, y el caché negociado por acudir a poner tu cara bonita un par de horas en el *photocall* y subir alguna foto a tu Instagram disfrutando de la fiesta. Lo consulté con Carlos por teléfono y me dijo que acudiera, que no me preocupara por el monólogo del sábado, él se encargaría del show completo. Así que acepté. Como las situaciones altamente sociales acababan estresándome mucho, y Doris ya había cumplido con su amiga (además, el ambiente de la fiesta ahora sí empezaba a volverse algo decadente para mi gusto), le propuse ir a otra parte. Me apetecía ver la última película de los *X-Men*, que estrenaban ese mismo día. Desde niño era muy fan de Marvel, sobre todo de Spiderman y Lobezno, aunque tuviera que leer los cómics a escondidas, porque mis padres opinaban que contenían demasiada violencia. Así que decidimos cambiar de aires y acercarnos a la multisala de la calle Fuencarral, que era una de mis preferidas. Como aún no había caído la noche, decidimos ir andando hasta el cine. A medida que caminábamos por la zona peatonal de la calle, notaba cómo las personas con las que nos cruzábamos se nos quedaban mirando, como cuando alguien te suena pero no sabes de qué. Doris y yo iniciamos un juego divertido para matar el tiempo: «si te miran a ti, es que son seguidores de tu canal de YouTube. Si me miran a mí, es porque son unos pajilleros». Descubrí que, por muy *influencer* que yo fuera a esas alturas, a la gente le gusta mucho más el porno que los vídeos de crítica social. «¿Y si a partir de ahora grabas tus vídeos desnudo?», sugirió Doris entre risas. Después de aquella cura de humildad llegamos al cine y no quedaban entradas. Era lo que tenían los planes de última hora. Le propuse ver una película en casa y estrenar mi nuevo proyector de cine. Me lo había regalado una conocida marca a cambio de grabar un *unboxing* desembalándolo y probándolo por primera vez, por supuesto, emocionadísimo y destacando las bondades del producto. A Doris le pareció bien y pedimos un taxi. No había vuelto a cruzarme en toda la semana con la Vecinita. Aunque me negara a reconocerlo, un pensamiento como ese era un claro indicativo de que me hubiera gustado que sucediera. Cuando salía o entraba en mi casa, los ladridos de enfrente acusaban que, al menos, sus perros controlaban mis movimientos. Como mínimo, uno de ellos; porque juraría que solo ladraba *Dorian*, el galgo que por algún motivo me tenía ojeriza. Pero ninguna señal de la Vecinita. Y justo en este momento no me apetecía cruzarme con ella. Prefería que no me viera acompañado. Doris y yo entramos en el ascensor, y justo antes de cerrarse la puerta escuchamos «¡Un momento, porfa!». Sí, era ella. «Ni una pizca de buena suerte para mí», pensé. Retuvimos la puerta para esperarla. Iba cargada con varias bolsas.

—Gracias —dijo al entrar—. Es que en lo que tarda esto en subir al noveno y bajar otra vez, mis leones me han destrozado la casa.

—Ay, ¿tienes animalitos? —preguntó Doris.

—¿Animalitos? —dije yo—. Tiene cinco pedazos de galgos. Porque son galgos, ¿no?

—Sí, son todos galgos; son unos demonios si no estoy delante —le aclaró a Doris—. Pero cuando estoy en casa, son muy buenecinos.

—Menos *Dorian*, ¿eh? Que es un fisgón. Y creo que me tiene cruzado. —Doris nos miró a los dos intentando averiguar cuánto nos conocíamos.

—Hablando de cotillas —la Vecinita se dirigió a Doris—, ¿no te ha preguntado el portero si vas a casa de Samu? —Los dos nos miramos y sonreímos. Teníamos un chiste privado.

—No, no lo hemos visto, ¿por? —preguntó Doris, que no entendió la coña.

—Por nada, es que es un cotilla. —De repente se quedó mirándola fijamente—. Oye, hablando de cotillas, ¿tú no haces porno? —preguntó la Vecinita, como quien piensa en alto. La sonrisa que me perduraba de nuestro chiste anterior se congeló. Me caía una gotita de sudor por la sien, como en los dibujos animados japoneses. Doris sonrió tranquilamente.

—Sí, soy Doris Shark —dijo ella, con cierto orgullo.

—¡Claro, Doris Shark! Por eso me sonabas tanto. Posaste al natural para un colega mío, no sé si te acuerdas de él, Jorge Duarte. Es muy fan tuyo.

—¡Ah, sí, Jorge! Claro, que me acuerdo, ¿cómo le va?

—Muy bien, le diré que te he visto. Precisamente hemos trabajado juntos hace poco en una exposición.
—¿Había dicho una exposición? Me interesé por el contenido de sus bolsas. Llevaba botes de pintura, algunos pinceles, varios trapos sucios y diferentes botes que no sabía qué contenían. ¡Claro, era pintora!—. Soy ilustradora. Bueno, sobre todo pintora. —Me vi tentado a preguntarle por los ruidos de aquellos objetos metálicos que sonaban de vez en cuando como si fueran canicas. No lo hice, ya lo averiguaría. Habíamos llegado al noveno.

—Bueno, pues encantada. Y mucha suerte con la exposición —dijo Doris mientras cada uno abría su puerta, a pocos metros de distancia—. ¡Y dale saludos a Jorge, dile que a ver si nos vemos que perdí su número!

—Ok, se lo digo. Encantada, Doris. Por cierto, yo soy... —En ese momento abrió la puerta y salió toda la marabunta a recibirla entre ladridos de alegría. ¿Pero es que nunca iba a averiguar su nombre?

Ese sábado me recogieron en el aeropuerto de Bilbao a las seis de la tarde. Una furgona negra con los cristales tintados bastante lujosa nos trasladó al hotel, a otros dos *youtubers* y a mí. No habíamos coincidido nunca personalmente, pero teníamos cierta relación a través de las redes sociales. Eran Korah y Yum, conocidos por un canal de humor y recetas de cocina, respectivamente. Los respetaba bastante, no solo por su talento, sino porque tenían la cabeza bien asentada. No eran veinteañeros que se habían topado de repente con una fama desmedida, como la mayoría. Éramos de la misma quinta y me habían ayudado bastante en mis inicios. Disponíamos de cuatro horas antes del evento y les propuse tomar algo en el bar del hotel. Yo no tenía nada más que hacer hasta entonces. Iba ya cambiado, vestido como en mis vídeos: camiseta friki, vaqueros y deportivas. Pero declinaron amablemente la invitación porque tenían que probarse varias propuestas de vestuario en un showroom contratado por su agencia. Así lucirían varias marcas en las fotos, y por la publicidad llevarían un buen pellizco extra.

—Hay que optimizar, Samu —dijo Yum—. Antes de venir a un evento, yo siempre cierro campaña con un par de marcas de moda masculina y alguna de bebidas. Deberías hacer lo mismo para aprovechar el tiempo.

Sí, debería. Pero yo era nuevo en todo aquello y salía tarde del cascarón, en muchos sentidos. A veces sentía que no era muy distinto de aquellos *youtubers* jovencísimos. Mi carné declaraba una fecha de nacimiento que no tenía nada que ver con mi edad mental.

—Lo más importante es que jamás olvides quién eres —me aconsejaba Korah, con su dicción perfecta de locutor—. Que muestres al mundo una imagen de ti, la que todos quieren ver, no significa que seas realmente esa persona. Guárdate algo para ti, siempre. Algo que te mantenga con los pies en la tierra. —Por un momento pensé en Doris. ¿Eso era lo que ella hacía con su trabajo y su vida privada?—. Mira, este es un mundo relativamente nuevo, y nosotros somos privilegiados por poder formar parte de él. Nos ganamos la vida con algo que nos gusta, que satisface nuestro ego y nuestra cuenta bancaria. Pero puede ser un arma de doble filo si acabas creyendo en él como en un mundo auténtico. O al menos tu único mundo auténtico.

—Estoy de acuerdo —intervino Yum—. Ten en cuenta que el mundo del *influencer*, que es un término con el que no estoy totalmente de acuerdo, no está inventado por nosotros, sino por la gente que no lo es. La gente que fantasea con esto. Cualquiera querría vivir en un mundo deslumbrante de filtros de Instagram y purpurina donde todo son fiestas; codearse con famosos y que te regalen cosas. Es la primera ilusión factible que por primera vez está al alcance de cualquiera. Yo suelo compararlo con las fantasías sexuales. Tú no puedes creer en acostarte con Angelina Jolie o con una actriz porno. No acaba de funcionar, porque no es algo factible. —Nacho Vidal y yo nos guiñamos un ojo—. Del mismo modo, a todo el mundo le gustaría ser el actor del momento o un cantante con tropecientos Grammys. Pero no es sostenible, como la primera versión de *Matrix* en la que todo era perfecto. Tu mente sabe que eso es una utopía. Toda fantasía necesita un «¿Y si yo...?». En cambio, Internet ha hecho posible que cualquiera pueda llegar aquí arriba; nos iguala un poco a todos. Si eres un futbolista galáctico, evidentemente tendrás millones de seguidores en cero coma. Pero también puedes ser camarero o cocinero o repartidor de mensajería, lo que sea. Y si sabes encontrar tu camino en internet, si conectas con la gente y tienes algo diferente, puedes llegar a tener casi tantos seguidores como Cristiano Ronaldo, con todos los beneficios que eso aporta. —Yo les miraba a los dos intentando no perderme nada de aquella masterclass improvisada mientras la furgoneta se acercaba al hotel—. Bueno, igual he exagerado con lo de Cristiano. Pero mira el Rubius, por ejemplo. Los niños antes querían ser estrellas del rock, luego futbolistas y ahora quieren ser *youtubers*. Sueñan con parecerse a el Rubius. Es una fantasía aparentemente alcanzable para cualquiera, aunque siga siendo eso, una ilusión. En realidad, es muy jodido llegar hasta donde estamos ahora; pero la gente no lo sabe y eso les permite soñar. Precisamente por esa razón, por esta vida que una serie de azares nos ha permitido alcanzar, debemos estar agradecidos. Y ser responsables con nuestro modo de utilizarla. —Korah y yo asentíamos.

La furgo iba equipada con un modesto, aunque completo, minibar, del que solo cogieron un Red Bull cada uno. Tenía mucho que aprender de ellos, mucho que asimilar. Todo lo que me habían explicado Korah y Yum podía resumirse en: «un gran poder conlleva una gran responsabilidad». Ellos dos eran mi tío Ben Parker y yo un jovencísimo Spiderman que no sabía ni cómo coserse el traje. Recordé que me había comprometido a escribir un libro, y tenía que ser responsable con eso. Así que aprovecharía aquellas horas previas en mi habitación para adelantarlo lo que pudiera. Mentira. Cuando entré en la habitación, vi que estaba provista con una Play Station 4 y gafas de realidad virtual. Pasé de ser el sensato Peter Parker a convertirme en Bart Simpson en cuestión de segundos. Casi llego tarde al evento incluso, por intentar acabar una partida. No duré mucho en la fiesta. Acompañé todo lo que pude a Korah y Yum, que me caían realmente bien, y me mostré todo lo amable que pude con la gente que hacía fotos, o simplemente se acercaba para charlar. Pero las situaciones altamente sociales acababan desesperándome a partir de la media hora. Sobre todo en un entorno como aquel. Demasiados estímulos para mi TDAH. Mi única arma en una conversación era fingir una atención exagerada, con mi sonrisa cordial de idiota que tanto había ensayado, mientras mi mente divagaba descontrolada disfrutando de las luces, el catering, los vestidos escotados y toda aquella elegancia. Pero incluso esa táctica tenía sus limitaciones, y cuando me descubría intentando no bostezar, era el momento de una retirada. Salí a la puerta a echar un piti, y aproveché para revisar los mensajes del móvil. Uno era de Jero: «¿Qué tal todo, dónde andas? ¿La nueva vecina está cuidando el piso?» Por pereza de teclear, le llamé.

—¿Qué tal niño, qué haces? —respondió con su entusiasmo habitual.

—Aquí ando, en Bilbao, que me han invitado a una inauguración de un restaurante. Un poco saturado con tanta gente. ¿Y tú?

—Pues en Berlín, que me queda un día de rodaje. Mañana acabamos y vuelvo, a ver si nos vemos.

—Ah, sí, he visto algo por Facebook. Eso digo yo, a ver si nos vemos. ¿Y de qué es el rodaje?

—De unas pastillas, como Viagra. Bueno, exactamente igual que la Viagra, pero quieren venderla como «Viagra para jóvenes». Se llama, no te lo pierdas, «i-Agra». Me lo dieron en la primera ronda de castings, debo tener cara de impotente.

—Jajaja, tú y tus publis. Oye, ¿cómo sabías que tengo nueva vecina y no vecino?

—Pues creo que me lo dijiste, o lo publicaste en algún sitio, no sé. Igual lo he soñado. ¿Y qué, está buena?

—No sé, aunque no te lo creas, no me he fijado en eso. Es mi vecina, joder. A ver, creo que es mona. Eso sí, me cae bien, parece maja. Ya te contaré.

—Vale, pues cuando vuelva me invitas un día a comer y cotilleo.

—Hecho, guapo. Oye, que me reclaman por aquí, te dejo. ¡Un abrazo!

En el avión de vuelta, pensaba en el hotel razonablemente lujoso de cuatro estrellas superior y los billetes pagados a mi nombre, y en lo diferente que hubiera sido para mí en otro tiempo. Un par de años atrás, si hubiera tenido que ir a Bilbao, hubiera buscado un viaje en Blablacar, el más económico de todos, y un alojamiento en la pensión más asequible que hubiera encontrado. O un Airbnb barato. Ahora, mi vida había dado un giro de ciento ochenta grados. Antes de dedicarme a YouTube a jornada completa, trabajaba en el mercado de San Ildefonso. Con un exigente horario por turnos que me obligaba a estar siempre disponible para echar horas extras o cubrir bajas de última hora. Y antes, cuando llegué a Madrid, vendía tarjetas de crédito a los viajeros de la T4 en la sala de embarque, mendigándoles unos minutos de su tiempo para hablarles de las excelencias de American Express. Y antes en Valencia, justo después de divorciarme, fui uno de esos teleoperadores que te llaman mientras te echas la siesta para convencerte de que necesitas urgentemente un producto del que no has oído hablar. Y antes, mientras estaba casado y no follaba, tuve que sobrevivir un año vendiendo aspiradoras a domicilio y ganando una miseria. Y antes, de adolescente, trabajé doce horas diarias, de sol a sol, levantando estructuras de hormigón en la construcción. Y antes, al dejar el instituto, fui peón de albañilería. Y antes de eso, en mi empleo de verano, limpiaba los aseos en la gasolinera de una autopista, y antes, y antes... Cualquier «y antes» que pudiera recordar había sido definitivamente peor que el posterior. Menos gratificante y mucho peor pagado. Mi vida laboral tenía una extensión de cuatro folios, así que ahora no podía quejarme de nada. Ganaba dinero solo por subir un vídeo a la semana, o por escribir un tweet de ciento cuarenta caracteres mencionando una marca, o haciéndome un selfie para Instagram con unas gafas de sol de una marca determinada. Económica y profesionalmente, me sentía un privilegiado. Yum y Korah tenían razón. Lo tenía todo y, sin embargo, en ocasiones sentía que estaba dando saltos en lo más alto de un castillo de naipes que no podía durar mucho. Cuando cayera, en los momentos más duros no tendría a nadie que quisiera estar con el Samu de carne y hueso, no el de los vídeos que se reproducían por millones. Aunque eso era sufrir innecesariamente por partida doble: cuando sucediera y antes de que sucediera. Si algo aprendí de aquel viaje fue a ser agradecido, a disfrutar el momento sin perder el contacto con la realidad. No podía desperdiciarlo. Y tenía que ser responsable con mi castillo de naipes mientras se tuviera en pie. Pero una cosa era decirlo y otra muy distinta hacerlo. Las semanas posteriores a mi vuelta de Bilbao me volví más concienzudo con subir nuevos vídeos cada semana. En cambio, el tema del libro... Bueno, tres semanas después, Pedro me citó para que le hablara de mis avances, y yo solo tenía escrito el párrafo de introducción. Fue cuando conseguí aplacarle, gracias al listado en una servilleta que escribí cinco minutos antes, con las prohibiciones que tenía de pequeño como Testigo de Jehová. También ayudó la baza de darle penita. Pero eso no me serviría siempre. Decidí ser serio con aquello. Realmente me apetecía escribir el libro, aunque no lo demostraba. Así que lo haría, o devolvería el adelanto a la editorial si no me veía capaz de llevarlo a cabo, en un ejercicio de honestidad.

En ese tiempo también había visto a Doris unas cuantas veces más, y me di cuenta de que ella esperaba de aquella relación algo distinto de lo que yo estaba dispuesto —o me atrevía— a dar. Así que decidí ser honesto también con ella y dejar de vernos un tiempo. Por una parte, me apetecía tener a alguien a mi lado, con quien compartir todas las novedades que había en mi vida, que cada vez eran más. Pero quizás era demasiado exigente con eso. No me conformaba con alguien. Tenía que ser ELLA, o no sería nadie. Y desde luego, eso tenía que pasar sin forzarlo. No soportaba verme compartiendo mi vida solo porque la otra persona intentara estar conmigo por todos los medios, por maravillosa que esta fuera. Ya me había ocurrido en mi anterior vida, y no estaba dispuesto a volver a pasar por aquello. No quería despertarme un día con alguien con quien ya no me apeteciera estar, solo por haber puesto una etiqueta a la relación. Tampoco me ayudaba demasiado la imagen idealizada que yo me había formado sobre cómo sería Vanesa por aquel entonces, porque hacía que nadie pareciera estar a su altura. Lo cual era ilógico, no la había visto, salvo por alguna foto, en más de veinte años. Me hacía caso en el recreo, vale. Me dio mi primer beso, ok. Pero a esas alturas de mi vida, se reducía a poco más. Aun así, mucha otra gente fantaseaba con una maravillosa vida como *influencer*, y yo que la había obtenido sin esfuerzo, solo soñaba con conocer a alguien como Vanesa. ¿Fantasearía ella con algo? Durante bastante tiempo había acallado aquel sentimiento de vacío gracias a la compañía incondicional de Jero. Él era mi confidente más íntimo, más aún que Carlos. Era a quien me confesaba en mis momentos bajos, cuando lamentaba no haber hecho nada por conseguir mi vida perfecta con Vanesa. Jero siempre escuchaba pacientemente mis lamentos y acababa consiguiendo que dejara el pasado atrás, al menos temporalmente, tan solo con su compañía. Me bastaba con saber que lo tenía ahí, a pocos metros de mi puerta. Y ahora se había ido. Le echaba de menos más que nunca. Ojalá no se hubiera marchado. Ojalá la Vecinita fuera él. Ojalá antes de irse del piso le hubiera dejado escritas unas normas: «En esta casa no se permiten animales de compañía. No se puede bajar la basura antes de las ocho; y plásticos y envases, martes y jueves, únicamente. Y, sobre todo, el nuevo inquilino se compromete al ocupar esta vivienda a cuidar de Samu. Es de obligado cumplimiento intentar cruzarse con él en el rellano, siempre que sea posible, y convertirse en su nuevo mejor amigo.» Pero eso no parecía que fuera a suceder. Una mañana de domingo, mientras salía de casa, se abrió la puerta de la Vecinita. Pero no apareció ella, sino un chico joven, alto y atractivo que me saludó al cruzarse conmigo. Bajamos juntos en el ascensor y me dio tiempo a examinarlo detenidamente. Tenía el pelo largo, un aro en la nariz, no más de veinticinco años y me sacaba un par de cabezas, a lo alto y a lo ancho. Mientras bajábamos en silencio, yo lo examinaba de reojo. «¿Será su novio? Seguro que sí, aunque no vivan juntos. Tiene su edad, cierto aire bohemio, y va manchado de pintura, por lo que debe ser pintor como ella, porque es lo normal, que la Vecinita ya tenga su vida hecha; igual que debe tenerla hecha Vanesa a estas alturas, que seguro que acabó enamorándose de Raúl, el guaperas de clase. La Vecinita tiene también a su Raúl que es este tío, con el que tiene demasiadas cosas en común como para andar perdiendo el tiempo echándose unas risas conmigo solo porque vivo enfrente. Seguro que están demasiado ocupados pintando juntos unos enormes murales, desnudos, porque deben pintar desnudos mientras brindan con copas de un vino tinto carísimo, y nunca terminan los trabajos porque acaban haciendo el amor en el suelo, y después ella le contará a él que su vecino de enfrente es un tío bastante rarito, y si él se entera de que intento acercarme a ella, seguro que me arranca la cabeza con ese brazo que marca bajo la camiseta, para imponer su territorio de macho alfa. Encima, es que lleva una camiseta ancha que a mí me quedaría grande por todos lados, pero en vez de quedarle holgada al muy mamón, le marca como al descuido los bíceps y esos hombros de nadador, porque tiene pinta de nadador, o no, seguro que hace *crossfit*; porque, además de ser un tío sensible que debe pintar de puta madre, tiene un cuerpazo que ya lo quisieran muchos modelos, porque así son todos los raúles del mundo: han sido tocados por una especie de gracia divina que los hace superiores a nosotros los mortales, y lo que más me jode es que, por supuesto, se saben perfectos, pero hacen como que no se enteran, y eso los hace todavía más atractivos. Él sí que debe ir quitándose a las tías de encima por quién es, no como yo, que tengo éxito porque me conocen cuatro frikis de Internet, y si no hiciera vídeos seguro que no me comería un colín ni con el Tinder... Hay que ver cómo tarda este ascensor. Ya hemos llegado. "No, no, pasa tú primero, por favor. Venga, hasta luego tío. Buenos días."» En realidad, no estoy totalmente seguro de haber pensado todo eso. Creo que lo único que dije para mis adentros mientras bajábamos aquellos nueve pisos, fue: «seguro que es un guaperas gilipollas».

Un par de días más tarde comprobé que me equivocaba. Salí a correr al parque de Madrid Río, y cuando volvía a casa, la Vecinita estaba a lo lejos, sentada con sus perros. Habría salido a pasearlos y aprovechó el buen día para tomar el sol en el césped, de tranqui. Después de coincidir con aquel chicarrón del norte en el ascensor, no me apetecía mucho cruzarme con ella. En parte por si se cumplía mi suposición y me arrancaban la cabeza. Así que decidí ignorarla. Para volver a casa tenía que pasar a la fuerza justo por delante, pero no tenía por qué reconocerla. Entre las gafas de sol, los cascos del mp3 y mi repentina atención al reloj de pulsera para comprobar si había mejorado mi marca personal, tenía la coartada perfecta. En realidad, solo llevaba los cascos en las orejas, sin música. Justo al pasar por delante, la Vecinita me vio y me saludó. La miré de reojo, pero las gafas de sol lo ocultaron. Entonces me llamó: «¡Eh, Samu!» Por un momento recordé el incidente de la valkiria rubia y mi caída en el arbusto. Pero me mostré impasible y seguí mi camino fingiendo toda la concentración del mundo en trotar. Superado el punto crítico, ella había quedado a mis espaldas, a unos cincuenta metros de distancia y aumentando. Si seguía llamándome, ahora sí que era totalmente imposible que pudiera oírla. Le había dado esquinazo. O no, porque de repente noté que alguien se me abalanzaba por la espalda. No podía ser ella. ¿Se había levantado de un salto, descuidando a sus perros para esprintar y encaramarse sobre mí? Imposible, no podía ser tan rápida. En cambio, *Dorian* sí lo era. Al reconocerme cuando pasé por delante, se liberó de la correa y me alcanzó tan rápidamente que estuve a punto de dejarme los dientes en el suelo. Debió motivarle el odio asesino que me profesaba. A lo lejos estaba la Vecinita, de pie, llamando a *Dorian*. No podía soltar las otras cuatro correas, así que no me quedaba otro remedio: sujeté como pude al galgo y prácticamente lo arrastré hasta ella para devolvérselo.

—¡Ay, perdona Samu! Es que no sé qué le ha dado contigo, que siempre que te ve se pone así. Yo creo que está enamorado de ti. —Ya, claro, eso debe ser—. O que es tan inteligente que como te he llamado y no te has enterado, lo ha hecho él por mí.

—Bueno, no te preocupes. Me han pasado cosas mucho peores haciendo running, créeme.

—¿Te sientas un rato con nosotros? —Y mientras lo decía, me arrastró del brazo hasta el césped—. Que estas cinco fieras no me dan mucha conversación.

—Bueno, así descanso cinco minutos antes de subir. Estoy reventado, creo que soy demasiado mayor para salir a correr —bromeé.

—¡Calla! ¿Qué edad tienes, Samu?

—Pues acabo de hacer treinta y ocho.

—Ah, pues te echaba menos. De verdad que no los aparentas. —Era cierto, siempre he parecido más joven.

—¿Y tú? —le pregunté.

—Veintidós. Pero suelen echarme más. —Y no era cierto, tenía la cara aniñada en realidad no creí que fuera cierto; tenía la carita aniñada.

—Sí, eso iba a decirte yo... —Qué bien, nos llevábamos solo dieciséis años. Al poco nos quedamos sin conversación, en buena parte gracias a mis nulas habilidades sociales. La Vecinita no había bajado solo para tomar el sol, estaba fumando un porro de marihuana y me ofreció. Hacía mucho que yo no fumaba, porque me sentaba fatal, pero no quería darle la impresión de ser un vecino carroza, así que acepté. Debí haber recordado que en los casos de TDAH, la marihuana tiene un efecto más fuerte. Sobre todo con la capacidad de inhibición. No tardó en hacerme efecto. Me volví mucho más hablador.

—Bueno, ¿y qué me cuentas de ti? —le dije, mucho más animado de repente e intentando no toser—. ¿Te dedicas a la ilustración o a la pintura?

—Un poco de las dos, va por temporadas. Ahora estoy preparando una exposición sobre...

—¿Y tu novio? También es pintor, ¿no? —la interrumpí.

—¿Mi novio? —preguntó extrañada—. Pues no se dedica a nada, porque no existe.

—Ah, ¿no? —Sospecho que parecí aliviado en exceso—. Creía que el cachitas que salió el otro día de tu casa era tu chico, o algo.

—¿Me estás espiando, vecino? —De repente se puso muy seria, mientras a mí se me congelaba la expresión—. ¡Era coña, tío! —dijo riéndose mientras me daba un codazo—. No, tú hablas de Héctor. Un chico alto, guapo, fuertecito, ¿no?

—Ese. El que podía haber hecho la versión española de Thor.

—No, Héctor es un compañero de Bellas Artes. Vino a casa a echarme una mano con mi trabajo, ese que te dije que llevo tan retrasado.

—Ah, pues pensé que él y tú... —Intentaba no darle importancia, mirando a los galgos que dormitaban al sol.

—De hecho, me preguntó por ti cuando hablamos ayer.

—¿Y eso?

—Bueno, digamos que Héctor no es mi novio por muchas razones. Y que tenga unos gustos en los que yo no encajo precisamente, es solo una de ellas.

—Ah... —No quería ni pensar en la cara de imbécil que debía estar poniendo en ese momento.

—Y me preguntó por ti porque según él no parabas de mirarle en el ascensor...

—Uy, qué mentirosillo. —Tragué saliva muy despacio; empezaba a sentirme algo colocado y me daba miedo que mi nuez se moviera demasiado deprisa y asustara a los perros—. ¿Y qué le dijiste?

—Pues que no. Que hasta donde yo he visto, eres bastante hetero. No nos conocemos mucho, pero siempre te veo muy bien acompañado.

—Bueno, son amigas que...

—Oye, que no me tienes que dar explicaciones, Samu. Me parece perfecto —dijo ella sonriendo—. Me cayó muy bien Doris. Es muy guapa. De hecho, quería preguntarte sobre ella.

—Sí, sí que lo es. —¿Adónde quería ir a parar? Por favor, que la Vecinita no fuera lesbiana. No tenía ningún interés en ella, pero por favor, que no lo fuera—. Dispara. Pregunta.

—A ver cómo te lo planteo... —Dios. Sí que era lesbiana—. ¿Tú crees que posaría al natural para mí? —¿Qué?

—Pues no lo sé, no creo que le importara. El problema es que hemos decidido dejar de vernos por un tiempo, pero se lo puedo comentar.

—Ah no, no te preocupes entonces, tío. Es que me falta un retrato para una exposición y me ha fallado el modelo. Bueno, le conoces, es Héctor. Precisamente vino el otro día a decirme que por un compromiso de última hora no va a poder posar. Por eso necesito a alguien cuanto antes. Y conozco poca gente en Madrid todavía, así que no sé qué hacer.

—Pero entonces, ¿no tiene que ser una tía?

—No, qué va. Alguien. Con que tenga un cuerpo bonito me sirve. Tú me valdrías, por ejemplo. Por si conoces a alguien como tú y crees que estaría dispuesto.

—¿Yo te valdría? ¿Y eso? —Mi ego se había quedado solo con que opinaba que yo tenía un cuerpo bonito.

—Perfectamente. Cuando te vi el primer día, abriste la puerta sin camiseta, ¿recuerdas?

—Ah, cierto. —«No, Samu. En serio, para. Cierra la boca ahora mismo. No lo hagas, te estas viniendo arriba, no...»—. ¿Y por qué no poso yo? —«¡Mierda! Si tienes TDAH y poca experiencia con la maría, procura contar hasta diez antes de hablar.»

—¿De verdad? —Me agarró del brazo emocionada. *Dorian* levantó las orejas y me miró—. ¿Lo harías, tío?

—¡Claro, sin problema! Soy actor, estoy acostumbrado. He hecho bastantes escenas de cama. —Mentira cochina. Solo había hecho una, y era muy light.

—¡Ay, Samu, muchas gracias! ¡Me salvas la vida, de verdad! ¿Cuándo te viene bien? ¿El viernes a eso de las cinco en mi casa? —Eso era en tres días. Juro que *Dorian* me miró con media sonrisa. O era la maría. Ya no lo sabía.

—Perfecto —dije yo aparentando seguridad, sonriendo con mucha confianza, quizá sonriendo demasiado, empezaba a tener miedo de que mi boca pareciera desmesuradamente grande—. Bueno, me subo a casa, que tengo una sed... —Al cerrar la puerta, me eché las manos a la cabeza. ¿Pero qué cojones acababa de hacer?

6

Desnudo doloroso

Al principio, me costó lo mío desnudarme delante de alguien después de mi divorcio. En todos los sentidos. Al fin y al cabo, en treinta y dos años solo me había quedado en pelotas delante de Sandra, mi exmujer. Así que cuando perdí la virginidad con Eva, el mismo día que Sandra salió de casa, estaba nerviosísimo por dentro, aunque me esforcé concienzudamente para que no se me notara. Eva y yo no volvimos a vernos. Decidí dejar las clases de teatro por un tiempo después de aquello, pero acabé no volviendo nunca. Mi vida había dado un giro absoluto y mis prioridades eran otras. Necesitaba tiempo para cambiar de trabajo y reconsiderar mi círculo de conocidos. Todos mis amigos eran Testigos y desaparecieron de un día para otro. Mi mini Nacho Vidal estaba desatado. Habían soltado al Kraken. Una de las primeras cosas que hice con mi reciente libertad fue tatuarme la nuca: una tortuga con una espiral en el caparazón que se extendía hasta el infinito. Los Testigos no lo prohibían, pero entre ellos estaba muy mal visto todo aquello de alterarse la piel tatuándola o perforándola. Llevar barba también, así que me la dejé. Despreocupada, a lo leñador. Puedo asegurar que mi adolescencia real comenzó a partir de la treintena. La tercera cosa que hice, por indicaciones de mini Nacho, fue abrirme un perfil en Badoo, que era el Tinder de aquella época. Bendito Badoo, me dio tanto de comer... Me ayudó a dar mis primeros pasitos, a hacer rodaje y a coger experiencia. Aunque mi porcentaje de éxito era bastante moderado, yo me sentía todo un triunfador. Y comparándolo con mi vida anterior, lo era. Nacho me repetía que Badoo era para lo que era: aquí te pillo, aquí te mato, y si te he visto no me acuerdo. Pero a los cinco meses de quedarme soltero conocí a Lara, una chica distinta a todas las demás con las que había estado. Aunque su apetito sexual era voraz (sin exagerar, adelgacé varios kilos), no tardamos en vernos con asiduidad para hacer otras cosas. Me encantaba ir con ella al teatro, a ver monólogos y quedar con su grupo de amigos. Todavía recuerdo aquellos días con mucho cariño. Hasta dejé de usar Badoo; no tenía ojos para nadie más. Mini Nacho se tiraba de los pelos. Estuvo a punto de dimitir y aceptar otro trabajo. En el hombro de un antiguo Amish o algo así, imagino. Aun así, no dejé de ampliar por mi cuenta mi círculo de amistades en Valencia, algo a lo que había renunciado anteriormente por ser Testigo de Jehová, unido a los celos constantes de Sandra, mi ya exmujer. Y aunque Lara tenía una mentalidad muy abierta, mi reciente sociabilidad acabó pasándole factura. Ella también había sufrido infidelidades, no de una, sino de varias de sus parejas, y empezó a darle vueltas a la idea de que yo podía ser el siguiente cerdo de su historial. Se estaba enamorando de mí. Como yo de ella, en realidad. Y tomó una decisión valiente y cobarde, por partes iguales. Se sinceró conmigo y me confesó lo que empezaba a sentir. Conocía mi pasado y no podía soportar cortarme unas alas que empezaban a crecerme tan tarde. Le parecía tremendamente injusto, pero al mismo tiempo, era incapaz de sacarse de la cabeza la posibilidad, aunque remota, de que yo acabara haciéndole un daño irreparable. Así que me dejó. Aún conservo su imagen grabada, aquel día, besando por última vez el caparazón de mi tortuga de tinta, mientras yo lloraba como un crío. Por alguna razón, Lara estaba convencida de que aquel tatuaje tenía para mí un significado especial, que yo no compartía con nadie. Era una persona excepcionalmente intuitiva. Y con aquel beso aún húmedo en mi nuca y mi recuperada relación con mini Nacho, me vine a Madrid, a poner tierra de por medio e intentar abrirme paso en el mundo del espectáculo como actor.

¿Querría plasmar la Vecinita mi tortuga en la nuca? Probablemente. Y aunque no quisiera, no creo que «Es que no te sirvo, que estoy tatuado» me valiera como excusa para echarme atrás con el posado. Podía optar por no pintarla y sanseacabó. Por un momento, me llegué a plantear tatuarme todo el cuerpo, pero no era viable. Y si no colaba, no quería que, además, me viera hinchado y sangrando por todos lados. Quedaba un día para posar desnudo. Veinticuatro horas para buscar una excusa convincente. Hacía mucho tiempo que había perdido el pudor de que alguien me viera desnudo, pero, ¿tenía que ser mi vecina? Ella no era precisamente una persona que quería que me viera en pelotas. Aquello complicaría todavía más que estableciéramos cierta amistad. Los encuentros en el rellano podían volverse mucho más incómodos de lo que habían sido hasta el momento. «Hola Samu. A bajar la basura, ¿no? ¿Qué tal? ¿Cómo llevas ese pene? ¿Ya se te han ido esas manchitas que te dije que te miraras?» Vale, nunca había tenido manchitas, pero seguro que me salían justo ese día. O se ruborizaban mis partes. Si yo lo hacía en ciertos momentos de timidez repentina, ¿quién me aseguraba que no lo hiciera también mi colita? Cielos, debería buscar en Internet si aquello podía pasar; nunca me había fijado.

Pero no podía parar de teclear en Google «¿Un pene puede sonrojarse?», tenía que estar en un casting en cuarenta minutos. Era para un anuncio de una marca de coches. Nada que ver con el que en esos momentos estaba haciendo Jero en Sicilia: una campaña contra el maltrato en la que tenía que hacer de capullo, según me contó por WhatsApp. Este tipo de spots siempre los hacían actores extranjeros, para que no les insultaran por la calle cuando se emitieran. Una vez más, no pudimos vernos para comer. Cuando llegué al lugar del casting, había otros diez o doce tíos muy parecidos entre sí. Y a mí. Todos con camisa, corbata y barba prominente. Cada vez eran más frecuentes los castings en los que pedían el perfil de *hipster*, que tan de moda se había puesto en la publicidad. Me daba rabia, porque yo me había dejado la barba mucho antes de aquello, y ahora suponía una desventaja para optar a un papel, con tanta competencia. Era lo que pedían las productoras de publicidad pero entonces todos parecíamos clones. Anteriormente, era improbable que me dieran el papel, por tener un aspecto demasiado diferente, y ahora lo era porque todos éramos demasiado iguales. O tal vez casi nunca me daban el papel simplemente porque me faltaba talento. En cualquier caso, prefería buscar otras justificaciones que me dolieran menos. La culpa de que a esas alturas todavía no fuera actor, por supuesto, era de otros. No mía. Curiosamente, antes de instalarme en Madrid, durante el año de libertad que viví en Valencia, venía a hacer castings y no me iba mal. Estaba convencido de que mudándome a la capital, viviendo en mitad del meollo, no tardaría en alcanzar mi meta. Pero no había avanzado nada. Incluso hacía diez veces más audiciones y me seleccionaban para muchos menos trabajos. Lo intentaba continuamente, sin éxito alguno. En cambio, había triunfado haciendo vídeos, por pura casualidad. Sin buscarlo. Yo tenía mis propios planes, pero la vida parecía decirme que no eran para mí, que me reservaba otros. Ahora vivía mejor de lo que había vivido nunca. Ganaba más dinero del que necesitaba, con el mínimo esfuerzo. Trabajaba pocas horas a la semana escribiendo y montando vídeos o subiendo unas cuantas fotos a mis redes sociales. Además, el dinero me cundía mucho más. Cuando eres *influencer* gastas muy poco en ropa, casi toda te la regalan las marcas. Tampoco te dejas una pasta cuando sales de fiesta, porque las discotecas te invitan a sus mejores reservados, esperando que subas una foto haciéndoles publicidad. Incluso me solían pagar los viajes. Sabía de sobra que unos cuantos *influencers* se hacían varios cruceros al año, siempre invitados. A las empresas les salía mucho más barata ese tipo de publicidad que llegaba a mucha más gente que pagando un spot de televisión. Nos trataban a cuerpo de rey. Pero yo seguía pensando que aquello no duraría, que era temporal. Un trabajo como cualquier otro, hasta que pudiera dedicarme a lo que de verdad me apasionaba: la interpretación. Al salir del casting de *hipsters*, dos horas después, tenía una llamada perdida. Era de Mario, mi amigo Testigo de la infancia, mi compinche desde que hackeábamos los cumpleaños prohibidos. Aparte de mis padres, prácticamente era la única persona de mi anterior vida con la que mantenía el contacto. Le tenía al corriente de mis andanzas de «mundano», aunque él seguía siendo Testigo de Jehová. Estaba casado y tenía una hija pequeña —oh, un momento. Dos. Al devolverle la llamada, me anunció que iba a ser padre por segunda vez. De un niño si la ecografía no se equivocaba—. Niños aparte, Mario tenía la clase de vida que yo seguiría llevando de no haber sufrido aquel revés en mi matrimonio. Pero él era feliz. Habíamos tenido infancias y adolescencias prácticamente idénticas, pero por suerte, él había sabido adaptarse a las circunstancias y aceptar de buen grado lo que la vida le había reservado. A menudo me preguntaba si yo no me habría equivocado en mis decisiones, si algún día encontraría la misma felicidad que Mario disfrutaba: una familia, un trabajo que me llenara de verdad, fuese el que fuese. Porque ser *influencer* no era un trabajo de verdad, solo un hobby que me permitía vivir bien, pagar sobradamente facturas y caprichos, ahorrar por si venían tiempos peores, disfrutar de una vida social a un nivel que tiempo atrás jamás hubiera imaginado, poder dar rienda suelta a mi creatividad y gozar de una fama moderada a cambio de dedicarle unas pocas horas a la semana sin rendir cuentas a nadie. Eso no era un trabajo de verdad. Quizá con un empleo «normal» no hubiera tenido tanto tiempo libre para magnificar mis problemas. Ahora mismo, el mayor de ellos era encontrar la manera de que la Vecinita no me viera desnudo. Además, desde que empecé a hacer vídeos, pese a tener más tiempo libre que nunca, apenas iba al gimnasio. Salía a correr de vez en cuando, pero ya no tenía el físico que había podido lucir en otras épocas de mi vida. Según mini Nacho, mi preocupación real no era posar al natural, sino que la Vecinita no me viera en mi mejor forma. ¿Y si me bajaba al gimnasio? Algo podría hacer. Aún tenía el año entero pagado y se notaría. Por lo menos algo más que no hacer nada. Mi ego no podía permitir que la Vecinita plasmara mi fofez en todo su esplendor. Ni corto ni perezoso, esa misma tarde, veinticuatro horas antes de la cita para el posado, me eché la bolsa de deporte a la espalda y partí presto, dispuesto a recuperar en dos horas mi anterior cuerpazo, que había descuidado casi un año. Nada que no pudiera remediar en una sesión intensiva. Al final estuve casi tres horas. Cada vez que acababa de trabajar un grupo muscular con varias máquinas, pensaba: «Bueno, los deltoides también debería machacarlos un poco, si no mañana se va a notar.» Luego eran los gemelos, después los bíceps, y entre cada uno de estos errores, le regalaba a mi ex tableta una buena sesión de abdominales, que seguro que era la parte en la que más se fijaría la Vecinita. Cuando ya di por terminada la sesión, pensé que tampoco estaría de más sudar treinta minutos en la elíptica, para que se me viera más definido. Y para ir a casa, por supuesto, al trote. No iba a ser tan hipócrita de volver en metro como los vagos. Llegué muerto de hambre y después de cenar una ensalada y pescado a la plancha, ¡oye!, me di cuenta de que no había perdido tanto la forma. Estaba agotado, pero había soportado una sesión espartana con más entereza de la que me imaginaba. Y con este pensamiento y el chándal puesto, me quedé dormido en el sofá antes de las nueve de la noche. Hacía mucho tiempo que no descansaba tan profundamente. Me desperté con un hambre atroz. Mientras pensaba qué iba a desayunar, fui a reincorporarme del sofá, pero no pude. ¿Qué estaba pasando? Una dolorosa descarga eléctrica recorrió todo mi cuerpo. Desde la planta del pie, que apoyé en el suelo, hasta los músculos cervicales que intentaron en vano que levantara la cabeza del cojín. Solté un incontenible grito agudo que debieron escuchar los galgos de enfrente y los vecinos del octavo. Y los del quinto, y los del primero, y el portero... Con total seguridad, fue el grito menos rudo y varonil que jamás haya salido de hombre alguno. No quería que, al oírlo, la Vecinita pensara que una mujer había alcanzado el mayor orgasmo de su vida en mi casa, así que corrí a por el mando de la televisión para encenderla a todo volumen y que pareciera una película. «Corrí» es un decir. Estiré el brazo izquierdo hacia la mesa unos pocos centímetros, y vi las estrellas. En alguna parte, quinientas personas debían haberse puesto de acuerdo para hacerme vudú al mismo tiempo en todas las fibras de mis bíceps, tríceps, trapecios y deltoides. Miré al mando a distancia con odio y él me respondió burlándose de mí. Nunca, jamás, en toda mi vida había tenido unas agujetas tan fuertes ni tan apresuradas como aquellas. Ni cuando probé el *crossfit* y dije que quería empezar por el nivel avanzado. Decidí que esquivaría todos los espejos de mi casa, porque no quería verme la cara poblada de las lágrimas que se me escapaban con cada movimiento. No me costó mucho, dudaba que pudiera tardar menos de quince minutos en siquiera levantarme del sofá. Me moría de hambre, pero la cocina, que solía estar a unos diez pasos, se había alejado diez kilómetros. Me movía como un enfermo terminal. Para cuando alcanzara los cereales de la despensa, ya sería hora de comer. Además, para no engañarme, tampoco me veía capaz de bajar el bol de desayuno de la estantería. Tres horas después de despertarme, mis logros de la mañana se reducían a conseguir beber agua e ir al baño un par de veces. Tiempo atrás había sido bastante deportista, ¿cómo coño había caído en aquel error de novato? Sabía que no hay ningún caso documentado de muerte por agujetas, pero yo sería el primero. Mi nombre aparecería en revistas científicas y en blogs de humor, como *El Mundo Today* o *El Jueves*, pero sin que necesitaran inventar nada gracioso sobre mi caso. Estaba claro: me iba a morir. Y cuando viniera el juez a levantar mi cadáver, la Vecinita declararía a la policía que no me conocía de nada, por vergüenza ajena. Mi caso sería tan patético, que podría matarla a ella de vergüenza ajena, solo por vivir cerca. Aquellos pensamientos tan realistas me ocuparon otra hora, hasta que decidí hacerme terapia de recuperación; ir moviendo progresivamente todas las articulaciones, hasta ganar la autonomía psicomotriz de una persona media. Fui ganando grados poco a poco. Algo había mejorado la cosa, pero renuncié a comer: mejor me echaría una pequeña siesta para que el descanso acelerara mi recuperación. Cuando me levantara picaría algo rápido y me sobraría tiempo para ducharme y presentarme con normalidad en casa de la Vecinita antes de las cinco. Mentira cochina. Me despertó el timbre a las cinco y media, y yo había regresado a mi estado vegetativo.

—¿Samu? —dijo la Vecinita desde el otro lado—. ¿Estás ahí? —Debía de llevar un buen rato llamando.

—¡Sí, voy! —grité desde el sofá con la voz más masculina que pude—. ¡Un momento!

Estaba casi tan perjudicado como por la mañana, pero el sentido del ridículo me hizo llegar a la puerta en un tiempo razonable. Y sin llorar. Abrí.

—Hola. Que no sabía si avisarte, pero como quedamos a las cinco para lo del retrato, por si se te había pasado.

—No, tranquila. Es que estaba haciendo meditación, que me la recomendó una especialista en TDAH y se me ha pasado el tiempo volando. Por eso me muevo tan despacio ahora, no debo hacer movimientos bruscos cuando acabo. —Por suerte, no tenía agujetas en el lóbulo cerebral encargado de las excusas absurdas.

—Ah, pero te viene bien, ¿no? Si no, lo dejamos para otro día. O ya encontraré una solución.

—¡No, mujer, para nada! ¿Cómo voy a dejarte colgada? Estoy en tu casa en cinco minutos, ve yendo. —Acababa de desperdiciar mi única oportunidad para librarme.

—Jo, gracias, Samu. Y disculpa.

—Nada, disculpa tú por mi despiste. Te veo ahora. —Quería autoabofetearme. Pero no podía. Todavía llevaba la ropa de deporte de la tarde anterior y el sudor de aquellas tres horas mortales. Debía apestar, pero era incapaz de ducharme. Si lo intentaba, podía morir de verdad. Recordé que hacía tiempo, una chica se había dejado unas toallitas desmaquillantes en un cajón del baño. Usé todo el paquete para asearme. Desvestirme fue toda una odisea y frotarme todo el cuerpo con las toallitas y conseguir no mirarme al espejo, tampoco fue fácil. Pero sabía que no conseguiría vestirme en menos de diez minutos. Y no podía retrasarme más. Aquellos cinco minutos que le prometí a la Vecinita que tardaría, se habían convertido en quince con toda aquella operación. Así que decidí hacer lo más sensato del mundo: ir a su casa totalmente desnudo. Las fuerzas solo me alcanzaban para ponerme calcetines y zapatillas, por si pisaba algún pis de sus perros, pero nada más. Al fin y al cabo, en aquel rellano no vivían más vecinos y nadie tenía por qué subir hasta el noveno. Además, ¿no iba para posar desnudo? Pues así era como rompía yo el hielo cuando me retrataban en pelotas. El día más patético de mi vida no había hecho más que empezar. Gané los seis metros que separaban su puerta de la mía en varios minutos. Con los brazos intentaba minimizar el impacto de mis pasos en el suelo, para que las piernas me dolieran menos. Daba pasitos minúsculos, como cuando te das cuenta demasiado tarde de que el rollo de papel higiénico se ha acabado. Ahorraba todo el dolor que me fuera posible para soportar moverme con normalidad cuando estuviera al otro lado. Entonces oí ruidos no muy lejos, como si alguien estuviera subiendo. Mierda. Julián, el portero, recogía todas las tardes las bolsas de basura que algunos vecinos dejaban en la puerta. Solía recorrer cada piso en el ascensor, con un pequeño contenedor con ruedas, para ir almacenándolas y por el ruido, debía ir por el séptimo. Aceleré el paso —¡ay!—, y llamé impacientemente a su puerta. Ayer me daba pudor posar para ella, y ahora me presentaba en su casa directamente como llegué al mundo. Bravo, Samu. Entonces recordé que el portero no recogía la basura hasta las ocho. Aún quedaban un par de horas, así que el ruido debió ser cualquier otra cosa. Entonces la Vecinita abrió la puerta y me miró de arriba a abajo. No pudo reprimir una expresión de sorpresa al verme totalmente desnudo. Iba a decirme algo, pero entré en su casa lo más rápidamente posible, sin esperar invitación.

—Espero que no te importe que venga ya así —me excusé—. Es que como el retraso ha sido por mi culpa, he pensado que para ganar tiempo...

—Hola... —dijo alguien. Alguien que no era la Vecinita.

—Samu, este es Héctor. Héctor, Samu —nos presentó ella, intentando aparentar normalidad—. Creo que os conocisteis el otro día en el ascensor.

—Sí, me suena. Hola, ¿qué tal? Soy Samu, tu sustituto —dije levantando una mano, saludando a lo apache. Héctor estaba sentado, tomando un café donde yo desayuné con la Vecinita. Miento. Tomaba café hacía unos segundos, ahora parecía una estatua. Por favor, ¿me podía tragar la tierra ya? Llevábamos ya media hora enfrascados en el retrato y la Vecinita seguía conteniendo la risa. Me contó que Héctor se había acercado justo esa tarde para pedirle prestado un pincel, sin saber que habíamos acordado esa hora para el posado. Ni que el modelo iba a ser yo. Al verse envuelto en un momento tan marciano, se había disculpado con un «bueno, se me hace tarde, os dejo trabajar», y salió de allí sin acabarse el café. Antes de comenzar, la Vecinita me había invitado a adoptar la pose que yo prefiriera, con la que estuviera más cómodo. «¿Muerto por agujetas, quizá?», pensé, pero me senté dignamente en un taburete, con una pierna cruzada sobre la otra, deseando que esa postura fuera la más piadosa con el dolor extremo que se había adueñado de todo mi ser. Yo intentaba aparentar comodidad, pero no fue necesario: desde el instante en que la Vecinita comenzó a desarrollar los primeros trazos, me pareció que, automáticamente, se había desplazado a otro mundo. Uno en el que podía ver a través del lienzo y a través de mí; como si estuviera traduciéndome a un complicado código de colores, luces y volúmenes. Mientras pintaba con aquella atención exhaustiva en cada detalle, me resultaba enormemente familiar. Como si la conociera de toda la vida. Se conducía voluntariamente entre su mundo particular y el mío, alternando momentos de silencio absoluto y concentración con otros de charla cordial con su vecino desnudo.

—Bueno, tú cuando quieras descansar paramos y estiras un poco las piernas o... Bueno, lo que quieras, ¿eh? —me dijo absorta en su lienzo.

—Ok, no te preocupes. —Estaba yo para estirar las piernas...

—He preparado café y algo para picar. Si te apetece, lo tienes todo ahí en una bandeja, en la cocina.

—Muchas gracias, de momento estoy bien. —Mentira podrida. No había comido nada en todo el día, me moría de hambre. Apretaba con fuerza el abdomen, no porque se marcaran los músculos, sino para que no me sonara de hambre. Y cuando lo hacía, quería morirme del dolor. Pero ahora que me había relajado un poco en el taburete, levantarme hasta la comida me parecía una misión suicida.

—Oye, ¿no te huele como a desmaquillante del Mercadona? —dijo extrañada, de repente.

—A mí no me huele a nada. Igual son tus pinturas o algo.

—Bueno, ¿y qué tal tus vídeos?, ¿tienes alguno entre manos ahora?

—Bien, bastante bien. Esta semana quiero grabar uno con varios amigos sobre la libertad de expresión. ¿Has visto alguno de los que he hecho?

—A decir verdad, me llegan porque algunos colegas me los pasan por WhatsApp, pero creo que no he visto ninguno entero. Con estos trastos en casa no puedo concentrarme en nada más de cinco minutos, porque la lían.

—Se refería a los galgos. Eran como su versión propia de mi TDAH—. Míralos, ya están haciendo de las suyas. ¡Eh, chicos! ¡Parad!

Los cinco perros habían formado un corrillo en el suelo mordiendo mis zapatillas, disputándose quién podía hacer un daño mayor. Por supuesto, *Dorian* había sido el incitador. Lo suyo conmigo era personal. Yo era como su archienemigo, su némesis. Quería destrozarme las únicas prendas de que disponía en aquel momento, para verme totalmente humillado, volviendo a casa todavía más desnudo. Aquel bicho me odiaba hasta la médula.

—¡Venga, parad que me enfado! ¡Samu, apártalos de ahí que te dejan sin zapatillas!

—No pasa nada. Déjalos que jueguen, animalicos. —De haber podido mover algún músculo, por supuesto que no les habría dejado ni acercarse a ellas. No me hacía ninguna gracia que estuvieran haciendo jirones unas Nike de trescientos euros, por mucho que me las hubieran regalado—. Tranquila, si son unas zapatillas viejas, iba a tirarlas. —Claro que iba a tener que tirarlas. Al oír la regañina de la Vecinita, se retiraron, pero ya se habían comido casi por completo la izquierda y uno de los calcetines.

Ya no podía pasar nada peor. Había sido completamente derrotado por mi ego, mi torpeza y cinco galgos. Mini Nacho Vidal ni siquiera se atrevió a aparecer por allí, por una cuestión de dignidad. Me dejó solo ante el peligro. Ese día, durante unas horas, había tocado fondo. Podía optar por meter mi cabeza bajo tierra como las avestruces o decirme: «¡qué coño!», y disfrutar la parte positiva del día más bizarro de mi vida. Al fin y al cabo, no habría mejor momento para conocer a la Vecinita, que totalmente desnudo en su casa. Le pregunté de dónde era y qué hacía en Madrid. Muy resumidamente me contó que venía de Oviedo, se fue joven de casa y acabó en la capital por lo mismo que yo: por el arte. Quería conocer gente con sus mismos intereses, visitar museos..., y Madrid le parecía la mejor ciudad para eso. No parecía muy dispuesta a contar demasiado sobre su pasado, así que yo tampoco quise entrar en detalles sobre el mío. Cuando me preguntó, le di titulares: que me había divorciado cinco años antes, que me vine para intentar ser actor y que no tenía demasiado trato con la familia lejana que tenía aquí en Madrid. Poco más sobre mí. En cambio, no tardamos mucho en hablar de nuestras películas favoritas, las series que estábamos siguiendo en Netflix o qué obras de teatro habíamos visto últimamente. Descubrimos que teníamos unos gustos muy similares. Le conté que hacía monólogos y resultó que tenía un sentido del humor muy parecido al mío. Cuando le expliqué algunos de mis chistes más negros, se rio a mandíbula batiente. Prometió ir a verme actuar algún día. Le hablé de Carlos, de cómo nos conocimos; de Jero, que había ocupado el piso antes que ella, y de lo cercanos que habíamos sido; de Pedro, el editor, y cómo me había surgido la oportunidad de escribir un libro que no me veía muy capaz de acabar. La Vecinita preguntaba más de lo que ella contaba. No parecía dispuesta a dejar entrar a nadie en ciertas partes de su vida, pero por lo demás era una persona inteligente y extrovertida. A pesar de sus veintidós años, se notaba que había vivido bastante; que tenía la cabeza bien amueblada. Y aunque nuestra diferencia de edad era notable, era obvio que su inteligencia emocional superaba a la mía con creces. Tapada a medias por el lienzo que la mantenía ocupada, observé que cuando le soltaba alguna ocurrencia y se reía, tenía una sonrisa preciosa. Al menos la parte que yo alcanzaba a ver. O la que ella me permitía. Me recordaba a alguien, pero no sabría decir a quién. Desde luego, en esas dos horas, casi había olvidado por completo las agujetas. Y entonces, la sesión llegó a su fin.

—Bueno, pues esto ya está —dijo la Vecinita tapando el lienzo con una pequeña sábana—. Aún le falta, pero eso lo acabaré por mi cuenta. Creo que en pocos días lo tengo acabado, te avisaré para que lo veas y me des tu opinión.

—Perfecto, sin problema —dije mientras disimulaba el esfuerzo de ponerme la zapatilla derecha sin calcetín, y el calcetín izquierdo en el otro pie, intentando conservar algo de mi dignidad—. Ya sabes dónde vivo, jeje. —Reía como un tonto mientras abría la puerta.

—Oye, y de nuevo, muchas gracias, Samu. Te debo una. —Se quedó pensando unos segundos—. ¿Sabes qué? ¡Te invito a cenar mañana a un sitio que he descubierto hace poco!

—No tienes por qué, de verdad. —Intenté camuflar mi entusiasmo. Pero de repente había olvidado las agujetas mortales, que su amigo Héctor me hubiera visto en porretas, el hambre atroz que sentía, que sus perros me hubieran puteado y que ahora mismo estaba en el rellano desnudo con un calcetín y una zapatilla en pies opuestos—. Aunque... Bueno, si prometes que no es un sitio caro, mañana estoy libre. —No me hice mucho de rogar.

—Genial. Pues mañana por la tarde paso a buscarte. ¿A eso de las siete?

—Perfecto —solté mientras atravesaba mi puerta. Que por suerte olvidé cerrar, porque salí sin llaves.

—Ah, Samu... —dijo justo antes de cerrar su puerta—. No he podido decírtelo cuando has llegado... ¿Recuerdas lo que te dije de pintar a tu amiga Doris al natural?

—Sí, claro.

—Pues me refería a «en tetas». Para lo que estoy haciendo me bastaba con medio cuerpo. Antes de fallarme, Héctor iba a posar solamente sin camiseta. —Descubrí por qué la Vecinita intentaba aguantar la risa durante toda la sesión.

—Vamos, que no hacía falta que... —repliqué, sin saber dónde meterme.

—Que espero que no estés constipado para mañana por la noche. Que descanses, Samu.

7

«El que mete caña»

—A ver, Samu, que si no quieres escribir el libro, no pasa nada. Quizá te he forzado un poco por mi entusiasmo, pero es algo que tiene que apetecerte sobre todo a ti —me dijo mi editor por teléfono.

—No es eso, Pedro. Reconozco que al principio me pareció algo extraño, pero he estado dándole vueltas y creo que puede salir una buena historia.

—Entonces, ¿qué hacemos? O mejor dicho, ¿qué harás? Porque la última vez que nos vimos, solo habías avanzado lo que escribiste con prisas en una servilleta del bar. Y decir «avanzado» es ser muy generoso.

—Es cierto, y de veras que lo siento. Últimamente mi vida ha experimentado algunos cambios, ya te contaré. Me he descentrado un poco. Pero que sí, que quiero hacerlo, Pedro. Prometo ponerme ya mismo.

—Mira —dijo comprensivo—, hagamos una cosa. Vente mañana por la mañana a la editorial, que tengo una reunión precisamente para tratar, entre otras cosas, tu libro. Te presento a alguna de la gente que está trabajando en ello y seguro que te vas a casa más animado de lo que estás ahora mismo. ¿Vale?

—Hecho. Te lo agradezco, Pedro. ¿A qué hora?

—Te paso los datos por mail. Un abrazo, Samu. Hasta mañana.

Me sentía fatal. Lo cierto es que había sido Pedro el que contactó conmigo para proponerme aquello, y no al revés, pero me parecía que yo había aprovechado un poco mi situación ventajosa para sacar un dinero que no me estaba ganando. No debía dejar pasar más tiempo. Ya había subido el vídeo de esa semana. Y las agujetas, aunque remitían, me suplicaban que dejara caer mi cuerpo en el sofá hasta que la Vecinita me recogiera por la noche, para ir a cenar. Tenía muchas horas por delante para acomodarme con el ordenador, abrir un nuevo documento de texto y comenzar a escribir de verdad de una maldita vez. Estaría bien que acudiera a la cita con Pedro en la editorial con algo escrito, lo que pudiera, como gesto de buena voluntad. Él le había puesto tanto empeño, creía tanto en mí, que se merecía una alegría; aunque fuera pequeña. Preparé la segunda cafetera del día —la de las once de la mañana—, chasqué los dedos y... ¡a por ello!

Había llegado la hora de comer y la primera página seguía en blanco. El terror de todo escritor, según había oído. Vale, tenía que hablar de mi vida y, sinceramente, había mucho que contar, pero, ¿cómo empezar? ¿Cuántas horas en total me costaría estar sentado mirando una pantalla y tecleando hasta que tuviera un libro entero escrito? Porque, de momento, en tres horas no había salido ni una sola línea. Pero, sobre todo: ¿cuánta tregua me daría mi TDAH con un proyecto que necesitaría tanta concentración? Durante las dos primeras horas, ya me había levantado una vez a fregar los platos sucios, limpiar el baño, asomarme al balcón a echar dos cigarros, actualizar tres veces mi estado de Facebook, ducharme y recortarme la barba y jugar varias partidas en la máquina recreativa a un juego de Spiderman. Para procastinar no había agujetas suficientes. Y ahora me sonaba el WhatsApp. Era Carlos. Tenía que hablar conmigo. Ya me esperaba aquella conversación, aunque no por ello me preocupara menos. No quiso decirme mucho en los mensajes, pero sí me adelantó que iba a tener que dejar de hacer monólogos una temporada. Tendría que hacerlos yo solo, contar con otro cómico, o hablar con el local cuanto antes para decirles que no continuábamos. De un tiempo a esta parte, notaba a Carlos más ausente que de costumbre. Antes hablábamos casi todos los días por WhatsApp o Facebook, por cuestiones relacionadas con nuestro show, con respecto al último vídeo que había subido, o simplemente porque sí. En cambio, últimamente nuestra relación casi se había reducido a vernos el sábado que teníamos el monólogo y tomarnos un par de copas después. Nos habíamos alejado bastante. Aunque intenté sonsacarle algo en un par de ocasiones, siempre le restaba importancia a lo que fuera que le sucedía y cambiaba hábilmente de tema. Conseguí que aceptara venir a comer a casa esa semana y me contara. Lo que no logré fue que me adelantara algo para quedarme más tranquilo. Simplemente me dijo: «Samu, de verdad, no te preocupes. Cuando te lo cuente lo entenderás inmediatamente. Pero no me pasa nada grave y menos aún contigo. Confía en mí.»

Genial, ahora tenía una cosa más rondándome en la cabeza. Pasé la tarde obligándome a escribir. Lo que fuera. A duras penas, conseguí elaborar una especie de escaleta bastante decente que llevar a la editorial al día siguiente, con la división de los capítulos que podían aparecer en el libro. Cuando me di cuenta eran casi las siete y todavía no estaba vestido. Tendría que hacerlo a toda prisa, no podía volver a retrasarme como el día anterior, cuando me quedé dormido. Llamaron a la puerta, pero pregunté y no contestó nadie. Abrí y sobre el felpudo había una nota: «Te recojo en veinte minutos. Tienes tiempo para vestirte. Por favor, esta vez NO VENGAS DESNUDO.»

No pude reprimir una risotada. Por lo menos, la Vecinita se lo había tomado con humor, en lugar de pensar que tenía un vecino tarado. Por si estaba observando mi reacción por la mirilla, miré hacia ella y le hice mi «guiño-disparo doble», y añadí el «tsk, tsk». Si estaba mirando, creí que quedaría como un tío guay. Y si no, como un imbécil. Pero nadie sería testigo. Le di la vuelta a la nota, y escribí: «Tranquila, esta vez el desnudo te toca a ti. Te espero en quince minutos en mi moto. Está en la puerta.»

Le devolví la jugada llamando a su timbre y dejándola en el felpudo.

—¿Esta es tu moto? —dijo la Vecinita al salir del portal, admirando a *Lola*—. La había visto varias veces aquí aparcada, pero no imaginaba que fuera tuya. Es preciosa.

—Sí. Se llama *Lola* —respondí, con cierto orgullo—. Si vamos al centro, lo mejor es que vayamos en moto. ¿Te dan miedo?

—No, solo respeto. Pero confío en que serás tan buen conductor como modelo de desnudos.

Respondí con una sonrisa, alargándole la mano con su casco.

—Hala, pues sube. Tú me indicas.

No sabía adónde nos dirigíamos, así que la Vecinita era mi GPS, y me señalaba con el dedo por dónde girar. La inseguridad de ir de paquete hacía que se apretara fuerte contra mí, cosa que no me importaba en absoluto. Aunque yo llevaba una gruesa chupa motera de cuero con la que apenas notaba nada, la sensación de tenerla tan cerca me resultaba muy agradable. Por eso, y para que no se asustara por la velocidad, procuré tardar todo lo que pude en llegar a nuestro destino. Lo que incluyó fingir perderme un par de veces por las callejuelas de Santo Domingo. Finalmente aparcamos en el bar Los Amigos. Nos sentamos en la terracita, donde un camarero joven la saludó de forma familiar. Se notaba que iba a menudo, aunque lo conociera hacía poco tiempo. Como hacía buena temperatura, nos acomodamos fuera. «Aquí tienen las mejores alitas al ajillo de todo Madrid», me aseguró la Vecinita. Y resultó ser cierto. La salsa estaba exquisita y no tardamos en tener la boca y los dedos pringados. Por lo general, en una cita, la chica siempre pedía algo ligero (casi siempre una ensalada) y que fuera elegante de comer, pero la Vecinita comía alitas con las manos sin demasiados remilgos, hasta rebañarlas bien. No comía de forma asquerosa, simplemente como lo haría una persona que no necesita agradar a nadie. Eso me gustaba de ella, no tenía ningún problema en mostrarse tal y como era. Parecía cómoda en cualquier situación, siendo simplemente ella. Hacía lo que le apetecía, hablaba sin filtros, y nunca parecía arrepentirse de nada. Era eso, o que la Vecinita no consideraba aquello una cita. Que también podía ser.

—Por cierto, Samu. Todavía no sabes cómo me llamo, ¿verdad?

—Pues no. Pero me he acostumbrado a referirme a ti como «la Vecinita». Espero que no te importe.

—Para nada, es gracioso. Entonces, seguiré sin decirte mi nombre.

—Me parece perfecto, Vecinita. Ya lo adivinaré —respondí mientras pedía otra ración de alitas—. A cambio, puedes llamarme «Samu», o «Vecino Tarado».

—¿Tarado? ¿Por qué?

Y entonces, sin pensarlo, le confesé por qué me había presentado desnudo en su casa el día antes y lo mal que lo pasé con las agujetas. Ella reía como si no hubiera mañana. Esta vez, sin un lienzo de por medio, podía ver completa aquella risa sincera. En un estado normal, no sabría si la veía atractiva o no (aunque mini Nacho insistía en que estaba buena), pero cuando reía a carcajadas me parecía una preciosidad. La mesa empezaba a saturarse de botellines vacíos, y aproveché para confesarle también la verdad de cuando salí a correr descalzo al parque. La persecución de la «vikinga runner», mi tropezón en el arbusto... La Vecinita no paraba de reír, hasta que me suplicó que parara porque le dolía la tripa. Ya un poco recuperada la seriedad, me habló más detalladamente de su trabajo. A pesar de su corta edad, parecía que gozaba de cierto reconocimiento en el mundo del arte. No solo se había instalado en Madrid por ser una ciudad con más oferta cultural que Oviedo, de donde ella procedía; también por la combinación de vuelos desde la capital. Resulta que solía viajar a menudo para exponer en distintas ciudades de Europa y Asia, así como participar en becas de intercambio con diversos institutos de arte. No lo contaba presumiendo, simplemente lo exponía como parte de su rutina. Por lo visto, lo petaba en lo suyo. Era una especie de *influencer* de las artes plásticas. De su vida personal, en cambio, hablaba poco. Me preguntó cómo llevaba mi libro y le dije que tenía una reunión en la editorial al día siguiente. Yo tampoco le conté sobre mi pasado mucho más de lo que le dije en la sesión del desnudo prescindible. «Ya lo leerás si alguna vez consigo acabar de escribirlo. Te regalaré uno.»

No era muy tarde cuando acabamos de cenar. Le propuse acercarnos al Microteatro, en Malasaña, a ver si había algo interesante. La Vecinita nunca había estado, y cuando le expliqué el concepto —seis pases de seis microobras, de menos de quince minutos, para menos de quince personas—, le entusiasmó. El espacio disponía de un bar estupendo donde tomar algo tranquilamente, mientras unas pantallas mostraban la programación en tiempo real. Si te apetecía ver alguna obra en particular, comprabas tu entrada por cuatro euros, y bajabas a la planta inferior dividida en varias salas diminutas de teatro, separadas entre sí. Después de tomarnos un par de copas de vino, decidimos ver una en la que trabajaban unos amigos, sobre una madre que llevaba una vida insulsa junto a un marido infiel y su hijo adolescente que se metió a chapero en secreto; un argumento muy loco. Los actores hacían su trabajo realmente cerca del público, como si la trama estuviera teniendo lugar en tu propia cocina. Era casi intrusivo. Cuando acabó, felicitamos rápidamente a los intérpretes —tenían pocos minutos para preparar el siguiente pase— y subimos al bar. Me contó que Héctor estaba en su piso cuidándole los perros para que no lo destrozaran. Y me habló, entre nuevas carcajadas, de su reacción cuando me vio entrar por la puerta totalmente desnudo. Mi mini Nacho Vidal insistía en que la invitara a acabar la velada en mi casa y sospecho que, por su parte, Héctor le enviaba whatsapps animándola a hacer lo mismo. Yo me resistía a estropear aquella amistad que parecía estar naciendo, así que un par de copas después, decidimos sin más poner fin a la fantástica velada. Justo cuando estaba desatando los cascos de la moto para partir, se nos acercó un grupito de desconocidos.

—¡Eh! ¿Tú no eres ese de los vídeos? ¡Sí, «El que mete caña»! —Eran tres chicos y dos chicas, más jóvenes que yo—. ¡Sí, es él! —dijo el que llevaba la avanzadilla, dirigiéndose a sus amigos—. Eres Samu, ¿no?

—Sí, soy yo. Así que veis mis vídeos, ¿eh?

—¡Buah tío! —dijo otro del grupo, poniéndose delante del líder—. ¡Claro! Son cojonudos, seguimos tu canal desde el principio. ¡Eres un crack! —Por suerte era de noche y si me sonrojaba, no se notaría. Se sumaron los otros tres y en pocos minutos nos habían contado cuáles eran sus preferidos, que el último lo habían visto esa misma tarde y les había encantado, que la compañera de trabajo de una de las chicas era superfan y no se lo iba a creer al día siguiente cuando se lo contara, y que necesitaba hacerse una foto conmigo. La Vecinita observaba la situación divertida. «Pues no es mal nombre de guerra: "El que mete caña"», apuntó. Todos lo festejaron con los botellines que habían sacado furtivamente del bar del Microteatro. Iban a otro garito y se empeñaron en que los acompañáramos. Yo rechacé amablemente la invitación porque tenía que llevar a la Vecinita a casa, pero ella insistió en que me fuera con el grupo, así aprovecharía para adelantar un poco con mi retrato, y si se le hacía tarde, madrugaría para acabarlo al día siguiente. Su trabajo no debía ser impedimento para que yo no me lo pasara bien, argumentó. Se cogería un taxi, sin problema. Así que después de discutirlo unos minutos, acabé aceptando.

Los acontecimientos de después están algo borrosos. Lo que iba a ser «tomar algo aquí al lado», acabó siendo un tour por varios garitos de Malasaña. Cuando cerraban uno, buscábamos otro que estuviera abierto. Y cada vez que irrumpíamos en uno nuevo, alguien del grupo me presentaba a la gente de otras mesas. «Eh, ¿no os suena nuestro colega? ¡Es el de los vídeos! ¡El que mete caña!» Y lo cierto es que mucha gente sí me reconocía, aunque actuaban con más discreción que mis nuevos amigos. No me dejaban pagar nada: siempre había uno de ellos colocándome en la mano una copa nueva antes de que se me acabara la anterior. El grupito estaba encantado de tenerme de compañero de farra. Y mini Nacho Vidal, contentísimo de que la chica que se hizo la foto conmigo tuviera un interés más que evidente en que la acompañara a su casa en moto. Pero no, no podía hacer eso. Me sentiría fatal conmigo mismo. No podía aprovechar la situación para acostarme con alguien, mientras la Vecinita estaba en su casa, trabajando en mi retrato. Y a diferencia de mini Nacho, a mí ni siquiera me parecía que la chica fuera para tanto. «Pues yo no sé para qué me has inventado, si luego haces lo que te da la gana —protestó—. Eres un blandengue.» Pero no le hice caso. Así que cuando quedaba poco para que amaneciera, anuncié mi retirada y, como no estaba en situación de coger la moto, pedí un Uber con el móvil. Cuando llegó, el chófer me había reconocido por mi perfil en la aplicación y, al llegar a casa, se negó a cobrarme el trayecto. Mientras subía en el ascensor, repasaba todo lo que había pasado esa noche. «Lo mío, lo mío de verdad, es ser actor —seguía empecinado en recordarme—, pero hay que reconocer que ser *influencer* mola.» Y una de las cosas que más me gustaban era que podía acostarme a las ocho de la mañana, porque me podía permitir dormir todo el día. A no ser que... Un momento. ¡Había quedado con Pedro en la editorial, en menos de tres horas! Opté por no acostarme y desayunar Red Bull o estaría dando cabezadas delante de toda aquella gente importante. Y como llegué media hora antes, me dio tiempo a tomarme un café en un bar cercano. Cuando entré en aquella sala donde me esperaban Pedro y otras cuatro personas, dudé entre dejarme puestas las gafas de sol y parecer un divo engreído, o quitármelas y que fuera obvio por las ojeras que no había dormido nada aquella noche. Hice lo segundo y, por la mirada de Pedro, noté que era evidente para todos. Antes que nada, pedí disculpas si en algún momento les parecía que no estaba atento a lo que íbamos a tratar y les conté lo que me había ocurrido la noche anterior. A todos les pareció una historia divertida. Especialmente mi nuevo nombre apache, «El que mete caña». Incluso uno de ellos, del departamento de marketing, sugirió que podría ser un buen nombre para la novela. Pedro me pidió que les explicara a todos, aunque ya la conocían, la historia de mi vida. Mi infancia como Testigo, mi adolescencia pura y casta, el matrimonio decepcionante y la traición de mi amigo. Estuvimos de acuerdo en que era un buen inicio del libro, pero tendríamos que trabajar a partir de ahí, de mi divorcio y la posterior llegada a Madrid. Les expliqué que, aunque me estaba costando asimilar todo lo que había cambiado mi vida gracias al éxito en las redes sociales, no encontraba nada especialmente reseñable para reflejar en un libro. En cambio, les expliqué que desde la llegada de la Vecinita, había vivido episodios muy marcianos y sospechaba que no serían los únicos. Todos se miraron entre sí. Nadie se atrevía a pedirme algo así, pero era evidente que todos veían en mis metaduras de pata con la Vecinita un filón para incluir en la novela. El del departamento de marketing incluso apuntó que con otros proyectos similares había salido el guion para una película. Yo me reí, creyendo que estaba de coña. «Claro, y mi personaje lo haría Mario Casas, ¿no?» Nadie lo entendió. Al salir, le prometí a Pedro que me pondría las pilas, pero le advertí de que no le entregaría nada por escrito hasta tenerlo acabado, y aceptó a regañadientes.

Al mediodía, Carlos me llamó para preguntarme si podíamos cambiar la comida que teníamos pendiente por un café esa misma tarde. Aunque necesitaba una siesta de varias horas, le dije que por supuesto. Seguía preocupado por lo que tuviera que decirme. Poco antes de la hora, me avisó para decirme que se retrasaría, y sería más merienda que café. Así que, para seguir estando despierto cuando llegara, di buena cuenta yo solo de la cafetera tamaño familiar que ya había preparado e intenté aprovechar las dos horas que faltaban para adelantar un poco el libro, gracias a la cafeína y a la reunión de esa mañana, que fueron bastante productivas. Aunque, en vez de imaginarme al protagonista de la novela con mi cara, por culpa de la cafeína tenía la de Mario Casas. Cuando llegó Carlos, había cambiado el catering que le tenía preparado por botellines de Mahou y Doritos, que era más apropiado para las ocho de la tarde. Ya íbamos por la tercera cerveza y, aparte de ponernos al día y hablar de comedia, aún no me había contado aquello tan importante que no podía decirme por teléfono. Decidí tomar la iniciativa.

—Bueno, Charly. Hablando de todo un poco...

—He decidido que quiero ser Bárbara —me interrumpió—. Definitivamente.

—No entiendo. Puedes hacer tu parte del show como quieras, no necesitas que yo...

—No. Voy a ser Bárbara. Todo el rato. Incluso fuera del escenario.

—Pero cuando no actúas, tú eres... Oh. Tú ya eres Bárbara desde hace un tiempo, ¿verdad?

—*Sep*.

¿Cómo se me había escapado algo así? Siempre había sido Bárbara. Solo que tardó algún tiempo en averiguarlo. Hasta que no empezó a meterse en su piel, o mejor dicho, a salir esporádicamente de la de Carlos, no lo vio claro. Por lo visto, le rondaba en la cabeza desde antes de que nos conociéramos. En cierta forma, nos parecíamos. Podía ver en Carlos al Samuel que yo dejé enterrado en Valencia tanto tiempo atrás; con la diferencia de que Samuel tuvo que desaparecer para dejar paso a Samu porque las circunstancias lo empujaron, mientras que Carlos estaba tomando una decisión difícil, valiente y, sobre todo, honesta. Esta idea se me había pasado por la cabeza alguna vez, viendo actuar a Bárbara, pero nunca le di demasiado crédito. Y ahora estaba ahí, delante de mis narices. Abriéndose paso. Aparte del equipo médico con el que ya llevaba tiempo tratándose, yo era la única persona que lo sabía, me dijo. Así que realmente no lo había decidido esos días. Venía de bastante tiempo atrás. Lo que le quitaba el sueño no era el cambio que iba a acometer, sino cómo contármelo.

—Menos mal que tenía cervezas, que siempre van bien para soltar algo así —dije para quitarle hierro al asunto.

—Tú siempre tienes cervezas. Van bien para todo —sentenció Carlos, ya más relajado.

—Oye, pero haberme avisado, y no compro Mahou.

Aún puedo bajar a por Coronita o Shandy, que son más de señorita.

—Jajaja, eres muy idiota, Samu. Oye, si un equipo de cirujanos puede cambiarme de sexo, a lo mejor a ti pueden curarte de ser tan gilipollas. ¿Quieres que lo consulte cuando vaya?

—No te preocupes, ya he perdido toda esperanza. Empiezo a aceptarme. Podré vivir con ello. Estoy en un grupo de apoyo, que me está ayudando mucho. —Dejé la cerveza y le miré directamente—. No, en serio. Que me alegro mucho de tu decisión, si es lo que quieres, Charly. Y te agradezco que me lo hayas contado, de verdad. Sabes que estaré contigo para todo lo que necesites, ¿verdad?

—Claro que lo sé, Samu.

Desde que nos conocíamos, era la primera vez que teníamos un momento tan íntimo; sin competir por ver quién era el más gracioso. En ocasiones como esa, yo siempre ejercía de cortarrollos oficial.

—Oye, y si estás buena, porque vas a estar muy buena, ¿qué pasa si te encuentro en Tinder alguna vez? ¿O si intento tirarte los trastos después de un monólogo?

—Bueno, no va a ser problema, porque a mí me gustan las mujeres, ¿recuerdas? Y los monólogos, como te dije por WhatsApp, voy a tener que dejarlos por un tiempo. Mi terapeuta admite que me han ayudado bastante, pero sugiere que me dé un descanso. Al menos de momento.

—Ya, eso vale. Pero me quedo con lo primero: ¿estás diciéndome que me vas a hacer la cobra? ¿Después de todas estas cervezas que me has gorroneado? Qué fuerte.

—Gilipollitas, lo que te digo es que seguiremos siendo competencia. Bueno, en realidad, no. Ahora tendremos objetivos con gustos distintos. Creo que haremos un buen equipo.

—Cierto. Aunque procuraré no acercarme mucho a ti, ¿vale? Si me ven acompañado de un pibón, las espantarás.

—Por cierto, ¿qué tal te ha ido últimamente? ¿Novedades? ¿Sigues con la actriz porno que me contaste?

Nos pusimos al día. Había mucho que contar. Le hablé de mi nueva actitud con lo del libro; que había decidido tomármelo mucho más en serio. Por otra parte, había aflojado bastante con lo de ser un vividor-follador. Le hablé de la Vecinita. Le conté todos los sainetes que había protagonizado, en parte, por culpa de ella, como si me hubiera metido en una película de Esteso y Pajares. Mientras me escuchaba hablar de la Vecinita, Carlos sonreía plácidamente, como si supiera algo que yo desconocía. A las diez de la noche llamaron a la puerta. Era ella, precisamente.

—Buenas, Samu, espero no molestarte. He visto luz, y como no es muy tarde, pensé que era buen momento para enseñarte tu retrato. Lo he acabado hace un rato.

—Claro, ahora me va bien. Ah, mira, te presento a mi amigo Carlos. Ya te había hablado de él. —Mi amigo se levantó del sofá para acercarse.

—Hola, soy Carlos. Bueno, de momento. Encantado. —Le miré como suplicándole que no le dijera que estábamos hablando de ella.

—Igualmente, encantada. Yo soy... «su vecinita». —Me guiñó un ojo—. Bueno, pues si os apetece pasad y os lo enseño a los dos. Vivo justo aquí. Podéis traer las cervezas, pero solo si hay una para mí. —Carlos le rio la gracia, y me miró como si me diera su aprobación para algo. No entendí.

Pasamos a su casa y los galgos se acercaron curiosos a olfatearnos. *Dorian* acudió a Carlos moviendo el rabo, muy amistoso. Nunca lo había visto así de amable. ¿Era otra forma de putearme: restregarme por la cara que otros desconocidos sí le caían bien? Qué hijo de perra. La Vecinita tenía el piso más desordenado que de costumbre. Por lo visto había sacado unos cuadros de la habitación donde trabajaba, para darles un último toque, imaginé, pero estaban tapados con paños de distintos tamaños. Nos dirigió al que nos ocupaba. Creó un momento de expectación, como nosotros cuando íbamos a soltar un chiste bueno en un monólogo, y lo destapó teatralmente. Pero no era lo que yo esperaba. Y se lo dije.

—No es lo que yo esperaba —solté tras unos segundos—. ¿No ibas a enseñarme el retrato del otro día? ¿Para el que posé?

—Sí. Es este.

Era un lienzo de tamaño mediano. Pero en él solo había pintado un dedal. Un dedal no muy grande, del tamaño de un puño, justo en mitad de la nada, como suspendido en el aire. Bajo él, un suelo de hormigón. Encima, una pequeña mancha de vapor, como una nube, que indicaba que flotaba bajo el cielo abierto. Era muy realista; si no fuera porque de cerca se notaban los diminutos trazos del pincel, cualquiera diría que era una foto de un dedal en primer plano, cayendo desde muy alto.

—¿Yo soy un dedal cayendo? —pregunté curioso—. ¿Así me ves?

—¿Quién ha dicho que esté cayendo? —Rio. Carlos le dio la razón con un gesto.

La Vecinita nos enseñó el resto de obras para su exposición y, ¡oh!, todos los cuadros representaban dedales: unos más grandes, otros más pequeños... Uno de ellos estaba roto a pedazos, como si estuviera hecho de cerámica, sobre un césped que parecía real. Otro estaba al borde de una vieja mesa de madera, a punto de rodar y caer al vacío. Y me llamó la atención uno en el que se veía un cajón de plástico repleto de dedales, docenas de ellos, amontonados caóticamente en tres cuartas partes del espacio disponible. Uno de ellos, solitario, estaba arrinconado en una esquina vacía de aquel cajón. Por algún motivo, me pareció especialmente conmovedor.

—Así que solo pintas dedales, ¿no? —preguntó Carlos.

—Sí, son mi especialidad. También decoro dedales reales. Los tuneo. Pero lo hago para mí, para relajarme. Algunos podan bonsáis, y yo, en mis ratos libres, pinto dedales. Venid, os los enseño.

Nos llevó al cuarto contiguo y, en una estantería, tenía montones de dedales, de tamaños parecidos, pero totalmente distintos unos de otros. Claro, esos eran los ruidos como de canicas que escuchaba a veces. Seguro que los provocaban los perros cuando se colaban en la habitación y los derribaban. Nos explicó que, aunque los hacía para ella, había coleccionistas que le habían ofrecido cantidades muy interesantes por algunos de ellos. Había gente para todo. Me recordó a cuando me habían tanteado con hasta cuatro cifras por hacerme una foto con un nuevo modelo de zapatillas.

—Pues me parece muy interesante lo que haces. ¿Y todo esto es para una misma exposición? —preguntó Carlos, intrigado.

—En realidad es para una serie de exposiciones que tengo dentro de poco, en varias ciudades. Una especie de minigira.

—Pues mola mucho. Oye, estábamos con una especie de celebración en casa de Samu. ¿Te apuntas, y seguimos allí con las cervecitas?

—Te lo agradezco, pero no quiero cortaros el rollo. Además, no me puedo acostar muy tarde. Y tú estarás cansado de anoche, ¿no Samu? —Carlos me miró sorprendido.

—No seas malpensado, idiota —le dije—. No te preocupes, yo puedo aguantar un poco. —En realidad estaba deseando acostarme, pero la perspectiva de pasar un rato con la Vecinita me despejó un poco. Y si no, tenía Red Bull—. Venga, vente y cuando te apetezca te vas, que vives a unos metros.

No se hizo de rogar y aceptó. Dejó la radio puesta para que los galgos estuvieran tranquilos, y unos minutos después ya era una más tomando cervezas en mi salón. Carlos y ella no tardaron en entablar conversación, hicieron migas enseguida. Le explicó a qué había venido esa tarde a mi casa; que pronto sería Bárbara y Carlos desaparecería. Para lo joven que era, me sorprendió la madurez con la que la Vecinita afrontaba una conversación tan importante como aquella. Ofreció a Carlos todo su apoyo y le propuso que cuando fuera Bárbara, posara para ella. A Carlos le entusiasmó. Ambos congeniaron mucho más rápido de lo que había tardado yo con ella, y eso que nos habíamos visto más veces. Esperaba que Carlos no tuviera interés en la Vecinita, porque con las mujeres era casi infalible. Aunque ante su próximo cambio, no creía que pudiera fructificar nada; a no ser que la Vecinita tuviera más interés en mujeres que en hombres, que también podía ser. No sabía por qué, pero deseaba que no.

—Oye, esto de las cervezas está bien para un rato, pero ya es hora de pasar a las copas, ¿no? —dijo repentinamente Carlos.

—Pues sí, pero no tengo otra cosa —repuse.

—Sin problema —respondió la Vecinita—. Hay un chino a dos calles. Bajo y pillo algo. No tardo.

—De eso nada —dijo Carlos impidiéndole levantarse del sofá—. Es una de las últimas oportunidades que me quedan de ser un caballero, así que bajo yo. Dentro de unos meses ya bajarás tú, que servidora estará demasiado buena para bajar a un chino tan tarde. —Le guiñó un ojo mientras cogía la chaqueta y ambos rieron. Yo observaba su reciente amistad la mar de feliz—. Vuelvo en diez minutos.

Y allí nos quedamos, la Vecinita y yo en mi piso. Los dos solos en un sofá de tres plazas. Ella se volvió hacia mí. Mini Nacho Vidal emergió de repente, como era previsible. Justo cuando iba a abrir la boca, sonriente como un lobo enseñando el colmillo, le hice un gesto para que se callara.

—Qué majo es tu amigo Carlos. Y qué valiente —me

dijo mientras me tocaba la pierna que tenía cruzada sobre la otra.

—Sí que lo es. Ya lo admiraba un montón, pero ahora mucho más.

—Oye, espero que esto no lo tuvierais preparado, ¿eh? Quiero decir, la típica jugada del colega que desaparece con una excusa para dejar vía libre al otro.

—¿Vía libre? ¿Para qué, por ejemplo? —tomó la palabra mini Nacho, ágil.

—Pues no sé. Para que intentes sonsacarme mi nombre, se me ocurre. —Me relajé.

—Cachis. Nos has pillado. Tendré que pasar al plan B —dije sonriendo de medio lado. ¿O fue mini Nacho?

—Ah, ¿sí? ¿Y cuál es ese plan B? —preguntó intrigada.

—Intentar averiguar el significado de mi retrato. Y por qué dedales.

—Ah, eso. Pues es que si te lo tengo que explicar, pierde su gracia. Es como si tú tuvieras que aclarar durante un monólogo alguno de tus chistes.

—Cierto, cierto... Dame una pista, al menos.

—Hum... —reflexionó unos segundos—. Ya lo tengo. La pista es esta: «Podían ser dedales, como podían haber sido tortugas.»

—Uf, creo que ahora acabas de desubicarme completamente.

—Tranquilo, tómate tu tiempo. Cuando lo averigües, te diré cómo me llamo. Mientras tanto, es mi turno. Voy a intentar aprovecharme yo de ti. —Intenté parecer tranquilo, pero se dispararon todas las alarmas. No me había planteado de verdad que sucediera algo entre nosotros. ¿O sí?—. ¿Preparado?

—Preparado. —No moví ni un músculo.

—Bien. Pues quería abusar de ti. —¡Alarma, alarma!—. Bueno, de tu generosidad. Mañana tengo la primera exposición y Héctor viene a buscar todas las pinturas con su coche, menos una pieza grande, que tengo que llevar yo porque no le cabe. Es una escultura en resina y quería pedirte que me ayudaras. A cambio podrás ver la expo. Un tour guiado de la mano de la propia autora. —¡Falsa alarma! Mini Nacho se dio media vuelta y desapareció.

—¿Mañana? Perfecto, creo que no tengo nada. —Mentira, me habían invitado a un evento—. ¿Sobre qué hora?

—Por la mañana te lo confirmo, pero a media tarde más o menos. ¿Te va bien?

—Me va genial. Me encanta que se aprovechen de mí. De esta forma, quiero decir.

—¿Seguro? —¿Seguro que qué? ¿Estaba jugando conmigo? ¿Con «El jugador»? En ese momento llamaron al timbre. Era Carlos, aunque juraría que se había llevado las llaves. Venía cargado con dos bolsas de cubitos de hielo y un par de botellas de ron Brugal y de Coca-Cola. Me echó una mirada rápida, como sorprendido de que estuviéramos exactamente igual que cuando salió. O decepcionado. No tardamos en tener nuestra copa en la mano y la Vecinita insistió que las alzásemos para hacer un brindis:

—Por tus huevos, Carlos. No, esperad, mejor aún: ¡Olé tu coño, Bárbara! Ostras. —Miré muy serio a Carlos. Se quedó observándola con los ojos muy abiertos unos segundos y empezó a partirse de risa como no le había visto nunca. La abrazó, creo que algo conmovido.

—Me encanta tu vecina, Samu. Es maravillosa.

Estaba de acuerdo. La primera vez que la vi no me llamó la atención físicamente, pero en ese momento me pareció preciosa. Y no solo por su aspecto exterior, lo más sexy era su cerebro. La veía guapa por su manera de ser; por esa falta total de filtros, por cómo regía su cabeza; por su forma de liberar los pensamientos con esa facilidad, sin preocuparse por cómo se lo tomaran los demás; por todo lo que yo envidiaba de ella, y que nos hacía tan diferentes. Pero al tiempo, por cuánto teníamos en común. Una vez más, no sabía cuánto tiempo llevaba observándola, pero debió de ser un buen rato. El mismo que ella me sostuvo la mirada con descaro, mientras sonreía.

8

El dedal gigante

Cuando me levanté, Carlos seguía dando vueltas en el sofá, esquivando la luz de la ventana del comedor que intentaba trolearle. La Vecinita ya no estaba. Ambos se habían quedado a dormir, pero ella se debió de marchar temprano. Antes de salir tuvo el detalle de recoger un poco las botellas y los vasos que dejamos en el comedor. Qué maja, ella... Y medio adormilado, mientras deambulaba por el salón, reparé en que había traído «mi retrato» para dejarlo expuesto sobre una pared, apoyado en la mesa. Una nota suya decía: «Esta tarde lo recojo. Así, mientras, puedes decidir si el dedal sube o baja.»

«Qué muchacha...», pensé para mí, y me quedé mirando el cuadro un buen rato, abstraído. Después de desayunar, Carlos y yo nos despedimos con un abrazo y me aseguró que la próxima vez no dejaríamos que pasara tanto tiempo sin vernos. Le dije que le mantendría informado sobre lo que decidiera hacer con los monólogos, aunque probablemente también los dejara por un tiempo. Tenía demasiadas cosas en la cabeza y no se trataba solo del libro y los vídeos. Dediqué el resto de la mañana a escribir un poco más; pero no mucho, no podía hacerlo con el cuadro allí, me distraía demasiado. El dedal me miraba fijamente. ¿O acaso era por ella? Acabé girándolo, pensando que así mi mente no divagaría, pero mis pensamientos eran asaltados sin piedad por la Vecinita obligándome a sentarme con ella en aquel césped; la Vecinita sonriendo mientras posaba desnudo innecesariamente; la Vecinita abrazando a Carlos y brindando por Bárbara; la Vecinita abriendo la puerta somnolienta cuando su timbre sonó por accidente en plena madrugada; la Vecinita en mi moto cogiéndose fuerte a mi cintura... La Vecinita, la Vecinita, la Vecinita... Mini Nacho tuvo que darme una bofetada con el revés de su minimano imaginaria.

«Ya sé que mi trabajo consiste en asesorarte acerca de Tinder y hacerte pensar en mujeres en vez de quitártelas de la cabeza, ¡pero basta ya de tanta Vecinita! Me parece genial que te caiga tan bien y que os hayáis hecho amiguitos, pero ahora, o pillas el móvil para buscar perfiles de solteras disponibles en tu zona, o te pones a escribir, ¡huevón!»

Mini Nacho hablaba como el spam de internet; pero tenía razón. No podía descuidar mi plan maestro. Y en ese momento pasaba por seguir mejorando mis perfiles en las redes sociales, escribir aquel libro procurando que fuera un éxito editorial, aprovechar todas las puertas que aquello me abriera para asentar mi carrera de actor, y recuperar todo el tiempo que el anterior Samuel había perdido. No tenía ni un minuto que perder. Y sin embargo, tenía la impresión de que aun consiguiéndolo, me seguiría faltando algo: aun logrando todo eso, sin poder compartirlo con alguien que me importara realmente, solo estaría desenterrando un cofre del tesoro lleno de billetes mojados, de una moneda que ya no era de curso legal. Como ser «muchimillonario» en el Monopoly. Curiosamente, ese «alguien» ya no me lo imaginaba con el aspecto de Vanesa: la niña que me dio mi primer beso y que por lo poco que sabía ahora de ella, se había convertido en una hermosa mujer que se habría olvidado de mí mucho tiempo atrás, pero cuyo recuerdo por fin empezaba a desvanecerse. A mediodía llamó al timbre Héctor, el amigo de la Vecinita, para recoger mi supuesto retrato. Se estaba encargando de llevarlo todo a la sala de exposiciones. Intenté parecer lo más majo y normal posible. Quería limpiar mi imagen de vecino chalado que sin previo aviso se presenta desnudo en una casa, pero iba con prisa con toda la operación transporte, así que no tuve que esforzarme demasiado para no meter la pata. Como se le veía apresurado, nos despedimos con un cordial apretón de manos y se llevó el cuadro. El día se me había pasado entre intentos infructuosos de escritura y luchas contra fantasmas del pasado y del presente. No me había dado tiempo a salir a correr, tal y como pretendía. Bueno, lo haría al día siguiente, sin falta. Llamé a los organizadores del evento al que no iba a acudir esa noche porque tenía que acompañar a la Vecinita a su exposición, y me inventé una excusa bastante creíble. Después de asearme y probarme más ropa que Julia Roberts en *Pretty Woman*, me dirigí a su puerta. Me dio dos besos (era la primera vez que nos saludábamos formalmente) y me hizo pasar. Allí, en el cuarto donde nos enseñó los dedales a Carlos y a mí, había un enorme bulto tapado con una sábana, en el que ya había reparado aquella otra vez. Pensé que sería un mueble viejo, o algo parecido, pero era la pieza que teníamos que transportar al museo. Ya sabía de qué se trataba antes de que ella lo descubriera: un enorme dedal de un metro de diámetro y casi uno y medio de altura. Estaba hecho con resina. Lo había construido de una manera tan realista que parecía atrezzo de *El increíble hombre menguante*. No representaba un dedal nuevo, sino uno ajado, lleno de grietas y algún agujero. Como si hubiera llevado una vida muy perra. «Debe de ser el Joaquín Sabina de los dedales», pensé, pero me ahorré el chiste. La Vecinita me necesitaba para transportarlo porque, aunque al ser de resina era bastante ligero, prefería que lo manejaran dos personas para no estropearlo rozándolo con algo. Le hubiera pedido explicaciones sobre la pieza en cuestión, pero preferí no quedar como un paleto. Después de todo, aún no había resuelto el enigma de los dedales y las tortugas que me planteó. A Héctor no le cabía en el coche con tanto lienzo, así que la idea era llevarlo hasta la sala de Matadero Madrid, donde tendría lugar la exposición, en taxi; pero cuando paramos uno, nos dimos cuenta de que no cabría por la puerta ni por asomo. Y aunque hubiera entrado, no habría sitio para nosotros dos. El Matadero no estaría a más de veinte minutos andando a paso ligero por el parque de Madrid Río, pero optamos por coger el metro. Solo serían dos paradas y tardaríamos menos de la mitad de tiempo. Bajamos las escaleras y, antes de llegar al torno, se nos echaron encima dos vigilantes de seguridad que nos prohibieron la entrada por culpa de aquel artefacto «sospechoso». Así que no nos quedó otra que armarnos de valor y mentalizarnos para dar un paseo. Después de ensayar más posiciones que el *Kamasutra*, decidimos portarlo sobre los hombros, como dos costaleros de una cofradía loquísima. Emprendimos el camino, y resultó ser más cómodo de lo esperado. Además, era divertido ver las reacciones de los paseantes de Madrid Río cuando se cruzaban con nosotros. De lejos, parecíamos un sombrero gigante del que salían cuatro patitas, dando pasitos cortos y acompasados. O el típico cangrejo ermitaño gigante que decide salir por la tarde a pasear por Madrid. No faltaba quien aprovechaba para hacernos una foto, divertido. La Vecinita caminaba delante de mí y yo a su espalda imitaba el tamborileo de las procesiones: «Poropró, poropró, poropró-pro-pro-pró.» Cuando se reía con aquello, lamentaba no poder ver su cara. Se deshizo en disculpas por haberme embarcado en aquella aventura surrealista, pero yo me lo pasaba pipa:

—No te preocupes, si esto me lo hubieras dicho desde el principio te habría preguntado que cuánto tengo que pagarte yo a ti. Además, recuerda que gracias a ti he hecho cosas peores, como salir a correr descalzo.

Se rio tanto al recordar aquello, que casi volcamos. Pensé que no sería mala idea incluir la historia del dedal gigante en el libro.

—Por cierto, ¿qué tal llevas la novela? —me preguntó como si me leyera la mente.

Le dije que bien, y que la titularía *Mis aventuras y desventuras con la vecina loca*.

—¿Entonces es una novela romántica?

Me puse nervioso y no recuerdo qué le contesté. Creo que solo balbuceé como un idiota. A veces, la Vecinita lograba que me sintiera como si hablara con una chica por primera vez.

Finalmente llegamos a nuestro destino, y dos mozos de la sala se hicieron cargo de la pieza mientras nosotros nos abalanzamos sobre el catering que se había dispuesto para la inauguración de la exposición, media hora antes de que abrieran las puertas. Después de hacernos con unas copas de vino que nos habíamos ganado con creces, me enseñó la obra de la artista con la que compartía exposición, que firmaba como «Baldesca». Por lo que me contó era una joven fotógrafa en alza. Su obra se centraba en los retratos étnicos en blanco y negro que había ido haciendo a lo largo de varios años y numerosos viajes por todo el mundo. Nos quedamos varios minutos observando el retrato de un boxeador mexicano recién salido de un combate que había perdido. Tenía la cara magullada, con heridas aún frescas y una mirada profunda, aparentemente inexpresiva, de la que era imposible huir. Como si estuviera preguntándose «¿qué he hecho mal?», totalmente ajeno a la cámara que intentaba robarle sus reflexiones.

La gente comenzó a entrar a las ocho en punto y, al poco rato, nos vimos rodeados por la marabunta. A esa hora ya estaba colgado el dedal grandote, la pieza central de la propuesta de la Vecinita, que presidía la sala en un modesto pedestal de metacrilato translúcido. Yo había visto casi todos los cuadros en su casa, pero insistí en que hiciéramos un nuevo tour para poder estudiarlos mejor, ahora que la iluminación era más favorable. Los examinamos uno a uno. Ella, un poco saturada de observarlos por todas las horas que sin duda les había dedicado, los ojeaba de pasada. Yo retrasaba la marcha deteniéndome en cada uno de ellos. No entendía demasiado de arte, pero fijándome más en ellos, me parecían realmente buenos. La Vecinita no iba explicándome nada, como esperaba de una visita guiada por la misma artista, aunque no parecía necesario porque cada dedal plasmado en su lienzo parecía contar una historia por sí solo. Simplemente nos parábamos uno junto al otro, hombro con hombro, manteniendo un silencio tácito y dando sorbos a la copa de vino, hasta que uno de los dos caminaba hasta el siguiente. Llegamos a uno cuyo rótulo explicativo rezaba: «VECINO. 81×60. Óleo sobre lienzo.» Era el mío. Cuando, tras unos minutos, decidí encaminarme al siguiente, me retuvo cogiéndome del brazo, para que lo observara con más detenimiento. Como si fuera de vital importancia que aquel dedal me explicara algo sobre mí mismo.

—¿Qué? ¿Ya has sacado alguna conclusión, Samu? —me dijo sin apartar la vista del cuadro, mientras apuraba la copa.

—La verdad es que no. Sigue desconcertándome. ¿De verdad que no me lo vas a explicar?

—Por supuesto que no, bobo. Lo bonito del arte es que no necesitas escuchar explicaciones. Al contrario: te regala el privilegio de encontrar las tuyas propias. El arte te obsequia con puntos de vista que ya eran tuyos pero, que a menudo, permanecían enterrados. Un profesor mío siempre decía: «El arte es, ante todo, generoso.»

—Pues para ser generoso, les has puesto a todos tus cuadros unos precios bastante altitos, ¿eh? —Mini Nacho me dio un bofetón para que me callara la boca y dejara de decir impertinencias.

—Jajaja, cierto. Pero me han costado más trabajo del que crees. Y los artistas tenemos que comer, ¿no?

—Estoy de acuerdo. Oye, ¿y por qué el mío no tiene precio en el rótulo? ¿Está por acabar, o algo?

—No, idiota, es porque no está a la venta. Irá junto con los demás a las exposiciones que tengo cerradas. Pero cuando acaben, me gustaría regalártelo. Si lo quieres, claro. —Detecté cierta inseguridad, esa tan propia de los artistas...

—¡Por supuesto que me gusta! Pero me niego a que me lo regales. Dime cuánto cuesta y lo compro. Eso sí, a cambio de que me lo expliques. Creo que me lo gané, posando en pelotas.

—No me jodas, Samu. —Me dio un codazo, sonriendo—. Voy a por otra copa. ¿Te traigo una?

—No, voy yo.

—Tú cállate y quédate aquí. A ver si le encuentras tu propia interpretación. Ahora vengo, «vecino». Me quedé allí, frente al cuadro, sosteniendo estúpidamente una copa imaginaria —la vacía se la había llevado la Vecinita— y, cuando me di cuenta, me giré para comprobar si alguien se había fijado en mi rara pose. En principio nadie, pero por si acaso bajé la mano lentamente, intentando que pareciera que «yo admiro los cuadros así». No creo que lo consiguiera. En cualquier caso, no advertí que alguien se había plantado a mi lado. De reojo, vi que era una chica bastante escotada. Bueno, se dio cuenta mini Nacho. «Samu, creo que es una 110D.» Y sí, lo era. «Es precioso, ¿verdad? Como contemplar el Gran Cañón mientras atardece.» Yo asentí sin girar demasiado la cabeza, intentando que mi mirada no me traicionara. Aunque en otro momento hubiera estado encantado con aquel acercamiento, solo deseaba que la Vecinita llegara cuanto antes. Pero algo tan simple como traer dos copas de vino se demoraba porque a cada paso tenía que entretenerse a saludar gente conocida.

—Oye, ¿nos conocemos de algo? Tu cara me suena... —dijo ella, intentando parecer casual.

—No creo —repuse—. Igual te sueno porque estamos mirando mi retrato.

—Será eso, jajaja —se rio con cierta exageración. Mini Nacho me suplicaba que me girara para contemplar el bamboleo que producía su risa exagerada en aquel escote todavía más exagerado, pero me mantuve firme. En el buen sentido, quiero decir.

En el otro extremo de la sala, la Vecinita me había visto acompañado y mantuvo la distancia, mirándome sonriente. Aquella tenue luz de la sala la volvía más guapa. Con un gesto intentó decirme desde la lontananza: «Tranquilo, tú sigue a lo tuyo», pero yo no tenía ganas de seguir a lo mío en ese momento. O quizás aquello ya no era lo mío.

Me disculpé diplomáticamente con aquella desconocida, y mientras me alejaba hice un esfuerzo hercúleo por evitar echarle una última ojeada al escote, de soslayo. Me respondió con una sonrisa cortés. No sé si por mi amabilidad o porque mi mirada acabó traicionándome. Vete a saber. Caminé hacia la Vecinita decidido y me alcanzó la copa de vino que reservaba para mí. No mencionó nada sobre la orgullosa propietaria de la 110D y me puso al día con algunos cotilleos de los asistentes a la inauguración. Por lo visto su obra estaba gustando bastante. Más, incluso, de lo que ella esperaba. Caminamos caóticamente por la sala mirando algunos de los retratos en blanco y negro de Baldesca, lejos de su propia exposición. La Vecinita intentaba poner cierta distancia con los conocidos que seguían acercándose a felicitarla, pero alguien, desde lejos, caminó hacia nosotros con seguridad, tomándose la molestia de recorrer aquel espacio para saludarla. Era un hombre de unos cuarenta y cinco años, elegantemente vestido. Cuando llegó a nosotros, descubrimos que se dirigía a mí. Quería felicitarme por mis vídeos. Mientras se lo agradecía educadamente, se unieron al grupito más conocidos suyos con las mismas intenciones. Uno de ellos comentó que me imaginaba más alto. Sonreí. La historia de mi vida: decepcionar en persona. La chica del pecho generoso andaba cerca del corrillo recién formado y vino hacia mí al oír furtivamente la conversación. «¡Claro, de eso me sonabas!» Se abrió paso y me pidió una foto, que nos hizo la Vecinita. Se apretó contra mí, y mini Nacho pudo comprobar que aquel pecho turgente era cien por cien natural. La Vecinita le devolvió el móvil y me susurró al oído: «La pechugona está poniéndote las luces largas, Samu...» Le resté importancia con un gesto y me despedí del corrillo para salir de allí con la Vecinita. Ella me miró sorprendida, como si no entendiera por qué no quería aprovechar la oportunidad con aquella nueva admiradora. Y por supuesto que me encantaría sacar partido de aquella situación. La popularidad ya me había propiciado oportunidades similares en numerosas ocasiones, que había aceptado gustoso. Hasta ahora, al menos. Muy pocas veces había comprobado que pudieran coincidir tantas curvas en una misma mujer. Aquello era una conjunción de planetas perfecta, con sus curvas orbitales y todo. Un mirlo blanco. Por supuestísimo que me apetecía disfrutarlo, pero, para mi sorpresa, descubrí que me apetecía aún más disfrutar de la compañía de la Vecinita, en aquella sala o donde fuera. Si tenía que elegir entre desabrochar un sujetador de la talla más grande que había conocido, o que la Vecinita me volviera a dibujar, a compartir de nuevo unas alitas al ajillo con ella, a que tomáramos un simple café, a tomar el sol sentado a su lado en el parque mientras me pasaba un canuto, a que se emborrachara conmigo y con Carlos mientras pronunciaba brindis arriesgados, a sentir su cuerpo abrazado al mío para no caerse de la moto, a discutir con ella intentando sonsacarle el significado del tema de los dedales... Tenía muy clara mi elección. Y sin embargo, allí estaba ella diciéndome:

—¿De verdad no te gusta la de las tetas como tu cabeza, Samu? Si hasta a mí me gustaría estrujarlas. No te estarás cortando porque estoy yo, ¿no?

Podía haberme sincerado. Pude decirle que, aunque me encantaran las tetas (sobre todo aquellas), prefería su compañía sin dudarlo. Que su forma de ser me parecía infinitamente más sexy; que su personalidad me gustaba más que cualquier envergadura pectoral; que su cociente intelectual era una talla 140E; que un *full* no tenía nada que hacer frente a una escalera de color; que quién quería pasar una noche de sexo desenfrenado con Salma Hayek si tenía la posibilidad de dejar la mente en blanco, perdido en los ojos de la vecina de enfrente; que solo quería oírla hablar —oírla hablarme—; que solo quería oírla reír... Verla reír, mientras sus carcajadas escandalosas la sacudían y deslizaban un par de centímetros aquellas camisas anchas que llevaba siempre, como de hombre, descubriendo un poco más de aquel hombro izquierdo sobre el que caía su pelo liso azul. Que ningún escote podía competir con eso ni por asomo. Que mini Nacho Vidal podía darse por despedido con efecto inmediato. Podía habérselo dicho. Todo, o en parte. Pero me limité a responder:

—Oye, todo esto me agobia un poco. Creo que voy a ir pensando en volver a casa.

—Yo también, tío. Además, me esperan unas semanas de mucho curro con las exposiciones. Debería descansar ahora que puedo. ¿Nos volvemos juntos? —¡Bien! Intenté poner cara de póker, pero dudo que lo consiguiera.

—Por mí, guay. —No me salía la cara de duro de Bruce Willis, por mucho que me esforzara—. ¿Nos pillamos un taxi?

—Si me prestas la pasta de mi mitad, vale. Con las

prisas me he dejado la cartera en casa. No había problema. Salimos a la calle esperando encontrar alguno libre y comprobamos que estaba diluviando. Nos resguardamos en el porche de la sala, hasta que vimos uno con la luz verde. Cuando estábamos a punto de subir, caí en la cuenta de que, con el asunto de cargar el dedal gigante, y mi preocupación por no retrasarme, yo también me había dejado la cartera. Y lo más preocupante: el móvil. No recordaba la última vez que había salido de casa sin el teléfono. Se lo conté con cierta preocupación, y rio mientras se disculpaba con el taxista que había atendido nuestra señal, que se fue cabreadísimo.

—¿Y ahora qué hacemos? No podemos volver andando sin paraguas, vamos a llegar hechos una sopa —le dije.

—Tengo una idea —soltó la Vecinita con cara de tramar algo—. No hemos traído exactamente un paraguas, pero casi. Espérame aquí, ahora salgo. Entró de nuevo en la sala, vete a saber para qué. Me apetecía un cigarro, pero no me había traído ni eso. Al cabo de unos minutos la Vecinita volvió a salir. Iba acompañada por uno de los mozos de la exposición, de los que habían recogido el dedal gigante cuando llegamos. Y lo traían de vuelta entre ambos. ¿Pero qué coño...?

—Muchas gracias. Dile a Alfonso que mañana lo tengo listo, que de verdad siento no haberme dado cuenta de los retoques que le faltaban —dijo dirigiéndose al mozo. Se despidieron y me miró—. Ea, ¡ya tenemos paraguas! Venga, métete aquí dentro, vecino. Yo no salía de mi asombro. Había recuperado la pieza estrella de su exposición sin pensárselo, para usarla de paraguas. Íbamos a volver a casa exactamente igual que habíamos venido: bajo un sombrero gigante. Deshicimos el camino andado hacía unas horas, pero esta vez sin miradas curiosas. Con el chaparrón que estaba cayendo, no se veía un alma en la calle. Íbamos lo más guarecidos posible con la pieza. Por suerte, las grietas que le había practicado al dedal nos servían para ver dónde pisábamos. Y por desgracia, esas mismas grietas dejaban que calara parte del agua, así que no nos tapaba del todo. Ella volvía a encabezar la procesión y yo caminaba detrás, pegado a ella. Seguía sus pasos a ciegas confiando en que fuera una buena guía. La poca luz que entraba en aquella caverna portátil era suficiente para fijarme con claridad en su nuca, erizada por el frío y plagada de pelillos mojados que se le habían pegado con el agua. El camino se me hacía demasiado corto, aunque tardaríamos bastante más que en la ida. Tuvimos que hacer un par de paradas, cuando la lluvia arreciaba, para meternos debajo de algún soportal. En esos momentos se giraba hacia mí, dentro de aquel espacio diminuto, y me miraba divertida por la situación. Y yo, en secreto, deseaba que la lluvia no nos diera tregua y nos quedáramos allí solos, aislados del mundo. En nuestro propio mundo diminuto, húmedo y perfecto que ella había modelado con sus propias manos. Serían las once de la noche cuando llegamos al portal. Nos despojamos del dedal para subirlo mejor por las escaleras. Nueve pisos andando son muchos y llegamos casi tiritando por el contraste del esfuerzo de la subida y el hecho de estar completamente calados de agua. Afortunadamente, sí había cogido las llaves. Cuando entramos en su casa, los perros apenas hicieron amago de alegría. Ni siquiera *Dorian* se tomó la molestia de gruñirme. Estaban medio dormidos por la hora que era y por la acogedora calidez que reinaba. La Vecinita solía dejar la calefacción puesta para ellos, si salía de noche. Me propuso quedarme allí un rato hasta que entrara en calor. Sacó una de sus camisolas grandes para que me cambiara de ropa y la acepté. Iba a cambiarme a otra habitación, pero recordé que ya me había visto desnudo varias horas, y era tontería. Para ayudar, sacó una botella de vino tinto, un Ribera del Duero muy suave, «que también hay que calentarse por dentro». Nos acomodamos en dos taburetes altos junto a una mesa de madera rústica y despachamos la primera botella en un abrir y cerrar de ojos. Ya estábamos algo achispados, mientras ella abría la segunda, cuando recibió una llamada de teléfono. Héctor le decía entre carcajadas que tenía que echar un vistazo a la primera reseña de la exposición que acababa de subir un conocido blogger de arte. Abrió el portátil, y leímos:

Cuando parecía que la artista ya nos tenía acostumbrados a su peculiar estilo de asociar sus curiosos estados de ánimo con dedales, se reinventa volviendo a asombrarnos con una sutil y rotunda expresión metaartística. Su exposición se ha visto totalmente justificada cuando a las pocas horas de la inauguración, el dedal gigante que presidía el centro de la sala, ha desaparecido. En una nueva forma de expresar la vacuidad, lo efímero de lo que nos rodea, nos ha mostrado una pieza más de la colección, para horas después privarnos de ella. ¿Y acaso no es el arte justamente esto? Disfrutar de lo que por momentos nos subyuga, nos atrae o simplemente resulta indiferente, para momentos después hacer que nos preguntemos dónde fueron a parar esos sentimientos. Nos obliga a autoexaminarnos permanentemente respecto a lo que siempre hemos dado por sentado. No se limita a mostrarnos una serie de obras relacionadas entre sí. Nos sacude sin piedad como espectadores, y nos obliga a posicionarnos en persona. A tomar partido por nuestra realidad frente al arte. En mi opinión, ha sido una jugada maestra. Lo ha vuelto a conseguir.

Lo releímos varias veces, y cuanto más lo hacíamos, más nos reíamos con aquella sandez. Cuando volvimos a recuperar la calma, la Vecinita volvió a servir dos copas y brindó: «Por los críticos de arte que no se toman el día libre cuando llueve.» Mientras ella le daba un sorbo, añadí al brindis: «Y por la insoportable levedad del dedal gigante.» Aquello la pilló completamente desprevenida y, con la risotada que no pudo reprimir, escupió el trago de vino, que roció a *Dorian*. El perro se levantó de un salto y nos miró extrañado, como preguntándonos: «¿Pero por qué, qué he hecho yo ahora?» Le miré con una infantil mueca de superioridad y volvió a recostarse para seguir dormitando. La Vecinita intentó limpiar el desperfecto con papel de cocina y al acabar se quedó mirándome fijamente, sonriendo. Los dos nos quedamos con la mirada clavada en el otro, sonriendo plácida y estúpidamente. Entonces, sin apartar sus ojos de los míos, me cogió la cara delicadamente con las dos manos, y me besó muy despacio, sin decir una palabra. Se sentó a horcajadas sobre mí, en aquel taburete que de repente se volvió comodísimo, y dejó de besarme unos segundos para quitarse la camisa ancha. Hizo lo mismo con la mía y apretó su cuerpo desnudo contra mí. Los perros levantaron ligeramente la vista con curiosidad, pero volvieron a ignorarnos, mientras hacíamos el amor con urgencia, iluminados nuestros cuerpos desnudos con los cálidos fogonazos de las llamas que bailaban alegremente en su chimenea victoriana.

Un momento, un momento. ¿Chimenea victoriana? ¿Desde cuándo tenía la Vecinita una chimenea victoriana? Vale, ni la Vecinita tenía chimenea, ni me había besado ella a mí, ni nada de nada. Maldito vino, malditas expectativas eróticas de novela rosa. Que yo deseara que pasara, no lo hacía real. Lo cierto es que fui yo quien intentó besarla a ella, muy torpemente si no recuerdo mal, y eso fue todo. Unos centímetros antes de llegar a sus labios, me detuvo con una perfecta cobra de manual y me dijo:

—Samu, creo que te has liado...

Muy embarazoso todo... Ya no recordaba cuándo me habían hecho la cobra por última vez. Sin embargo, no parecía molesta. Incluso sonreía. ¿Y entonces? ¿No, porque habíamos bebido? ¿No, porque me veía como amigo? ¿No, porque yo le gustaba pero en plan colega? ¿No, porque pensaba que yo era un golfo en busca de otra muesca en el cañón de mi fusil? ¿Estaba cansada? ¿No se había duchado? ¿Era uno de esos días del mes? Y yo qué sabía, era un torpe en general y, especialmente, para entender a una mujer. O a mí mismo. Y mini Nacho Vidal me había abandonado aquella noche, así que el rechazo me lo estaba comiendo yo solito. Nunca había estado tan confuso. Ni tan avergonzado. Y mira que había episodios vergonzosos en mi vida.

—Perdona... De verdad, es que yo...

—No te preocupes, Samu. Pero será mejor que descansemos, ha sido un día largo... Largo y raro.

—Cierto. Ya hablamos. Y felicidades por la exposición. Descansa, «vecinita».

—Igualmente, vecino. Y muchas gracias otra vez por echarme una mano. De verdad. Llegué a casa y directamente me dejé caer en la cama. Estaba agotado, pero sobre todo tenía maltrecho el ego. No, maltrecho era poco. Mi ego se había aislado en un rincón de su jaula y se había hecho un bicho bola con el rabo entre las piernas, mirándome con los ojos tristes y las orejas caídas. Sabía que me costaría dormir. Aunque una borrachera moderada suele ayudar, la preocupación por si la había cagado con la Vecinita invadía todos mis pensamientos. ¿Por qué había tenido que intentar besarla? Vale, tenía la excusa del vino, que nos empuja a hacer cosas locas en algunos momentos. Y la de mi TDAH, con la falta de inhibición y todo eso. Pero sabía que aquellas excusas se sostenían miserablemente. Porque me hubiera encantado besarla mucho antes, cuando nos cobijábamos de la lluvia bajo el dedal. O cuando Carlos se bajó a por bebida aquella noche, y nos dejó solos en el sofá. Incluso cuando me senté con ella en el parque, después de que *Dorian* echara por los suelos mi estrategia de hacerme el sordo. Pero tenía que estropearlo todo justo ahora. Bravo, Samu. Te has superado. En fin, ya lidiaría con todo aquello al día siguiente. De momento, para despejar un poco la cabeza, recuperé el móvil del que me había despegado toda la tarde. Tenía un montón de whatsapps, notificaciones y mensajes privados. Los revisé todos un poco por encima, pero un mensaje de Facebook me llamó la atención. Alguien me había enviado su número de teléfono móvil, sin más explicación. El nombre no me decía nada, una tal Carla. Por la foto de perfil, me resultaba familiar. Como si nos hubiéramos visto hace poco. La abrí para verla a más tamaño. Y sí. Claro que me sonaba. La pechugona de la exposición se llamaba Carla.

9

La cobra

Durante un par de días evité cruzarme con la Vecinita. Prácticamente me encerré en casa y procuré concentrarme en el libro. Aunque hubiera sido más adulto presentarme en su casa y pedirle disculpas por mi atrevimiento, por haberme precipitado, pero es que el vino blablabla, y pensé que tú también blablabla, además la chimenea victoriana blablabla, no lo hice. Pensé que desaparecer compungido en mi caparazón tampoco era mal plan B. Así sabría que estaba avergonzado por mi comportamiento. Era un plan menos sólido y mucho más pueril, pero dónde vas a parar, infinitamente más cómodo. Y me vendría bien darle un empujón a la novela. Aún quedaba lejos el nuevo plazo de entrega del libro, pero esta vez no debía dejarlo todo para el último momento.

Solo salía a la calle si era absolutamente imprescindible, y aun así lo hacía en plan ninja para que no coincidiéramos en el rellano. Incluso sustituí las compras habituales por comida a domicilio, porque todos sabemos que la vida de ermitaño no es compatible con una dieta sana. Las paredes se me caían encima en algunos momentos, pero cuando me agobiaba con el libro, me dedicaba a grabar algún vídeo. Y cuando me agobiaban los vídeos, llamaba a Jero o a Carlos.

Seguía echando de menos tener a Jero en la puerta de enfrente, pero la Vecinita había empezado a hacerlo más llevadero. Al menos hasta el momento CagadaPorIntentoDeBesoConVecinoTarado. Se lo expliqué a Jero por teléfono, y en su opinión no había de qué preocuparse. Por lo que le conté, era evidente que yo también le gustaba. O como mínimo, le caía bien. Respondí que quizá tan solo había contado conmigo para pedirme algunos favores, porque era nueva en Madrid y no conocía a mucha gente. Pero Jero me desmontó fácilmente el argumento. Conocía a Héctor, el que me vio en porretas. Y se relacionaba con más gente, al menos del mundo del arte. Además, cuando estuvimos en la sala comprobé que era una persona sociable. Bueno vale, tal vez yo le gustara. Pero entonces, ¿por qué la cobra? Según Jero, puede que ella no quisiera que la viera como una conquista fácil. Al fin y al cabo, la primera vez que nos vimos fue cuando Erika salía de mi casa después de pasar la noche. Después volvimos a coincidir en el ascensor con Doris, la actriz porno. Y la Vecinita no querría entrar en el juego de ser la número veteasaber. O tal vez no quisiera estropear nuestra incipiente amistad, y ponernos a ambos en una situación incómoda. Y entonces, tuvimos que aplazar una vez más nuestra conversación porque Jero estaba en un casting. Un anuncio para un producto capilar revolucionario, o algo así, y estaba ocupado intentando peinarse a lo cortinilla. Nos llamaríamos en un par de días.

Seguramente Jero tenía razón, y no era tan grave como yo creía. La Vecinita y yo estábamos bien, solo tuve un lapsus que seguro que ella comprendería. A lo mejor, incluso se lo tomó a risa en cuanto me fui. Volveríamos a vernos cuando uno de los dos encontrara una excusa medianamente decente, y nos reiríamos de aquello. Era una chica madura, con una mentalidad abierta, y ambos éramos adultos. Lo que había pasado... bueno, lo que yo había intentado que pasara, era algo perfectamente normal. Pero de momento, seguiría con mi plan de no cruzarme con ella, para que le diera tiempo a asimilarlo. Además, me vendría bien adelantar con la novela. Iba enviándole mis avances a Pedro regularmente, y si me aconsejaba corregir algo, volvía atrás y a enviarlo de nuevo. Así que a veces la sensación de avance era solo un espejismo. Cuando noté que el agobio me abrazaba fuerte como Patrick Swayze a Demi Moore en la escena de alfarería de *Ghost*, me puse mis zapatillas de correr y salí a despejarme al parque.

Al regresar una hora después, recogí la correspondencia que tenía debajo de la puerta. Me dio por mirar, y debajo de la puerta de la Vecinita había un par de cartas que tampoco había recogido. Julián, el portero, tenía la costumbre de recoger el correo directamente de manos del cartero y repartirlo personalmente por las puertas, en un intento de parecer imprescindible para el buen funcionamiento de la comunidad. O quizás acumular méritos para ganarse un buen aguinaldo en Navidad. El caso es que no debió encontrar a la Vecinita en casa, y le deslizó el correo por la rendija, que quedó asomando. Era perfecto. Ya habían pasado tres días desde la cobra. Ahora tenía una escuálida excusa para llamar a su puerta y entregarle el correo. «Toma, Julián ha dejado tus cartas sobresaliendo bajo la puerta, y podría pasar alguien y cogértelas. De nada. Por cierto, ¿cómo estás? Qué risas el otro día, ¿eh?» Pero al llamar al timbre no obtuve respuesta. Es más, ni siquiera hubo reacción de los perros, que solían gruñir o ladrar ante el menor ruido que supusiera una amenaza a sus dominios. Qué raro, aunque hubiera salido de casa, los perros siempre se quedaban guardando la casa. Salvo cuando los sacaba a pasear, pero a esas horas de la mañana no era lo habitual. Vaya, me sabía de memoria todas sus rutinas, como un psicópata de manual. Volví a dejar las cartas donde las había encontrado. Estuve a punto de empujarlas totalmente hacia dentro, pero en un momento de egoísmo decidí dejarlas exactamente igual. Así, cuando las recogiera, sabría que ya había vuelto. Y si no lo hacía, siempre me quedaría una nueva excusa, para llamar a su timbre otra vez.

Cinco días después, las cartas seguían exactamente en la misma posición. Ni rastro de la Vecinita. Ni de sus perros. Procuraba mantenerme ocupado preparando nuevos vídeos y con el libro, que ya llevaba casi por la mitad, pero me era casi imposible. Cuanto más tiempo pasaba, más vueltas le daba. Definitivamente, Jero se equivocaba. Yo me equivocaba. Intentar besarla aquella noche lo había estropeado todo. La Vecinita vio en mi gesto una amenaza a su tranquilidad en su nuevo piso. Y ahora, ya no cabía ninguna duda, ella se había ido del piso para poner tierra de por medio.

Ya había pasado cierto tiempo desde la cobra (diez días, siete horas y veintisiete minutos, para ser exactos), y las cartas seguían amontonándose bajo la puerta de la Vecinita. Mientras, yo batallaba a duras penas con las páginas en blanco de la novela. Ya había hablado de mi infancia rara, de mi adolescencia rara y de mi matrimonio raro. Ahora llegaba el momento de afrontar el presente. Un presente que se me volvía raro por momentos. Me había venido a vivir a Madrid, había conocido gente nueva y empecé a hacer monólogos. No quedaba mucho para llegar al momento presente, y me encontraba ante una importante encrucijada narrativa. Había alcanzado el punto en que Jero se había mudado y la Vecinita llegó cargada de cajas a sustituirle en la puerta de enfrente. ¿Qué debía hacer? ¿Cargar tintas y ficcionarlo todo desde ese momento? La Vecinita y yo nos tropezamos en el portal y se le cayeron las cajas y nos agachamos a la vez para recogerlas y nuestras miradas se encontraron y conectamos inmediatamente y yo no tenía que soportar a un imaginario mini Nacho Vidal, sino a un elegante mini George Clooney y sus consejos derivaron en pura dicha y culminó en una erótica escena frente a una chimenea victoriana y finalmente me redimí y dejé de sentirme vacío y perdido y solo y fuimos felices juntos. Qué mal redactado, y qué poco original, Samu. ¿Debía entonces ser sincero y contar los momentos más bochornosos de mi vida desde que La Vecinita había llegado a ella, «momento cobra» incluido? No me apetecía lo más mínimo, pero la verdad podía resultar sanadora. Y puesto que por lo visto ella había desaparecido para siempre, fantaseaba con que un día el libro llegara a sus manos, mucho tiempo después, y volviera a mis brazos. «Ahora te entiendo, Samu. Al leer tu libro lo vi todo claro. Solo eras un patán social porque tuviste una vida un tanto complicada, tu mini Nacho Vidal te empujaba a hacer cosas que de otra forma no hubieras hecho, aunque en buena parte fueran también tu culpa. Pero leyendo tu relato comprendí que yo no era una más para ti, que te gustaba de verdad y solo querías tenerme a tu lado y encontrar la paz.» Y entonces sí que me besaría y yo sonreiría serenamente igual que George Clooney y haríamos el amor frente a la chimenea porque esta vez sí era plausible que hubiera pasado cierto tiempo y ella se hubiera comprado una. No entendía por qué me costaba afrontar la realidad, por qué acababa refugiándome siempre en la ficción, ni qué coño me pasaba con George Clooney y las chimeneas. Pero sorprendentemente, esa fantasía me ayudaba a seguir con el libro y a encararlo con más sinceridad de la que hasta ese momento de la narración había sido capaz. La remota posibilidad de recuperar a la Vecinita, aunque como amiga, hizo que por primera vez le echara huevos y me decantara por contar la absoluta verdad.

Había descartado volver a hacer monólogos. Tampoco tenía ánimos para ir a los castings a los que me convocaban. Siempre me había tenido por una persona alegre, pero ahora estaba hecho un Señor Vinagre. Mi única posibilidad de ser seleccionado en una audición era que buscaran un Mr. Scrooge. Para ser honesto, estaba siendo tremendamente injusto. Por primera vez, llevaba la vida que siempre había querido, sin los intrincados remordimientos morales que Samuel tuvo que cargar durante tantos años. Y sin embargo, me atrevía a reconocer que él había sido más feliz de lo que yo conseguía ser ahora mismo. Desde que la Vecinita ya no estaba, había vuelto a sumirme poco a poco en la vida nocturna, un tanto decadente a veces, del *influencer* que podía acudir a eventos casi todos los días de la semana, invitado siempre. Aunque me servían para evadirme de mi rutina diaria de pasarme el día en casa escribiendo, manejando mis redes sociales o intentando grabar un nuevo vídeo decente, no los disfrutaba como antes. Ahora iba solo casi siempre, ni siquiera mini Nacho Vidal solía acompañarme. Andaba enfurruñado conmigo por volver a casa sin compañía después de cada sarao. Una noche de las que volví pronto a casa, encendí la luz del salón y me lo encontré sentado en el sofá, esperándome. Me había preparado una intervención. Ni me la olí, y eso que éramos la misma persona.

«Samu, tenemos que hablar. ¿Qué estás haciendo, tío?»

«¿Que qué estoy haciendo? Pues socializar un poco, ¿a ti qué te parece?»

«Eso ya lo veo. Pero ya socializabas con tus amigos Testigos cuando eras joven. Y cuando estabas casado. Si no recuerdo mal, una de las personas con las que socializabas tanto era David. Sí, David, uno de tus mejores amigos. David, ese que se enrolló con tu mujer, con la que no perdiste la virginidad, por cierto. Si tuvieras problemas para socializar, no me hubieras inventado a mí. Te hubieras creado un, no sé, un Jordi Hurtado. Que es un gran conversador, cae bien a todo el mundo y no envejece. Pero me llamaste a mí, porque necesitabas recuperar el tiempo perdido.»

«Bueno, últimamente no te necesito tanto, como habrás notado.»

«Error. Recuerda cuando me dijiste lo mismo, el día que nos conocimos. Si estás viéndome aquí sentado ahora mismo, haciéndote una intervención, es precisamente porque me necesitas tanto como aquel día. O puede que más. De lo contrario, estarías aún en la fiesta y no en tu casa, a las once de la noche, hablando con un amigo imaginario.»

«Vale, ahí me has pillado, mini Nacho.»

«Mira, creo que tenemos suficiente confianza, así que voy a ser totalmente sincero contigo. Toda la vida has sentido un vacío que no has conseguido llenar. Puede que ese vacío apareciera cuando la chica que te gustaba, la persona con la que más a gusto te sentías de todo el mundo, te besó y no pudiste hacer nada al respecto. No pudiste, o no quisiste, eso es lo de menos. O puede que el vacío fuera creciendo poco a poco en tu interior, por llevar una vida tan restrictiva, tan diferente a las personas de tu alrededor. Porque no eras un «mundano», pero sabes que tampoco te sentiste nunca Testigo de Jehová. Solo seguiste el camino de menos resistencia. Te dejaste arrastrar, porque cuando te sientes vacío es fácil: pesas tan poco... Pero lo que está claro es que, aunque quisieras aparentar que no te afectó cuando la persona en la que más confiabas, esa por la que tanto aguantaste y con la que te casaste te traicionó, de alguna forma algo se rompió dentro de ti. Te agrietaste, como el dedal gigante de aquel día que dejaba que la lluvia se colara, pero al revés. Tus grietas nunca van a dejar que te llenes. Y agrietarse es justo lo que menos le conviene a quien intenta llenar algo. Puede que algún día las repares, pero de momento están ahí. Y mientras existan, yo estaré aquí. No para ayudarte a echar un polvo, eso lo puede hacer hasta un idiota hoy en día. Me necesitas para que te empuje hacia otras personas. Para que te ayude a conectar, aunque sea utilizando el sexo como arma. O como escudo. No estás solo, Samu. Pero no puedes evitar sentirte solo. Siempre lo has hecho. De niño, cuando estabas casado y ahora también. Aunque tengas buenos amigos, sabes que no es lo mismo. Necesitas sentir que alguien te necesita. Y tus amigos, que seguramente siempre estarán ahí, también tienen su propia vida. No es lo mismo. Y ahí es donde entro yo: cuando te obligo a que conozcas a alguien en un bar, en una red social, donde sea, por un momento consigues sentirte necesario para otra persona. Y al aparecer en tu vida la Vecinita, viste algo en ella. Algo que te gustaba, que te era familiar. ¿Te has parado a pensar por qué te resultaba tan familiar? Porque viste a un nuevo Jero en ella. No es solo porque viva tan cerca. Viste a alguien para quien la proximidad, la costumbre, podía convertirte en necesario para ella.»

«No estoy de acuerdo. Me gusta su forma de ser. Y me atrae como mujer, aunque no sea el tipo de chica con quien suelo quedar. O precisamente por eso, me resulta aún más atractiva.»

«Vale, pero eso llegó más tarde. Después de que te esforzaras tanto en caerle bien, en gustarle. Accediste a hacerle todos los favores que te pidió, e intentaste desde el primer momento ocultarle que en el fondo eres un crápula, y siempre lo serás. Me escondiste a mí de su vista, a tu mini Nacho Vidal particular. Viste en ella una oportunidad de salvarte, de redimirte de una vida que has vivido en dos extremos tan opuestos. Y no te lo discuto: si hubiera funcionado, habría estado bien. De ser así, yo ya no estaría por aquí. Pero el caso es que no funcionó. Hiciste tu jugada, apostaste y perdiste. Por eso sigo aquí. Por eso me necesitas más que nunca. Porque sabes que por muchos palos que te lleves, por muchas grietas que te inflijan, seguirás adelante. Lo pasarás mal hasta que se te curen, claro. Pero apaleado o no, seguirás mirando al frente. Y por eso has hecho que esta noche estuviera yo aquí, esperándote en tu sofá.»

«Para ser actor porno, reconozco que hablas muy bien.»

«Y yo reconozco que para llevar tanto tiempo sin hacer un monólogo, te has marcado uno estupendo, Samu.»

«¿Que me lo he marcado yo?»

«Técnicamente sí.»

«Vale. ¿Y ahora cuál es el siguiente paso, Nacho?»

«Coge tu móvil y abre el Facebook.»

Le hice caso y busqué aquel mensaje que no respondí de Carla, la pechugona del museo. Escribí «Hola, ¿cómo estás?», y a la media hora de conversación había aceptado ir a su casa «a tomar un café y charlar». Cuando llegué, me confesó que no tenía café. Ni falta que hacía, a la una de la madrugada ambos sabíamos que había mejores formas de mantenernos despiertos. Faltaba poco para amanecer cuando salí de su portal, y antes de subir a la moto para volver, me tomé un momento para fumar un cigarro. Mini Nacho me había asegurado que después de acostarme con Carla, me sentiría mejor. Pero como otras tantas veces, se equivocaba. ¿Por qué seguía haciéndole caso? Y eso que Carla era una de aquellas chicas con las que Samuel ni siquiera se hubiera atrevido a fantasear años atrás, por considerarla alguien totalmente fuera de su alcance. No solamente por el cuerpo perfecto que fácilmente se le adivinaba antes de desvestirla (y seguramente, hasta en la foto del DNI) sino porque además era una chica con cultura, mucha más que yo. Veintiséis años, abogada de bastante éxito con un elegante piso en el barrio de Moncloa que parecía sacado de una de esas revistas de decoración, y magnífica conversadora. Teníamos gustos muy parecidos en lo que se refiere a cine o música, pero es que también era espectacular en la cama. En otro momento de mi vida, habría dado diez años de mi vida por pasar una noche con ella. Pero cuando me propuso quedarme a dormir, decliné la oferta porque solo era capaz de ver sus defectos: no se reía a carcajadas como si nadie estuviera mirándola, no decía lo primero que se le cruzaba por la cabeza sin importarle cómo sonara, y peor aún, no pintaba dedales. Por supuesto, se trataba de taras absolutamente imperdonables. «Taras, las que tú tienes, machote», me dijo Nacho Vidal en voz alta. No rechacé su invitación de quedarme a dormir porque no me encontrara a gusto con ella. Iba conmigo. Era a mí mismo a quien no soportaba, reconocí mientras apuraba el cigarrillo. Tenía que alejarme de aquel lugar. Aplasté la colilla con la punta de la zapatilla, subí a la moto y arranqué. Levanté la visera del casco para que la bofetada de aire frío en la cara me despejara. Sin darme cuenta, me había adentrado en las callejuelas donde tiempo atrás me había perdido intencionadamente con la Vecinita para alargar el trayecto, que a esas horas regaban a manguerazos los camiones de limpieza municipal. Fantástico. Solo me había costado más de treinta años deshacerme poco a poco del fantasma de aquella niña que me encadenó al pasado con mi primer beso. Y cuando por fin parecía superado, resultaba que no. Que la quimera seguía siendo la misma, pero con una cara distinta. A diferencia del *Cuento de Navidad* de Dickens, las visitas de aquel fantasma me volvían un Mr. Scrooge todavía más insoportable. Mini Nacho se equivocaba al asegurar que yo siempre tiraba hacia delante. Mi vida era adelantar una casilla y retroceder un par. Me vino a la mente el retrato que me hizo la Vecinita. ¿El dedal subía o bajaba? Para mí que caía en barrena, y el lienzo lo había capturado pocos fotogramas antes de hacerse añicos contra el suelo.

 Me había acostado sin poner despertador, pero a media mañana era incapaz de seguir durmiendo. Aunque aproveché para intentar volver a mi rutina de escritura, no hubo manera. Jugué durante una hora a la máquina recreativa que me había comprado con el adelanto, y que apenas había utilizado. Cuando empezaba a aburrirme, una llamada al móvil interrumpió la partida.

—Hola Samu, ¿qué tal estás, hijo?

—Hola papá. Bien, ¿y vosotros? —Así era como empezaban todas las conversaciones con mis padres.

—Bien, gracias. Nada, hace unas semanas que no hablamos, te llamamos para ver cómo estás. Tengo el manos libres, mamá está aquí...

—¡Hola Samu! ¿Cómo estás, bonito? —interrumpió mi madre, de fondo.

—Hola mamá. Ahora mismo estaba pensando en vosotros. —No era del todo cierto, pero se ponían muy contentos cuando lo oían.

—¡Anda! Oye, ¿y cuándo vienes por aquí? Que no nos vemos hace ni se sabe.

—Pues mira, había pensado ir a veros este fin de semana, si os viene bien —dije sin pararme a pensar.

—Claro que nos viene bien. Pero ya es jueves. ¿Cuándo, mañana?

—Sí, voy a ver si quedan plazas en el AVE y os escribo por WhatsApp.

Al día siguiente, mis padres me esperaban en la estación de tren del pueblo. Estaba apartada varios kilómetros del centro urbano, y el ayuntamiento ponía línea regular de autobuses únicamente en verano porque quedaba cerca de la playa. Así se aseguraba de rentabilizar el viaje. El resto del año, si te bajabas del tren allí y no habías ido por tus propios medios, o confiabas en la caridad de algún samaritano desconocido o te quedabas tirado en mitad de la nada. Daba igual que fuera casi la única forma de transporte para los jóvenes que estudiaban en los alrededores, o que fuera un páramo oscuro y solitario al caer la noche. Porque si no era rentable, ¿para qué demonios iban a perder dinero con un servicio de transporte de utilidad pública? Era una de las cosas que más odiaba cuando vivía allí, y que me sacaba de quicio cada vez que volvía y veía que nada había cambiado. Al llegar a casa, me acomodé en mi antigua habitación. La misma en donde, cuando era Samuel, de adolescente, soñaba con un mundo por descubrir allá fuera, pero sin demasiado afán por hacer nada al respecto. Aunque mis padres estaban al corriente de la vida tan poco cristiana que llevaba ahora, se les veía sinceramente contentos cada vez que les hacía una visita. Salvando las distancias, era como si por unas horas todo fuera como antes. Mi madre era una excelente cocinera (y no solo por ser madre; lo había sido profesionalmente hasta que la prejubilaron), así que se pasaba el día cocinando y presionándome para que comiera a todas horas. Era una mujer menuda y alegre, que sonreía a todas horas y siempre acababa arrastrándome a su terreno de optimismo. Mi padre, en cambio, más serio y algo severo, vendía más caras las expresiones de afecto o alegría. Aunque cuando se veía forzado a reírse con esa boca de dientes perfectos y blancos conseguía que toda la habitación se iluminara durante un segundo.

Después de una espectacular paella, y la correspondiente siesta, fuimos a tomar algo a una terracita del paseo marítimo. Era uno de nuestros rituales siempre que iba de visita, fuera invierno o verano, con su respectiva discusión por pagar la cuenta. Yo solía tomarme muy despacio la cerveza para estirarla todo lo posible, porque en aquellas ocasiones nunca me tomaba más de un par, que era el número máximo aceptable por mi padre antes de pensar que su hijo tenía un problema con el alcohol. La cerveza era un componente básico en mi dieta, y no quería que supieran que en circunstancias normales, dos cervezas me duraban menos de quince minutos. Así que obligarme a beber lo mínimo, junto con ocultarles que en esos momentos mataría por un cigarrillo, eran dos de los pequeños sacrificios que hacía por no darles un disgusto. En lo que no hacía ninguna concesión, en cambio, era en los temas de conversación sobre religión. Hacía algún tiempo que les había dejado claro que ese tipo de charlas no iban a tener lugar entre nosotros. Y cuando en alguna ocasión violaban nuestro acuerdo tácito, mi reacción era cambiar radicalmente de conversación, o responder guardando silencio. Aun así, mis padres vivían con la secreta esperanza de que algún día yo recapacitara y volviera al redil cristiano. Que me diera cuenta de la vacuidad de no regirse por los rectos principios bíblicos y un día les diera la buena noticia de que había decidido volver a ser un Testigo de Jehová, como Dios manda. Naturalmente, eso no iba a pasar, pero era algo que yo ni afirmaba ni les desmentía. En lugar de cerrarles la puerta, prefería dejarles una pequeña rendija abierta a la esperanza. Al menos a su esperanza particular. No llegaba a ser una mentira piadosa, pero sí una pequeña omisión de la verdad con la que ellos eran algo más felices. Supongo que cada uno tenemos nuestras utopías personales vinculadas a hierro con nuestro pasado, y aunque en el fondo de nuestra alma reconozcamos íntimamente que nunca se materializarán, fantasear con ellas en ciertos momentos nos calientan un poco el corazón. Todos tenemos derecho a soñar. Como mis padres, con mi redención. Como yo con Vanesa, hasta hacía bien poco. O con la Vecinita en ese preciso instante.

Ese día conseguí pagar yo la cuenta. Volvimos al coche y cumplimos con otro de nuestros rituales. La batalla con mi madre obligándome a sentarme de copiloto, que era algo que de pequeño me hacía especial ilusión, y fue perdiendo importancia para mí al crecer. Pero mi madre seguía viéndome como aquel niño que quería hacer cosas de mayores, e insistía en cederme el asiento como si fuera el más grande de los premios. Reconozco que volver a casa de mis padres, aunque fuera por un par de días, me sentó francamente bien en aquellos momentos. Pero todo se estropeó la tarde siguiente. Ellos tenían reunión de Testigos, como cada sábado. Cuando eso sucedía estando yo allí, veía cómo se arreglaban, mi padre con traje y corbata y mi madre con lo más coqueto que tenía, y me dejaban en casa un par de horas hasta que volvían. Aparte de algún piropo que les lanzaba, nadie se pronunciaba al respecto. Era otro de nuestros acuerdos tácitos: ellos no me invitaban a ir, y yo no tendría que replegarme poniéndome a la defensiva. Pero justo ese día, mientras se preparaban, los dos se me acercaron tímidamente.

—Samu... hemos pensado que estaría bien que vinieras con nosotros a la reunión. Ya sabes que todos se alegrarán de verte allí. —Era una situación incómoda que me rompía el corazón, por ellos. Pero no estaba dispuesto a volver, ni siquiera de paso. Y menos aún con mis ánimos en ese momento.

—Ya, bueno, estaría bien... —«piensa algo rápido, Samu. No seas brusco, tan solo invéntate lo que sea»—, pero lo cierto es... que no me da tiempo de acompañaros, tengo el billete de vuelta para dentro de un par de horas.

—¿Hoy? ¿Pero no te ibas mañana por la tarde? —A mi madre se le desdibujó la sonrisa.

—Sí, mamá. Ya ni me acordaba, pero al mirar los billetes esta mañana me he dado cuenta de que cometí un error con el de vuelta. Lo he visto por casualidad, así que tengo que ir preparándome.

Me despedí de mis padres en la estación de tren donde me acercaron. Con tan poco tiempo, no había conseguido ningún billete de tren, así que había pasado la última hora buscando desesperadamente un asiento en Blablacar para volver a Madrid. Fue toda una odisea, pero a última hora encontré a alguien con un hueco dispuesto a recogerme allí. Igual había reaccionado exageradamente. No me hubiera muerto por pasar un par de horas en una de esas reuniones y forzar la sonrisa con los antiguos conocidos que me saludaran al acabar. Después de todo, había ido a aquellas reuniones tres veces por semana hasta los treinta y dos años. Pero en esta ocasión, mi estado de ánimo lo hubiera hecho totalmente imposible. No me sacaba de la cabeza que la Vecinita había desaparecido de mi vida para siempre. Y no podía hacer nada al respecto: no sabía su nombre real, ni nos habíamos intercambiado los teléfonos. No podría localizarla jamás, así que se había ido definitivamente. Y mientras ella no quisiera, jamás la encontraría. Así que en esos momentos, imaginarme siendo simpático con un puñado de gente que me pediría que les pusiera al día con mi vida, me generaba una especie de malestar. En serio, hubiera sentido dolor físico, en las comisuras de la boca, por la obligación de sonreír. Hice lo correcto, al menos para mí, precipitando mi marcha. Aunque el precio a pagar fuera dejar a mis padres cierto sabor agridulce con una huida tan torpe. Pero les prometí compensarles. Volvería lo antes posible y esa vez pasaríamos más tiempo juntos.

Ya había anochecido cuando apareció a lo lejos el coche del Blablacar, al fondo de aquella estación desierta que mis padres habían abandonado media hora antes, creyendo que volvía en tren. Justo a la hora acordada. Era un Ford Focus conducido por un tipo enorme llamado Omar. Las plazas traseras las ocupaban dos chicos jóvenes bastante tímidos que volvían de pasar un fin de semana en Gandía. Por su forma de mirarse, sospeché que eran más que amigos, aunque prefirieran no explicar nada al respecto. Quizá por ser conscientes de vivir en una sociedad en la que cualquiera se cree con derecho de juzgar a un desconocido por su orientación sexual. O tal vez porque opinaran, con razón, que qué carajo nos importaba a nosotros su vida íntima. Por otra parte, Omar, el conductor, era una de esas personas que desde el minuto uno te relatan su vida sin ningún tapujo, pero sin llegar a ser pesado. Era fácil congeniar con él inmediatamente. Nos contó que había sido militar desde los dieciocho años hasta hacía un par de años. Eso era mucho tiempo, teniendo en cuenta que debía tener mi edad. Su físico confirmaba la historia: una espalda tan ancha que desbordaba el respaldo del asiento, cráneo casi rapado hasta las patillas, donde crecía una frondosa barba mucho más larga que la mía y antebrazos como troncos plagados de tatuajes. Su aparente tosquedad no conseguía esconder a una persona con un don de la palabra realmente envidiable. Nos contó que había dejado las fuerzas armadas para apostarlo todo al rojo e intentar dedicarse a su verdadera pasión: ser guionista. Durante años viajó con frecuencia a Madrid para asistir a cursos de escritura de guion de cine y, finalmente, renunció a un trabajo fijo bien remunerado para instalarse definitivamente en la capital, que le ofrecía muchas más posibilidades. Ya había conocido allí a otros guionistas y gente relacionada con el mundo audiovisual, y había decidido que era donde tenía que estar si quería dedicarse al mundo de las letras. Una parte de mí admiraba y envidiaba a partes iguales esa determinación, que tanto contrastaba con la forma en que yo me había dejado llevar siempre por las circunstancias. Los chicos detrás se habían quedado dormidos apoyando una cabeza contra la otra. Por la camiseta de uno de ellos, debían haberse dado un par de días de fiesta agotadores en el Coco Loco. Mientras, Omar y yo hablábamos de cine y series de televisión españolas. La conversación fue tan amena que cuando quisimos darnos cuenta llevábamos hora y media de trayecto, y acordamos hacer una parada para ir al baño y tomar un café. Nos desviamos de la autovía y Omar detuvo el coche en el parking de un restaurante *typical spanish*, de esos con escaparates que exponen todo tipo de productos típicos de la zona: quesos manchegos, confituras caseras, embutidos tan apetitosos que estremecerían los principios de un vegetariano y navajas de todos los tamaños. Estábamos en Honrubia, a ciento setenta y cinco kilómetros tanto de Madrid como de Valencia. Exactamente a la mitad del camino.

Los cuatro entrábamos por la puerta del Restaurante Mesón Los Rosales, yo el último, cuando vi algo de reojo que me hizo volverme tan rápido que casi me disloco el cuello. En aquel aparcamiento demasiado extenso para que lo iluminaran pobremente cuatro farolas, alguien abría la puerta de un coche. Una figura menuda que se metió en su utilitario negro, me pareció que un Peugeot 206, arrancó y en cuestión de segundos se incorporó a la autovía en dirección a Madrid. Antes de que desapareciera, bajé un par de escalones de entrada al restaurante, entornando los ojos en su dirección. Estaba seguro de que aquella persona, una chica, tenía el pelo liso, largo... y azul. No podía ser verdad. ¡Por treinta segundos no me había cruzado con la Vecinita!

10

Omar

Había un tipo plantado en mitad de la escalinata de la entrada de un restaurante de carretera en medio de la nada, mal iluminado por un rótulo rojo: Restaurante Mesón Los Rosales. Parecía confundido, como si hubiera visto un fantasma. Miraba hacia el parking, fijándose en la plaza que acababa de dejar libre un coche pequeño y oscuro, que se alejaba. Alternaba miradas nerviosas al interior del local, donde tres personas, dos chicos jóvenes y otro alto y fornido, acababan de pedir café en la barra. No sabía si subir o bajar las escaleras, como un GIF de Chiquito de la Calzada. Tras segundos de indecisión, entró con dos zancadas rápidas al restaurante, le puso la mano en el hombro al más alto y se dirigió a los tres. «¡Chicos, chicos! Tengo que pediros un favor enorme.» Se volvieron hacia él y escucharon su explicación, atónitos.

Me sorprendía que aquel tipo fuera yo. Por primera vez en mi vida había tomado una decisión totalmente impulsiva e irracional. En pocos minutos, desesperado y con un discurso trastabillado, había convencido a tres personas a las que apenas conocía para iniciar una persecución nocturna por la A-3 y dar alcance al coche de alguien apodada «la Vecinita». Les relaté lo más resumidamente posible cómo había llegado a mi vida, cuánto significaba para mí, cómo había metido la pata con ella, su marcha precipitada del piso y cómo estaba seguro de poder arreglarlo si conseguía hablar dos minutos con ella —algo imposible porque no tenía ninguna forma de contacto hasta que el destino quiso que nos cruzáramos en aquella área de servicio—. El instante que les costó asimilar todo aquello se me antojaba una eternidad: cada segundo de duda, la Vecinita se alejaba más de mi vida. Pagué los cafés que no se habían tomado y Omar, que inmediatamente hizo suya mi causa, prácticamente nos arrastró a los tres al coche. Prometí invitarlos a cenar al llegar a Madrid, para compensarlos, que era lo primero que se me ocurrió. Y ahora, nuestro Ford Focus de vuelta en la carretera volaba en dirección a Madrid, a una velocidad ligeramente superior a la máxima permitida.

—No os preocupéis, cuando estaba en el ejército conducía un Hummer 1026 semiblindado en Afganistán. Comparado con el Focus, esto es un juego de niños —dijo Omar para tranquilizarnos, emocionado por aquella aventura.

—Pero sería distinto, ¿no? —preguntó Xavi, uno de los chicos, que no conseguía disimular su preocupación—. ¿Allí conducías de noche esquivando otros coches?

—Bueno, eso no. Y el Hummer tampoco corre tanto como este coche. Pero aparte de eso, está todo controlado. Me conozco como la palma de mi mano todos los radares de este tramo. Calculo que la alcanzaremos en unos quince o veinte minutos.

—Creo que deberías ir un poco más despacio. No sabemos qué coche es, tenemos que ir fijándonos o nos lo pasaremos. —Xavi cada vez estaba más nervioso.

—No, no. Era un Peugeot negro. Un 206, creo —dije yo—. No puede haber muchos. Las pocas veces que localizábamos un coche que coincidía con mi descripción, Omar iniciaba un adelantamiento y deceleraba hasta ponerse a su lado. Desde el otro vehículo debían estar viendo un Focus con cuatro psicópatas pegando la cara a la ventanilla derecha, tratando de averiguar si conducía una chica joven con el pelo azul. Vimos algunas caras realmente preocupadas, que no entendían lo que estaba pasando, así que, en cuanto lo descartábamos, Omar aceleraba todo lo que podía para poner distancia y no preocupar a nadie ni ocasionar un accidente. O para que no dieran un aviso a Tráfico: «Cuatro tarados en la A-3 han iniciado una persecución muy rara. Parecen extremadamente interesados en el color del pelo de ciertos conductores. Podría tratarse de un grupo de estilistas trastornados.» Íbamos a trompicones. Avanzábamos a ciento cuarenta kilómetros por hora y reducíamos a cien cuando nos aproximábamos a cualquier coche oscuro o a un radar fijo de carretera. El miedo de los dos chicos contrastaba con la alegría de Omar, que comentaba divertido la posibilidad de incluir la aventura en el próximo guion que escribiera. Sin apartar los ojos de la carretera, le comenté que estaba escribiendo un libro y que puede que yo también lo hiciera.

—Pero si lo metes en una peli, mi personaje lo tiene que interpretar Mario Casas —le dije.

Omar se rio. Se despistó por un momento y un potente fogonazo nos iluminó en mitad de la noche. Nos había cazado un radar. Le dije que no se preocupara, que yo le pagaba la multa. Omar no le dio ninguna importancia y siguió inmerso en la persecución, que iba tornándose como algo cada vez más personal. A los diez minutos divisamos a lo lejos un coche que parecía coincidir perfectamente con el que vi en el aparcamiento. Aceleramos para darle alcance. Nos acercábamos rápidamente. Aún no se distinguía a la persona que lo conducía, pero era cuestión de un instante. Faltaban segundos, el corazón me latía a mil por hora. Entonces, recibimos un segundo fogonazo.

—No puede ser, aquí no hay ningún radar —dijo Omar extrañado.

Pero esta vez no nos golpeó desde arriba, venía de atrás. Acompañado de una intensa luz azul. El fogonazo insistió una segunda vez. Una patrulla de la Guardia Civil de Carretera nos daba el alto. Omar y yo nos miramos; parecía disculparse con la mirada.

—Esta vez sí tengo que parar, Samu. Lo siento.

Nos desviamos al arcén, viendo como el posible coche de la Vecinita se nos escurría entre los dedos por unos pocos segundos. Omar parecía tranquilo, como si aquello fuera su pan de cada día. El resto, para qué negarlo, estábamos bastante nerviosos. Nos detuvimos por completo y tras nosotros el coche patrulla hizo lo propio. Vimos la silueta de alguien con un chaleco reflectante que caminaba hacia nosotros. Cuando llegó a la altura de la ventanilla del conductor, dio un par de golpecitos en el cristal, para que la bajara.

—Buenas noches. —Hizo el saludo oficial—. Nos han informado de que un vehículo circula de forma temeraria, y por lo que hemos comprobado, se trata del suyo.

—Lo siento, agente. No me he dado cuenta, pero creo que conducía con normalidad —alegó tranquilamente Omar.

—¿Adónde se dirigen?

—Vamos a Madrid, venimos de Valencia.

El Guardia Civil, que tendría mi edad, apuntó al interior de nuestro coche con una linterna y, al encenderla de repente, nos tapamos instintivamente los ojos. Estábamos en un buen lío. Y todo por mi culpa. Me sentí responsable y creí que mi obligación era dar la cara. Abrí la boca para explicar de la forma más verosímil posible el porqué de aquella conducción errática. Pero antes de decir una sola palabra, el agente se me quedó mirando extrañado y le cambió el semblante.

—¡Oye, tú eres el de los vídeos! Samu, ¿no? ¡Yo te sigo desde hace un montón! —Omar y los dos chicos se volvieron hacia mí, boquiabiertos.

—Ejem... Sí, soy yo.

—¡Pero no me jodas! Tengo un hijo de catorce años

que dice que quiere ser *youtuber*, y no se pierde un vídeo tuyo.

    Yo no sabía qué responder a eso. Le di una explicación muy parecida a la que ofrecí a mis tres compañeros en el restaurante, pero intentando ser más convincente. Ahora estaba tratando con la autoridad. Le añadí un poco más de dramatismo, aunque cuando usé la fórmula «el amor de mi vida se me ha escapado por los pelos», no supe bien si estaba cargando tintas, o la tensión del momento hacía que por primera vez hablara desde el corazón. El agente me escuchaba muy serio, con cara de incredulidad. Al acabar mi pequeño discurso, se quedó unos segundos callado. Y de repente echó a reír. Estaba convencido de que estaba grabando un vídeo. Me costó convencerle de que era algo muy real, por desgracia para todos. Recuperó la compostura y nos dijo:

—Un momento. Permanezcan en el coche, por favor.

Se dirigió a su compañero que aguardaba en el coche patrulla, a varios metros, y estuvieron hablando. Cuando volvió, lo hizo directamente a mi ventanilla.

—Mira, Samu. He estado hablando con mi compañero y tenemos un control de carretera a unos treinta kilómetros. Lo que te voy a contar ahora no puede salir de aquí, ¿entendido?

—Sí, claro. —No tenía intención alguna de incluir nada de aquello en el libro. En principio...—. Dígame.

—No me hables de usted, joder. A ver, hemos dado aviso a los compañeros de que paren un Peugeot 206 de color negro, conducido por una joven de pelo azul. Estará situado en una zona muy iluminada, así que no habrá problema en identificarla. Si todavía no ha pasado por allí, la retendrán hasta que lleguéis. Solamente necesito que me confirmes una cosa.

—Usted... Digo..., tú dirás.

—Júrame que no me has metido una milonga y que la historia que me has contado es cierta. Me puede caer un buen marrón, pero al menos no me dejes como un gilipollas. —Me miró fijamente a los ojos, como el poli malo de la peli en un interrogatorio. Tragué saliva.

—Por mi vida.

—De acuerdo, entonces seguid, chicos. —Dio un par de palmadas a la carrocería del Focus—. Y ahora id con más calma, que ya no tenéis por qué correr.

—Muchas gracias, agente —dije mientras arrancábamos y procuraba que no se me notaran húmedos los ojos—. De verdad, mil gracias.

—¡Ah, una cosa más! —nos gritó antes de que Omar acelerara—. ¡Manda un saludo a mi chaval en tu próximo vídeo! ¡Se llama Moisés! —Y allí se quedó plantado, el Guardia Civil más extraño que he conocido jamás. De pie, con los brazos en jarra, observándonos mientras nos alejábamos y volvíamos a incorporarnos a la autovía. Dentro del coche, el silencio era sepulcral. Detrás, Xavi y su chico se miraban extrañados, como esperando a que el otro le explicara qué acababa de pasar. Yo miraba al frente con los ojos como platos, intentando asimilarlo. Omar parecía concentrado en la carretera, y de repente no pudo aguantar más y estalló en carcajadas.

—¿Pero tú quién coño eres, tío? —me espetó.

—Nadie, un idiota que lo único que sabe hacer bien es subir vídeos a Internet.

Guardé silencio para concentrarme en las balizas de carretera que señalan la distancia, contando los kilómetros que quedaban para llegar al control. Deseando que lo que nos dijo el guardia civil fuera cierto y hubieran conseguido parar a la Vecinita. Y pensando qué le diría al verla. Cómo le explicaría que la había involucrado en una historia tan marciana. Fueron treinta kilómetros eternos. Por fin, a lo lejos, divisamos lo que parecía ser un control. Fuimos aminorando la marcha hasta detenernos en el arcén, pero uno de los agentes nos hizo señas vigorosamente para que no paráramos y prosiguiéramos nuestro camino. Mierda, ¿tendría que explicárselo todo también a él? Omar no hizo caso a sus indicaciones, puso las luces de emergencia y paró el motor. El agente empezó a caminar hacia nosotros, parecía enfadado; pero nada comparado a cuando bajé del coche, entonces se enfureció. Yo estaba paralizado, no sabía si caminar hacia el agente para explicarle lo ocurrido o resguardarme de nuevo en el coche y hablar con él con la ventanilla bajada un par de dedos, como si estuviera en un safari. Coño, ¿estaba echando mano a su pistola? Ah no, era el walkie. Le estaban diciendo algo, y de repente se tranquilizó y me hizo señas para que me aproximara, conciliador. Debió de ser nuestro reciente amigo, que se lo explicó todo. Me acerqué tímidamente y me dijo:

—Tranquilo, está todo aclarado.

Entonces vi el coche negro parado unos metros más adelante de la patrulla. Caminé nervioso hacia él. A pocos pasos para llegar, vi claramente que se trataba de una conductora que tenía el pelo azul. Aceleré el paso y corrí hasta la ventanilla para tranquilizar a la Vecinita. Todo había salido a pedir de boca, salvo por la minucia de que no era la Vecinita. Al verme, una chica que solo se le parecía en el color del pelo se giró hacia mí, sin despegar las manos del volante. Me miró desconcertada, sin saber qué le estaba pasando; preguntándose por qué llevaban reteniéndola veinte minutos, y quién demonios era el tipo barbudo vestido de paisano que tenía enfrente. Levanté la mano haciéndole un saludo apache, porque me había quedado mudo.

Invité a los tres a comer unas hamburguesas en un bar cerca de Atocha, uno de los puntos habituales de llegada con Blablacar. Por lo general, esos viajes tocaban a su fin cuando el coche llegaba a su destino, y los compañeros improvisados de viaje salían cada uno en una dirección, posiblemente para no volver a verse nunca más. Nosotros cuatro, en cambio, compartíamos una mesa a las doce de la noche de un sábado, aunque nuestro viaje hubiera finalizado. No sabía si intentaban estirar un poco más aquella aventura que habíamos vivido, o me veían tan decaído que me acompañaban por pura lástima. Los chicos recuperaron su color habitual de cara y ya estaban más alegres. Omar, que trasegaba su segunda hamburguesa, intentaba darme ánimos lo más diplomáticamente posible.

—Samu, arriba ese ánimo, carajo. Ya verás como tu Vecinita acaba dando señales de vida. Y, joder, ha sido un viaje cojonudo. ¡El mejor que he hecho hasta ahora!

—Sí, igual tienes razón. De verdad, chicos, siento haberos metido en todo esto. Y gracias por aguantarme.

Caí en la cuenta de que todo aquello había sido por huir de la reunión de mis padres para no tener que sonreír forzadamente a unos desconocidos. Y eso era precisamente lo que estaba haciendo ahora mismo, pero con mostaza en el bigote. Cuando acabamos de cenar, charlamos distraídamente hasta que los chicos se despidieron con un abrazo y se fueron. Omar me miró muy serio, como si fuera a decir algo trascendente.

—¿Madrugas mañana, Samu?

—No. Qué va.

—Perfecto. Vámonos de pedo.

El pedo se quedó en un par de cervezas en un bar irlandés cerca de Méndez Álvaro que frecuentaba Omar. Yo no tenía el cuerpo para mucho más. Había sido un día demasiado largo: en menos de veinticuatro horas había desilusionado a mis padres, había perdido por segunda vez a la Vecinita y había metido a un grupo de desconocidos en una aventura bastante loca que podía haber acabado muy mal. Lo único positivo fue conocer a Omar, un tipo interesante que se ofreció a echarme una mano con el libro si me quedaba atascado con la escritura. Después de las pintas de cerveza tostada, me llevó a casa, intercambiamos nuestros teléfonos y se despidió con un gran abrazo que me vino francamente bien. Subí los nueve pisos en el ascensor, repasando mentalmente la persecución que habíamos protagonizado pocas horas antes. De no ser por la decepción final, me parecía un episodio bastante gracioso. Como todos los que había experimentado desde que la Vecinita llegó a mi vida. Miré hacia su puerta antes de entrar en casa. Un momento. Las cartas ya no estaban bajo su puerta. ¿Había vuelto precisamente esos días? El corazón se me aceleró. Recoger la correspondencia era una señal inequívoca de su regreso. Como mínimo, había pasado por allí. Pero ahora mismo no se encontraba en casa. Lo sabía porque di unos golpecitos suaves a la puerta y no obtuve señal alguna de los perros. No parecía probable que los hubiera sacado de paseo un sábado a las dos de la mañana. Tuve una corazonada. Bajé rápidamente al portal, busqué su buzón, que no tenía nombre, y me asomé a la rendija. Estaba atiborrado de correspondencia. Claro, fui un idiota. El portero debió de darse cuenta del peligro de acumularla debajo de la puerta y debió de cogerla toda para que estuviera más segura en el buzón. La Vecinita no había vuelto. Y probablemente nunca lo haría. Me había agarrado a un clavo ardiendo cuando creí verla en aquel aparcamiento y pocas horas después cometía el mismo error aferrándome a un fajo de cartas inquietas. Adiós para siempre, Vecinita.

11

Delirios

Bárbara y Omar se cayeron bien desde el primer instante. Era viernes, la segunda vez que salíamos los tres esa semana. Ocupábamos un reservado bastante chic de una discoteca cercana a Malasaña, que comenzaba a llenarse a esas horas. El barullo de gente se sumaba a la música altísima, imposibilitando casi por completo mantener cualquier conversación. Pero tampoco nos importaba demasiado: teníamos suficiente ron Matusalén y Cardhu Gold Reserve como para pasar el resto de la noche bebiendo y brindando. Todo corría a cuenta de la casa. El equipo de relaciones públicas del local esperaba que en el transcurso de la noche subiera alguna foto a mi Instagram etiquetando el lugar y mostrando lo bien que nos trataban a mis amigos y a mí. «Hashtag Molar, Hashtag Fiesta, Hashtag Madrid», esos eran mis billetes. De vez en cuando se nos acercaba algún grupo de chicas interesadas sobre todo en Omar, con su pinta de vikingo malasañero empotrador. Yo no llamaba la atención especialmente. Mi única arma era la fama y, a oscuras, de poco me servía. Bárbara iba espectacular esa noche y también tenía su público. Ocasionalmente la sobrevolaba algún moscón, que ella despachaba hábilmente sin necesidad de recurrir a nosotros. Se había convertido en una mujer diez; al menos en gran parte. Al ver a Omar y Bárbara congeniar tan bien, volvía a sentirme como hacía más tiempo del que recordaba: antes de conocer a la Vecinita. Mejor dicho, antes de que me dejara ese vacío; cuando mi vida era cotillear con Jero o salir de fiesta con Carlos.

Les eché una foto mientras los dos reían un chiste de Omar y salían «puto guapos». #BestFriends, #Awesome.

Mi ánimo había mejorado razonablemente desde el miércoles por la tarde, cuando decidí dejar de lamerme mis heridas y obligarme a proponerles unas cervezas en el irlandés donde solía acudir Omar. Bárbara y yo habíamos quedado media hora antes ese día. Me apetecía que nos pusiéramos al corriente antes de presentarle a Omar y contarle mi periplo valenciano: la persecución en la A-3, el chasco que me llevé cuando descubrí que esa chica no era la Vecinita, y el remate definitivo, cuando me di por vencido, despidiéndome mentalmente de ella para siempre con la mirada clavada en su buzón. Sin apenas hablar, solo con su escucha, mi ánimo mejoró considerablemente. Para divertirnos hicimos una apuesta: cuando llegara Omar, no le diríamos nada del ya difunto Carlos. Bárbara llevaba poco tiempo con el tratamiento hormonal y aseguraba que se daría cuenta inmediatamente, pero yo estaba convencido de que no. Resultó que los dos eran poco menos que bebedores profesionales de cerveza y Omar no tardó en verse desafiado por una linda y delicada dama que afirmaba tolerar el alcohol mejor que él, con sus casi cien kilos de peso. Se sentaron enfrentados en la mesa en una especie de competición, conmigo en el centro. Se me antojó que desde fuera debíamos parecer una familia. Papá y mamá habían salido a tomar algo acompañados del pequeño Samu. Él borracho y ella, también, apostándose mi custodia en un duelo a medias pintas. Yo les miraba divertido, y al final ambos acordaron tablas. Sin darme cuenta, había dejado de pensar por varias horas en todo lo que semanas antes me repiqueteaba en la cabeza como un martillo hidráulico. Solo estábamos nosotros tres. Ese miércoles no estaban invitados ni la Vecinita, ni Pedro y su novela, ni las caras tristes de mis padres llevándome a coger el tren. Ocupamos aquella mesa hasta que tuvieron que cerrar y, para cuando salimos de la cervecería, Omar y Bárbara ya eran camaradas. Mientras compartíamos un taxi, que nos fue dejando uno a uno en distintos puntos de la ciudad, acordamos que teníamos que repetir la salida ese mismo viernes. Así que ahí estábamos ahora, dándolo todo en aquella discoteca. De vez en cuando Omar y Bárbara me sacaban a rastras del reservado, hasta la pista de baile. #Friday, #Dance, #Help! No había bebido mucho esa noche, pero empecé a encontrarme mal. Salí a la calle para despejarme y echar un piti, pero no me ayudó demasiado.

Entré de nuevo para despedirme de papá y mamá

bailongos e insistí en que se quedaran y disfrutaran de la noche. Cuando los convencí, salí de nuevo para buscar un taxi, pero no era muy tarde y, a pesar de mi malestar, me apetecía dar un paseo. Era un buen indicio: siempre que me apetecía caminar es que estaba de buen humor. Fue una idea estupenda, porque ¿qué hay mejor para un estado gripal latente que caminar una hora de madrugada hasta llegar a casa? ¿Coger un taxi, con su calefacción, para ir resguardado? *Nah*. Al menos no para un inconsciente como yo.

Cuando me levanté a la mañana siguiente, hubiera implorado a cualquiera que me arrancara la cabeza, que parecía a punto de estallar. Tenía una fiebre altísima, o eso creo, porque nunca he usado termómetro. Pero tenía las orejas ardiendo y rojas como caquis —señal inequívoca de que bien, bien, no estaba. Por otra parte, no podía dejar de tiritar y sudaba más que un tronista concursando en *Saber y Ganar*. Me miré al espejo para comprobar a qué nivel de zombi había evolucionado mi cara. Diría que era un ocho en la escala George A. Romero. Evité el reflejo de mi propia mirada, bebí agua del grifo y me volví a la cama. Desperté a la hora de cenar. Ese momento del día en que cualquier persona normal abre la nevera y puede escoger lo que le apetece. Yo solo podía permitirme medio limón arrugado o un yogur que ya estaba ahí cuando alquilé el piso, así que llamé al chino y pedí que me trajeran una sopa de pollo con verduras y jengibre.

Volví a dormitar hasta que el timbre me despertó. Recogí la sopa —no sé cuánto pagué al repartidor, pero se fue muy contento—, y seguí refugiándome en las mantas de mi sofá. Fui quedándome dormido, pensando que había descansado tanto que al día siguiente estaría como nuevo.

¡Ja! Pasé un par de días todavía peores, sobreviviendo gracias al repartidor del chino y sus benditas sopas. Había perdido totalmente el control sobre el día y la noche, nunca estaba despierto del todo ni dormido. Me levantaba cuando el timbrazo número doscientos del paciente repartidor conseguía despertarme, comía sopa y, a ratos, escribía algunos párrafos decentes de la novela. Para más inri, cuando soñaba, o creía estar soñando, la Vecinita aparecía casi siempre. Me engañaba a mí mismo pensando que con un par de noches de juerga iba a conseguir olvidarme de todo. Tuve la tentación de sacar las botellas de ron que aún conservaba de resetearme la memoria, pero no parecía la mejor solución.

Había encontrado milagrosamente unos ibuprofenos sin caducar en un cajón de la cocina y decidí que mejor no mezclar. Al menos había ampliado mi rutina: pastillas, sopa, timbre, dormir, timbre, sopa, timbre, pastillas, timbre, timbre, timbre.

Creía que lo soñaba, pero el timbre había sonado realmente varias veces la tercera mañana. No podía ser el repartidor ya. ¡Si todavía no había llamado al chino! ¿O igual me vio tan mal la última vez, que tuvo la iniciativa de traerme sopa aunque no la pidiera? Quizás era una regla no escrita. Cuando pides sopa dos veces al día durante tres días, al tercero ya estás suscrito, como en una *newsletter*. Es automático, una especie de servicio VIP.

Pasa a ser vitalicio mientras no digas lo contrario, como en Círculo de Lectores. El «sueldo Nescafé» para toda la vida, pero en sopa. Me levanté a duras penas envuelto en una manta y abrí la puerta extendiendo la mano para recoger la sopa. Pero aunque no veía con mucha claridad, esta vez no era el repartidor de siempre. No era ni asiático. Es más, ni siquiera era un repartidor: era la Vecinita.

Mis delirios se habían vuelto tan creativos que me eché a reír: la Vecinita trabajaba ahora como repartidora de un restaurante chino, y le había tocado mi código postal para empezar. Qué cosas tiene la vida. Y la fiebre. Me quedé allí de pie, sujetando la puerta mientras me tronchaba de la risa. Ella, en cambio, no le encontraba la gracia. Al verme se asustó bastante. «¡Pero por Dios, Samu!», creo que dijo. Pasó mi brazo sobre su hombro y me llevó hasta mi cama como si fuera un cowboy herido de flecha. Después de descalzarme y tumbarme, me arropó mientras se me cerraban los ojos.

Yo estaba sobre el escenario, en mitad de un monólogo, pero aquel no era un club de comedia, curiosamente era un restaurante de carretera. Todo iba bien hasta que alguien aumentó la intensidad de los focos. Aparte de cegarme, empecé a sudar como un gorrino. Me miré la chuleta que tenía apuntada en el antebrazo y empezaba a derretirse. No la chuleta, el brazo. Literalmente se convertía en una especie de queso fundido. Perdí el hilo, y al público no le gustó. Empezaron a tirarme quesos curados y embutidos. Me bajé del escenario y salí a la calle entre abucheos. Entonces apareció una moto en el parking. La conducía la Vecinita, que me dijo: «¡Sube!»;

y me monté. Estaba congelado por el aire en la moto, que era mi moto. Tiritaba tanto que casi volcamos, pero ella aceleró más, y aparecimos de repente en la cervecería irlandesa, donde esperaban Bárbara y Omar. Entré por mi propio pie, como nuevo, y saludaron a la Vecinita como si la conocieran de toda la vida. En cuanto nos sentamos, nos sirvieron unas cervezas en una especie de jarras con forma de dedal. Entonces, Omar recibió una llamada telefónica: tenía que irse de repente porque le habían comprado el guion para una película. Salió corriendo y, al volverme hacia Bárbara, vi que iba vestida de camuflaje, aunque con tacones altos, y portaba un rifle de asalto. «Ahora que Omar no es militar, tendré que ocupar yo su lugar», dijo con naturalidad. Y salió también a toda prisa porque tenía aparcado el tanque en la puerta. Claro, cómo no. A la Vecinita todo aquello le parecía muy normal, y a mí tampoco me extrañaba mucho. Seguimos con nuestras cervezas, pero ella dijo que tenía que pintar, llevaba el trabajo muy retrasado. Y se puso a hacerlo allí mismo, usando las mesas como lienzos mientras todos los clientes apartaban sus vasos para facilitarle la labor y aplaudían entusiasmados por la *performance*. Cada vez pintaba más deprisa y se ocupaba de mesas más alejadas. El salón de la cervecería era alargado y debía medir kilómetros. Ella iba cada vez más allá: empezaba a desaparecer a lo lejos. Me llamaba para que me acercara, pero yo estaba pegado a la silla y no podía moverme. Era desesperante. Omar y Bárbara estaban de nuevo allí, sentados en una mesa junto a la mía. Me alargaban la mano para ayudarme a levantarme, pero no había manera. Me sonó el teléfono y, antes de descolgar, oí a Jero al otro lado, diciendo: «¡Pero no te quedes ahí, haz algo!» La Vecinita seguía alejándose más y más, sin poder evitarlo. Ahora me llamaba: «¡Samu, Samu!», pero la voz sonaba distante y ya casi no la oía. Hice acopio de todas mis fuerzas para levantarme, y salí despedido de la silla. ¡Bum!, sonó el ostión contra el piso.

Lo único real fue el tortazo que me despertó de aquel sueño. Al caerme de la cama me había comido el suelo. «¡Samu!», oí que me llamaba la Vecinita desde el salón. Salí, asustado por si aún seguía dormido. La luz entraba por las ventanas abiertas de par en par con la fuerza del mediodía, cegándome y recortando la silueta de un ángel con el pelo azul. «¡Por fin, dormilón!» Se volvió hacia mí, sonriente. Por lo visto, había pasado la noche en mi sofá. Al levantarse había ordenado un poco todo el caos de mantas, ropa por el suelo y pañuelos, y ahora aireaba aquella leonera que olía a cerrado y a gripe. La casa parecía totalmente diferente al día anterior. Y yo también. Al menos, no tan zombi.

—¿Qué tal estás? Has dormido como quince horas.

—La verdad es que mucho mejor. —Era cierto, aunque seguía con fiebre—. ¿Y tú? Quiero decir... ¿Qué tal, qué haces aquí? Porque estás aquí, ¿no?

—Jajaja, claro que estoy aquí, idiota. Volví hace dos días.

Whaaat? Pues sí. Por lo que me explicó, en cuanto volvió, lo primero que hizo fue venir a casa a saludarme. Pero mi estado semivegetativo no me permitía enterarme del timbre hasta que no insistían doscientas veces. Cosa que sí hacía el repartidor, porque no quería tener que volverse con el pedido, pero no la Vecinita para no parecer pesada. Esperó un par de días por si era inoportuna, dijo, aunque parecía querer decir «por si estabas acompañado». Pasé por alto la insinuación.

—¿Y cómo es que has vuelto? ¿Dónde estás viviendo ahora?

—¿Cómo que dónde estoy viviendo, Samu? Veo que aún no te has recuperado del todo... ¡Vivo justo enfrente de ti!

—Ah. —No entendía nada—. ¿Has estado de vacaciones, entonces?

—Joder, Samu, si te dije que tenía que irme varias semanas por unas exposiciones...

—Sí, lo recuerdo. Pero todavía faltaba una semana. Me contó que un día después del asunto del dedal gigante —no mencionó la cobra— la avisaron adelantándole la exposición que tenía prevista. La primera de las cinco, concretamente. Por lo visto, aquella crítica loca del bloguero sobre la desaparición del dedal la puso en el punto de mira, y se incluyó una ciudad extra en el tour, así que tuvo que apretar la agenda. Se puso de inmediato con los preparativos, hizo la maleta a toda prisa, y convenció a la persona que iba a cuidarle los perros de que se hiciera cargo de ellos antes. Como salió de casa entrada la noche, me dejó una notita en el felpudo. Eso decía ella, porque yo no vi nada. A no ser que.... ¡Un momento! No podía ser verdad. Fingiendo una actitud casual, mientras seguía escuchándola, me dirigí a la mesita de la entrada donde amontonaba las cartas, que casi nunca abría. Rebusqué y... ¡Bingo!: entre varios recibos, había una nota. «Samu, la expo se me ha adelantado. Sigo sin decirte mi nombre, pero detrás te dejo mi teléfono, para cualquier cosa. Vuelvo en cinco semanas. Besos, vecino.» Como estuve unos días sin salir de casa tras la cobra, su nota había quedado sepultada con las nuevas cartas que el portero me dejaba. Si Julián no tuviera la puta manía de repartirlas casa por casa, yo... No, el portero no tenía la culpa de nada. Debía ser justo: si yo hubiera tenido la madurez de no atrincherarme en casa después de que no quisiera besarme, si no hubiera alterado mi rutina por una cuestión de orgullo, si hubiera tenido cojones para afrontar la situación como un adulto, habría visto la nota el primer día, justo al abrir la puerta. Ser un cobarde inmaduro me había salido caro.

Mientras la Vecinita seguía contándome cómo le fue en su *tournée*, yo empezaba a ponerme rojo por momentos, como el más bajito de los Dalton cuando se enfadaba. Rojo de vergüenza, de rabia conmigo mismo, de frustración. Una parte de mí se reía por dentro al descubrir el malentendido, pero la otra estaba a punto de romper a llorar. Intentaba respirar hondo, pero la cara de circunstancias me delataba.

—¿Te encuentras bien, Samu? Creo que te está volviendo la fiebre, tienes la cara como un tomate.

—No, tranquila, se me pasa enseguida. Estabas contándome que entre Lisboa y Barcelona te añadieron la exposición de Zaragoza, y el lío que tuviste con el alojamiento.

—Nada, poco más que contar. Ya te he recitado un

evangelio. ¿Y tú, qué tal estas semanitas? ¿Se te han hecho largas sin mí? —remató con tono guasón.

Volvía a ser el enano de los Dalton. Me mordí la lengua para no contestar lo que pensaba:

«¿Que si se me han hecho largas? A ver... me encerré en casa como Bin Laden en su cueva. Busqué excusas tontas para llamar a tu timbre y saber algo de ti; discutí con Nacho Vidal, que es mi amigo imaginario y quería que te olvidara a toda costa, pero yo me negué, aunque al final me trajiné a la pechugona del museo, ¿te acuerdas?; pero al hacerlo me arrepentí como nunca y decidí que no volvería a hacerlo jamás, porque me sentí como una mierda. Escapé a Valencia pero mis padres me agobiaron con lo de que volviera al redil y les mentí vilmente para volver de nuevo a Madrid. Entonces me pareció verte por casualidad en un coche casi en mitad de la nada y convencí a tres desconocidos para que persiguiéramos a una chica. La Guardia Civil nos paró y nos libramos de la multa por los pelos, pero montaron una farsa de control para pararla y resultó ser una chica desconocida con el pelo azul a la que casi le da un infarto. Para consolarme, mi nuevo amigo Omar me llevó de pedo y ahora Bárbara y Omar también son muy amigos y me sacan por ahí de vez en cuando como si fuera su hijo en custodia compartida. Entonces, de repente, apareces tú y pensaba que estaba delirando, pero no, y cuando me has contado lo de la nota me he dado cuenta de lo crío que puedo llegar a ser a mis treinta y tantos, y estoy pensando en incluir esta epístola del patetismo ilustrado en mi novela.»

Pude decirle todo eso, y hubiera comprendido inmediatamente que estuviera tan enfadado conmigo mismo. Estuve a punto, pero respiré, conté hasta tres, intenté poner la cara de George Clooney cuando saborea un delicioso café *espresso*, y dije:

—Bien, tía. He estado bien. Sin novedad.

—Mira que eres reservado, vecino. Que ni un whatsapp ni nada para ver cómo me va.

—Te vas a reír, pero la cosa es que no vi tu nota, te lo prometo. Me hubiera gustado escribirte un par de veces —¿un par? Menuda trola—, pero no tenía tu teléfono. Y tampoco sabía tu nombre, para localizarte por Facebook o algo así.

—Bueno, aun sabiendo mi nombre no hubieras conseguido nada. Creo que mi madre y yo somos las dos únicas personas en el mundo que no tenemos Facebook. Pero vamos, que podías haber averiguado mi nombre muy fácilmente.

—¿Cómo? ¿Acudiendo a una pitonisa? ¿Interrogando al portero?

—Sin interrogatorio. Hubiera bastado con recoger cualquier carta de las que me deja por ahí tiradas.

—Qué va. Si tenías cartas en la puerta o no, ni me fijé. Además, abrir correspondencia ajena es un delito. Y me convertiría definitivamente en el Vecino Tarado.

—¿Abrirla? ¿Para qué? No hace falta abrir una carta para ver el nombre y la dirección del destinatario que vienen en el sobre. —Abrí los ojos como platos. La fiebre me subió de golpe. O la bilis, vete a saber.

—Oye, voy al baño, que no me encuentro muy bien. Y necesito una ducha...

Era cierto que después de tres días iba tocando una duchita, pero principalmente el plan era regodearme en solitario con mi patetismo e imbecilidad, que habían quedado al descubierto tras esa conversación. No había caído en el detalle de buscar su nombre en el sobre, por imbécil. No había leído la nota que me dejó, por imbécil. Y lo peor de todo: en lugar de admitir que la había echado de menos, ¿«me hubiera gustado escribirte un par de veces»? Idiota, idiota, IDIOTA. Al salir del baño, la Vecinita me dijo que hasta el día siguiente no le traían los perros, así que pasaría el día conmigo por si necesitaba algo. Yo estaba encantado, así que intenté no acusar demasiado mi mejoría. Me movía despacio y algo encorvado, muy sobreactuado todo. Pedí comida a domicilio y la invité, cómo no, a sopa. Por la tarde se trajo un caballete y algunos pinceles para entretenerse pintando. «Tu salón tiene una luz increíble, podríamos intercambiarnos de piso.» Yo, mientras, intentaba adelantar el libro, tumbado en el sofá con el portátil. Me debatía entre incluir los últimos acontecimientos o inventarme la mitad. ¿Había exagerado con ella? Puede. Cuando creí que la había perdido para siempre, tal vez la idealicé. Levanté disimuladamente los ojos de la pantalla para mirarla, y definitivamente no. Admití que la había puesto en un pedestal, pero era justo donde merecía estar. Aquella chica de ojos grandes y almendrados, que se achinaban cuando fruncía el ceño concentrada en pintar otro dedal, no era una artista. Ella era arte, y como tal, temía que volviera a desaparecer de repente. Ya lo dijo aquel bloguero, interpretando libremente la desaparición del dedal gigante: el arte es efímero, no se puede dar por sentado. Incluso algo tan elevado como el arte está sometido al tiempo como todo en el mundo.

Todavía me costaba asumir que la Vecinita estuviera aquí de nuevo, como si nada. Pero sobre todo, me costaba consentirme el momento. Disfrutar de su vuelta volvería a dejarme totalmente expuesto. De todas mis grietas aun a medio sanar, perder otra vez a la Vecinita era una de las que quizá no podría soportar. Además, ¿y si nada de aquello era real y todavía seguía delirando en la cama? Oye, que en *Los Serrano*, al final resultó todo un sueño de Resines, y fue un bajón tremendo.

Empezaba a caer el día y yo me encontraba mucho mejor. Eso significaba que por la noche ella tendría que irse, después de ocuparse ininterrumpidamente de mí durante casi dos días. Vale que esta vez se alejaba unos pocos metros de distancia —hasta su casa—, pero eso no compensaba las últimas semanas. Podía intentar alargarlo un poco más, pero no quería que sonara moñas. No habíamos mencionado en ningún momento mi patético intento de besarla y no quería que acabara saliendo el tema de una u otra manera. No todavía. Así que cuando anunció que creía que ya podía dejarme solo, empecé a hacerme el enfermo muy teatralmente, con desmayo incluido. Di dos vueltas sobre mí mismo y me dejé caer en el sofá, como los actores de las películas mudas. Se rio.

—Anda ya, cuentista. Que ya estás bien. Mañana te veo.

—¿De verdad te la vas a jugar? ¿Y si tengo una recaída? ¿Podrás vivir con ese cargo de conciencia?

—Tienes razón. Voy a recoger todas mis cosas y me mudo aquí contigo —bromeó—, para siempre. —La cara se me iluminó, pero intenté mantener la expresión pétrea de Bruce Willis.

—Venga, yo te ayudo con la mudanza. Jajaja... —Qué tontería, ¿verdad?

—Vale, pero que sepas que mañana temprano me traen a la jauría. Y según tú, *Dorian* te odia. ¿De verdad vais a poder ser buenos compañeros de piso, dos machos alfa como vosotros?

—Tienes razón, eso es insalvable. —Puse fin a la coña—. Aunque creo que tu responsabilidad, como la enfermera titulada que has demostrado ser, es vigilarme por lo menos un poco más. Para ver cómo evoluciono.

—¿Ah, sí? ¿Cuánto más?

—Dos horas, lo que tardamos en picar algo mientras vemos una peli, por ejemplo.

—Qué morro tienes, Samu. —La Vecinita intentaba no sonreír, sin conseguirlo.

—Si lo hago por ti, mujer. Así te vas mucho más tranquila, sin remordimientos de conciencia.

—Lo que tú digas, cuentista. Venga, hecho. Pero no puedo acostarme tarde, ¿eh? Vemos una peli y después me voy.

—Acepto el trato —dije—. Yo he quedado temprano con mi editor, así que estamos en las mismas.

—Pues voy a buscar algo de picar a mi nevera y vengo ahora, que tú no tienes nada —soltó mientras salía por mi puerta.

—¡Vale, pero no traigas vino, que ya sabes que me lío

y... —«cállate, Samu. CÁ-LLA-TE»—, y que ahora soy abstemio, quiero decir!

—¡Ya hablaremos sobre eso, abstemio! —gritó desde el rellano. Por desgracia, no le veía la cara, así que no podía evaluar los daños generados por mi estupidez con su reacción.

Parece que no le había dado importancia a mi comentario. Trajo hummus, quiche de puerros y crudités de verduras que había preparado ella, y picamos mientras veíamos una película malísima en el sofá, pero nadie mencionó el tema del «CasiBeso». No debía quedar ningún remanente de tensión, porque, según le iba venciendo el sueño, fue apoyándose sobre mí hasta quedarse dormida como un pequeño bicho bola. Bendito Vin Diesel y su saga de películas soporíferas. No quise despertarla para disfrutar del momento, pero cuanto más rato estuviera en posición fetal, más incómoda estaría; así que la cogí en brazos, y crucé con ella el rellano hasta su casa. Por un momento entreabrió los ojos y musitó algo que no entendí. La metí en la cama y se quedó definitivamente dormida. Me permití observar su cara plácida un par de minutos, como todo buen Vecino Tarado. La besé en la frente y salí de allí, fantaseando con que se despertaba de repente y me invitaba a quedarme a dormir con ella. «Claro que sí, Samu. Y antes de que te acuestes, te pide que dejes encendida la chimenea victoriana de su habitación.»

12

Deus ex machina

Pedro no podía parar de reír. Nuestros últimos encuentros para comentar los avances del libro se habían ido convirtiendo con el tiempo en un copioso desayuno de varias horas, donde los minutos que dedicábamos a contarnos la vida habían ido ganándoles espacio a los que empleábamos hablando del libro. O tal vez mi vida y el libro empezaban a convertirse en la misma cosa. Así que, lejos de los remordimientos por nuestra distensión, pasarse media mañana desayunando podía considerarse una maratoniana reunión de trabajo. Acababa de contarle los últimos acontecimientos referentes a la Vecinita, desde que creí que se había ido del piso hasta su vuelta en mitad de mis delirios febriles. Cualquier otra persona no hubiera dado crédito a lo que le contaba, pero como Pedro conocía mis anteriores situaciones surrealistas resultantes de intentar impresionarla, todo le parecía muy creíble. Al menos tratándose de mí.

—Samu, todo esto lo tienes que contar tal cual te pasó.

—Pero los lectores no se lo van a creer. Lo que me ha pasado con esta chica es tan de traca que parece un sainete barato.

—No importa que no lo crean. Para quien lo crea, estupendo, y para quien no, simplemente pensará que está leyendo una novela sobre un tipo simpático y, no te molestes por lo que te voy a decir, un tanto *loser*.

—No me molesta, te doy totalmente la razón. Además, lo positivo es que, con todo lo que me ha sucedido, ya no puede pasarme nada más raro.

—Dime una cosa, Samu. Bueno, contesta solo si quieres, pero... Olvida por un momento el libro: ¿estás enamorado de esta chica?

—Uffff. «Enamorado» es un término enorme. Pero creo que sí.

—¿Y por qué no se lo dices?

—No tengo ni idea de por qué no lo hago. Supongo que son muchas cosas. Primero, la diferencia de edad es importante. No para mí, por supuesto, pero no sé qué opina ella. Luego, vivimos casi puerta con puerta, y que estemos tan cerca me encanta, pero a la vez me aterroriza. Aunque lo principal es que nos conocemos desde hace unos meses, y a pesar de que ya no soy el golfo que era, sospecho que ella cree que sigo siéndolo. Por eso no dejó que la besara aquella noche. Lo cual me parece normal por su parte, es un sambenito que yo mismo me he puesto. Tendré que dejar que pase el tiempo para que lo compruebe por sí misma.

—Te entiendo. Pues haz una cosa: no omitas en el

libro nada de lo que sientes. No te lo digo como editor, sino como amigo tuyo, que creo que soy a estas alturas. Por supuesto, para la novela será muy positivo, porque la sinceridad siempre vende, pero sobre todo, será bueno para ti. Te ayudará más de lo que crees; a conocerte mejor y a aclarar el lío que tienes montado en esa cabecita. Como mínimo, será muy terapéutico, ya lo verás. Tienes tanto lastre que soltar...

Iba pensándolo mientras volvía a casa. No podía hacer otra cosa que darle la razón a Pedro. Al fin y al cabo, la misma Vecinita me había hecho mucho bien. Sin saberlo, conocerla había sido la mejor terapia para mí. En cuanto a la parte negativa de su aparición, los momentos de sentimiento de pérdida y desesperación que había experimentado por ella, eran únicamente culpa mía, y tratarlos sobre un papel en blanco, de forma honesta y objetiva, no podría sino ayudarme. Sería reconciliarme conmigo mismo. Así que decidí que haría caso a la recomendación de Pedro.

Llegando a mi portal sobre las diez y media de la mañana, pasé por delante del pequeño bar que había justo al lado. Uno de esos que disponen fuera un barril a modo de mesa, para que los clientes fumadores puedan apoyar su bebida. Una mujer que me pareció muy atractiva pagaba la cuenta del café que acababa de tomar, y al recoger el bolso se giró hacia mí por casualidad. Retrocedí con la mirada y me quedé con los ojos clavados en ella. La conocía de algo. Seguro. Pero no sabría decir de qué, exactamente. Parecía que ella también a mí, pero quizá solo fuera porque era un desconocido que pasaba por la calle y se la había quedado mirando con descaro. Entré al portal dándole vueltas. ¿Quién podía ser? Y mientras esperaba que bajara el ascensor, oí cómo el telefonillo abría insistentemente y alguien entraba. Era la misma mujer, como si me estuviera siguiendo, aunque no le di demasiada importancia. Y ella simplemente me dijo: «Buenos días», cuando se paró a mi lado para esperar el ascensor. Aquel aparato, que debieron instalar en la posguerra, tardaba siempre una eternidad. Bajaba desde el sexto piso. Respondí a su saludo, aprovechando para mirarla más de cerca, y tardé unos pocos segundos en averiguar de qué me sonaba. Pero no podía ser verdad. Era totalmente imposible. Me quedé sin respiración, alguien allá arriba debía estar gastándome otra broma pesada (porque ya llevaba unas cuantas). La mujer rubia que esperaba a mi lado, con la mirada fija en el marcador del ascensor, tenía más o menos mi edad, los ojos verdes de gata y un surco perfecto de pecas que cruzaba de una mejilla a la otra. No podía ser, de ninguna manera. Venía de comentar con Pedro que todo lo que me había ocurrido en los últimos meses parecía un vodevil salido de la mente de un guionista macabro, y sin embargo, a mi lado tenía a una mujer que era todavía más hermosa que en las escasas fotos de Facebook en las que había conseguido verla cuando estaba poco menos que obsesionado con ella. Recordaba esos ojos, porque se me quedaron grabados a hierro desde el instante en que me dio mi primer beso. El ascensor aún iba por el tercero cuando tuve que admitir que estaba parado, intentando no temblar, junto a Vanesa.

Entramos en silencio. Yo estaba demasiado ocupado intentando que la mandíbula no se me desencajara. ¿Cómo cojones iba a disimular mientras subíamos juntos? Cuando algo me aturdía tan profundamente, mi subconsciente usaba más palabrotas de lo habitual. Joder, ¿qué hacía ella allí? ¿Y justo ahora? ¿Mi particular guionista macabro tenía tan poco talento que había usado un infame *deus ex machina* solo para joderme? *Fuck, fuck* y *re-fuck*. ¡Claro, ya está! Ella debía haberme visto en los vídeos que rulaban por todas las redes sociales y se compartían indiscriminadamente por WhatsApp, y había conseguido localizarme, como una *groupie* loca. No era la primera vez que me pasaba algo así. En varias ocasiones había tenido que soportar a fans psicópatas llamando a mi timbre de madrugada. Sin embargo, parecía no reconocerme, o lo disimulaba muy bien. Pero solo podía tratarse de eso. Si no, ¿qué coño hacía aquí?

¡Ding! La llegada al noveno piso me sacó de mi estado de shock. Ella seguía allí, ¿por qué iba también al noveno? La subida en ascensor se me había antojado una eternidad, como a cámara lenta, y el tiempo seguía sin volver a su velocidad normal. Al salir le sujeté la puerta con expresión de extrañeza, esperando que dijera que se había equivocado de planta, pero salió con determinación. Yo caminaba por delante hacia mi puerta cuando escuché abrirse el cerrojo de la Vecinita mientras sus perros ladraban, alegres por encontrarse de nuevo en casa.

—Hola Samu, ¿qué tal la reunión con tu editor? —dijo en cuanto se asomó. Sonó con una voz grave y cavernosa, porque todo seguía discurriendo a cámara hiperlenta.

No fui capaz de contestarle, solo sonreí nerviosamente mientras buscaba desesperado las llaves del bolsillo. Y entonces sucedió: la sacudida de categoría siete coma cinco en la escala «Cosas que solo pueden pasarme a mí». Descubrí que las bombas más potentes no hacen «¡Kabooom!» al estallar. No todas, al menos. Esta sonó así: «Por cierto, Samu, te presento a mi madre.»

Tierra llamando a Samu. Tierra llamando a Samu. ¿Queda algún superviviente? No estaba muy seguro. Cuando mis esperanzas con la chica del pelo azul comenzaban a florecer, la casualidad acababa de hacer acto de presencia para arrasarlas hasta la raíz. Con lo que yo odio el olor del napalm por la mañana. Después de una vida entera sin poder quitarme a Vanesa de la cabeza, cuando por fin lo conseguía, aparecía de repente —*Strike* uno—; y resultaba ser la madre de la Vecinita —*Strike* dos—. Estaba a un paso de ser eliminado de mi propio partido. Todo parecía un episodio loquísimo de *Perdidos*, valga la redundancia.

—Ah, hola, encantado. —Desconozco si respondí inmediatamente o las dos permanecieron congeladas por cortesía, en *pause*, esperando hasta que concluyeran mis elucubraciones internas—. Yo soy Samu.

—Mi madre ha venido a Madrid para devolverme a las fieras —aclaró la Vecinita.

—Ah, ¿se las has estado cuidando tú? —dije intentando no parecer trastornado por el shock—. Te compadezco.

—De fieras nada, que se han portado muy bien, mis niños. —Se dirigió a mí—. ¿A que mi hija es una exagerada?

—Bueno, tienen sus momentos. Menos *Dorian*, que me odia las veinticuatro horas del día. —Me pareció oírle gruñir desde dentro.

—¿Y has venido desde Asturias para traerlos? —pregunté, intentando mantener una conversación normal.

—Sí, esta mañana temprano —respondió mirándome con esos ojos serenos de gata—. Por suerte, me gusta conducir. Lo peor no ha sido el viaje, sino que mi hija no se acordara de que tomo el café con leche de soja. Por eso he tenido que bajar al bar a desayunar.

—Ay, Vane, qué rencorosa eres —rechistó la Vecinita mientras abrazaba a su madre y esta la besaba fuerte en la mejilla. Se volvió hacia mí—. ¿A que es guapa mi madre, Samu?

—¿Eh? Sí, sí que lo es. Bueno, las dos lo sois. Tenéis buenos genes en la familia, jejeje. —Deja de sonreír con tantos dientes, Samu, que pareces un tiburón nervioso. Serena, serena. Sonríe poquito, de medio lado, como George Clooney. Y cambia rápido de tema—. Bueno, «Vane» de Vanesa, ¿no?

—Claro, de Vanesa. Creo que no hay más nombres que empiecen por «Vane» —me vaciló la Vecinita.

—¿Y te quedas mucho tiempo? Porque volverte el mismo día será un palizón...

—Sí, me quedo un par de días dándole la tabarra, aquí, a la artista.

—¡Mira quién habla! Artista, dice —respondió la Vecinita—. Mi mami es la verdadera artista. Esta belleza de mujer es la que me enseñó todo, Samu. Y la que tiene que aguantar a una hija insoportable, además.

—Ah, ¿pintas también? No solo dedales, espero.

—Jajaja, no. Los dedales son la especialidad de mi hija. Yo pintaba. Ahora doy clases de Bellas Artes en la Universidad de Oviedo.

—Menos mal, no podría soportar tener que resolver otro misterio como el de los dedales. —Vanesa miró a su hija como con cierto reproche, por no habérmelo aclarado nunca.

—Bueno, vamos a dejar descansar un poco a esta señora mayor. —La Vecinita dio un codazo cariñoso a su madre—. Samu, pásate luego a tomar café si quieres, y me cuentas qué tal ha ido la reunión con tu editor.

—Perfecto...

—Tengo una idea mejor —interrumpió Vanesa—. ¿Por qué no te vienes esta noche a cenar con nosotras, Samu? —La Vecinita dio un respingo casi imperceptible y se quedó mirándola.

—Per... perfecto...

Caminaba en círculos por mi salón, como un tigre enjaulado. La cabeza me iba a estallar con tanto giro loco de los acontecimientos. Intenté evadirme jugando a la máquina, que apenas había usado desde que me la compré. De todos los juegos que traía instalados, inconscientemente escogí el Street Fighter II. El mismo al que jugaba en las recreativas de los salones cuando tenía catorce años, y en las que Vanesa se apoyaba para observar mis combos mortales manejando a Ryu, el campeón de artes marciales. Acabé la partida enseguida, incapaz de concentrarme en la pantalla. Tenía que hablar con alguien; o lo compartía, o me volvería loco. Llamé a Bárbara pero debía de estar en mitad de una reunión de creativos, porque me saltó el buzón de voz. Colgué y llamé a Jero sin demasiada esperanza —seguro que estaba en algún rodaje—. Pero descolgó. Me desahogué inmediatamente. Le puse al día con el episodio de la cobra, el periplo de mi viaje a Valencia y la persecución por la autopista; y mientras le relataba atropelladamente la aparición fantasmagórica que acababa de tener lugar en el rellano, me interrumpió.

—Cálmate, Samu. A ver, voy a contarte algo, pero no te enfades conmigo, ¿vale? —Había cierto tono de confesión en su voz.

—Jero, no creo que puedas contarme nada que yo no sepa sobre lo que está pasándome. Es que es muy fuerte, tío.

—Samu, escucha atentamente y espera al final de todo, que tengo que explicártelo bien.

—Venga, a ver. Cuéntame.

—Pues que yo ya sabía que Vanesa era la madre de tu Vecinita —¡KABOOM!

—¿¿Qué?? ¿Cómo que tú...? —respondí alterado, intentando asimilar el nuevo artefacto explosivo.

—Cállate y escucha. Me has prometido que me dejarías hablar.

—Perdona, continúa.

—Pues eso. Que yo ya lo sabía. ¿De verdad crees que por una gran casualidad universal, iba a mudarse justo frente a tu piso la hija de quien tú insistías en que podía haber sido el amor de tu vida? ¿Que habéis coincidido porque sí en el mismo edificio, años después de que tú te mudaras a Madrid y ella a Oviedo?

—¿Pero que también sabes dónde vivía...?

—Que me dejes hablar, coño. A ver cómo te lo explico. Antes de irme del piso, no me acuerdo qué noche fue, pero da igual porque casi siempre que te ponías pedo acababas hablando de Vanesa, decidí hacer algo, así que me puse a investigar. Busqué su perfil en Facebook, el que le habías cotilleado tú alguna vez, y me encontré con lo mismo que tú: que no tenía Facebook, solo aparecía en algunas fotos de otras personas. Hablé con un par de amigos programadores de mi anterior curro y siguiendo la pista a través de esas personas no tardaron en dar con una dirección suya de correo y cierto perfil de Facebook que sí parecía ser suyo, pero en el que no daba datos personales. Uno profesional, donde solo subía fotos de cuadros, bocetos, eventos artísticos y cosas así. Agregaba a muy poca gente, solo personas relacionadas con su trabajo. Entonces, me creé un perfil falso, de un supuesto pintor desconocido, le envié la solicitud de amistad y esperé, durante meses, a que bajara la guardia sin decirte nada de todo aquello, para no darte falsas esperanzas. Un día, publicó algo en su muro: buscaba un piso en Madrid. Por aquel entonces, mi chico y yo habíamos comentado unas cuantas veces la posibilidad de irnos a vivir juntos, pero siempre en plan de guasa. Pero ahí todo me cuadró:

hablé con él y le propuse mudarme a su casa. La razón principal fue, sobre todo, que me apetecía vivir con él, y ambos sabíamos que tomar aquella decisión iba a ser de todos modos cuestión de tiempo; pero, además, era el momento perfecto para dejar libre mi piso y ofrecérselo a Vanesa. Le hablé por privado pero no le di mucha información sobre mí para que no me descubriera; le envié fotos del piso y se lo vendí muy bien. Lo cierto es que esperaba que me costara más, pero le encantó. Hablé con mi casero para darle el número de Vanesa y le dije que la llamara cuanto antes porque yo tenía que irme urgentemente por trabajo. Lo siguiente que supe por él fue que Vanesa se había quedado con el piso y se mudaba en un par de semanas. Por eso tuve que irme con tanta prisa. Te juro que me rompió el corazón tener que alejarme de ti y no poder darte más detalles, pero creí que sería lo mejor para ti. Después de escuchar tus lamentos tantas veces por no haber conseguido al amor de tu vida, pensé que si tú no hacías nada al respecto, lo haría yo. No soportaba verte así. Aunque siempre te he tenido por una persona alegre y vital, las veces que bajabas tu coraza y dejabas ver más allá, que a menudo coincidían con nuestros momentos etílicos, era evidente que algo mucho más profundo te desgastaba poco a poco. Créeme que no fue a la desesperada. Lo sopesé todo el tiempo que me permitieron las circunstancias y cada vez estaba más convencido de que era lo mejor. Mi chico, que ya sabes que te tiene muchísimo aprecio, estuvo de acuerdo desde el principio. Ya no por nosotros, sino por ti. Aun así, no fue fácil: sabía que echaría de menos nuestras charlas de patio de vecinas, vernos casi todos los días... y sigo extrañándolo a día de hoy. Pero era lo mejor para ti, Samu. Sucediera lo que sucediera con Vanesa, estaba convencido de que reencontrarla te ayudaría a pasar página. En la dirección que fuera pero sabía que hacia delante. Y sorprendentemente me salió todo perfecto, según lo planeado, porque soy un crack. Salvo por un pequeño detalle que yo desconocía: Vanesa estaba ayudando a buscar piso a su hija.

13

El sargento de hierro

A Vanesa le apetecía cenar sushi, así que quedamos en Oishii, uno de los mejores restaurantes japoneses de Madrid, que quedaba en una callejuela entre la Plaza de la Luna y Gran Vía. Ellas planearon pasar la tarde por el centro, así que yo acudiría al japo directamente. Dejé a *Lola* aparcada cerca de Callao y me di un paseo hasta el restaurante. Quería ser puntual para causarle buena impresión a Vanesa. Habíamos quedado a las diez y, mientras caminaba a paso ligero, me di cuenta de que estaba francamente nervioso. Comenzaba a arrepentirme de haber aceptado el plan. Apenas había tenido tiempo para asimilar la vuelta de la Vecinita, y ahora también tenía que bregar con la irrupción de Vanesa. Por suerte, no parecía que se acordara de mí, mejor, así no volvería a torcerse la cosa con la Vecinita, pero aunque su falta de memoria me convenía, una parte de mí se sentía dolida por ese olvido. En fin, solo tenía que evitar que mi orgullo lo estropeara todo; no podía dejar que saliera a la luz mi antigua relación con Vanesa, si es que se le podía llamar «relación». Entre la Vecinita y yo ya había suficientes escollos como para destapar que, además, yo me había pasado la vida medio enamorado de su madre. Eso sería definitivamente infranqueable. Así que esa cena podía salir muy mal o muy bien. Debía esquivar cualquier conversación sobre mi vida pasada que pusiera a Vanesa sobre la pista y, por otra parte, caerle bien, tanto, que hablara maravillas a su hija sobre mí. Todo esto dependía de mi habilidad social, así que sentía que la catástrofe se cernía sobre mi cabeza. Pero si algo había aprendido últimamente, era afrontar las cosas y no esconderme esperando que se solucionaran solas. Y una de las primeras medidas que había tomado había sido deshacerme de mini Nacho Vidal esa misma tarde.

Dos horas antes de salir hacia Oishii ya estaba buscando qué ponerme para esa cena. Esta vez no podía usar mis sempiternos «vaqueros y camiseta». Opté por algo un poco más acorde con mi edad. Mientras comprobaba cómo me quedaba un blazer gris que solía llevar para algunos eventos, mini Nacho surgió de la nada.

«Qué guapo te estás poniendo, ¿por quién es? ¿Por la madre o por la hija?»

«No tengo tiempo para tus impertinencias ahora mismo.»

«Claro que no. Oye, ¿tú crees que Vanesa estará soltera? Porque ha venido ella sola a Madrid. Y no lleva alianza. —Evidentemente, había sido yo quien se había fijado en ese detalle—. Además, el tiempo le ha sentado estupendamente. ¿Pero tú la has visto bien? Vaya cuerpazo, muchacho. Debe pasarse el día haciendo yoga o pilates, o algo. Tienes que preguntarle si tiene pareja, porque yo creo que no.»

«No lo sé, pero me da igual. En serio, tío, basta.»

«A ver, lo suyo es que averigües si está disponible. Samu, tío, es una chica con la que has estado obsesionado treinta años. Tienes una tarea pendiente.»

«No es ninguna "tarea pendiente". Yo ya no tengo de esas cosas.»

«Déjate de rollos, ya sabes que a mí no puedes mentirme. Tratar de engañarte a ti mismo es todavía más patético que hablar con un amigo imaginario.»

«Lo sé perfectamente. Por eso te digo que no me miento. Vanesa solo es una tía que parece muy maja, a la que por casualidad conocí de pequeño, y que, por cierto, ni se acuerda de mí. Pero sobre todo, es la madre de la Vecinita.»

«¿No se acuerda? ¿O finge no acordarse porque está su hija delante? ¿Te cuento mi teoría?»

«No...»

«Pues mi teoría es que no solo sí te recuerda, sino que además han estado hablando de ti. Estoy convencido de que las dos están de acuerdo con que es con Vanesa con quien deberías estar, que es de tu edad, y no con su hija. Fijo que también ha pensado en ti durante todos estos años, imaginando qué podría haber sido de vosotros dos juntos. Por eso la Vecinita no ha mencionado lo del beso, ni ha mostrado ningún interés en ti, más allá de que seáis amiguitos.» No sabía si era mini Nacho el que hablaba, o mi ego. Quizá fueran la misma cosa; Nacho siempre fue un enigma para mí.

«Eso es una estupidez. A mí me gusta la Vecinita, y mucho. Que su madre sea Vanesa y que haya aparecido precisamente ahora, solo es un bache por el que no me voy a rendir.»

«Pues tú mismo, campeón. Yo solo te digo que estás apostando por el caballo equivocado y al final te vas a quedar sin nadie. Y cuando pase, volverás a invocarme con el rabo entre las piernas para que vuelva a echarte una mano con los polvos de una noche que Samuel siempre quiso echar y no pudo.»

«Odio que me llames "campeón". Y odio que justo ahora vengas a joderme con tus argumentos retorcidos. Te juro que es la última vez que hablo contigo. No vuelvas por aquí nunca más. Hasta nunca, imbécil.»

«Como quieras. Hasta pronto, amigo.»

Aun resonaba en mi mente esa conversación autoboicoteadora cuando encaré la callecita del restaurante. Había llegado unos minutos antes, pero ellas ya estaban esperando en la puerta. A lo lejos, nadie diría que eran madre e hija. Parecían dos amigas de juerga por Madrid. De hecho, si no fuera por el color de pelo, sería difícil distinguirlas. Una, cabello azul liso hasta la cintura, la otra, rubio y ondulado que caía a su antojo sobre los hombros. Hasta vestían de forma casi idéntica, con unos vaqueros pitillo que acababan en unos tacones de cierta consideración —era la primera vez que veía a la Vecinita con tacones y pantalones ajustados—. Ambas luciendo un tipazo espectacular; la Vecinita por su evidente juventud, y Vanesa porque, en efecto, debía hacer mucho pilates, o yoga, o algo. Las imaginé esa tarde en casa de la Vecinita, compartiendo armario antes de salir, y más tarde caminando por el centro ignorando las miradas de quienes no podían evitar girar la cabeza a su paso. Maldita sea. Después de tanto esfuerzo por bajar a Vanesa de su pedestal, más me valía no subirla de nuevo. Al llegar a la puerta del restaurante las saludé pensando que no iba a ser una cena fácil. Iba a dirigirles algún cumplido, pero la Vecinita se me adelantó:

—¡Pero bueno, qué guapo te has puesto Samu! —Y me puse rojo como un tomate.

Mis temores resultaron ser erróneos. La cena fue bastante distendida. Creí que Vanesa tenía ganas de sushi por verlo como una novedad, un lujo solo disponible en la capital, pero era toda una experta en la materia; además de una agradable conversadora. Las dos lo eran, de hecho. Un par de veces tuve que echar pelotas fuera cuando me preguntó sobre mí, para no soltar nada incriminatorio, pero no pasó de ahí. Aunque deduje que hablaban bastante por teléfono, seguían teniendo mucho que contarse, y rápidamente dejé de preocuparme por «nuestro secreto». Empezaba a pensar que realmente Vanesa no se acordaba de mí en absoluto. Fue algo tranquilizador. Mis expectativas, posiblemente inútiles, con la Vecinita, estaban fuera de peligro. Observando más detenidamente a Vanesa, comprobé que seguía teniendo la misma mirada inquieta y desbordante de curiosidad que cuando la veía pintar en el colegio ajena a cuanto la rodeaba. Y sentadas las dos frente a mí, por primera vez me percaté del asombroso parecido que guardaban. Físicamente, en los gestos —sobre todo la sonrisa—, y hasta en su forma de ser. Ahora comprendía por qué la Vecinita me resultó tan familiar cuando hablamos por primera vez. Y aunque tuve que reconocer que era agradable estar allí, sentado con dos personas preciosas en todos los sentidos, una nueva preocupación empezaba a brotar. ¿Y si realmente no me sentía atraído por la Vecinita por sí misma, sino porque me recordaba a alguien con quien había estado poco menos que obsesionado durante tantos años? Si no hubiera despedido a mini Nacho Vidal, me habría recriminado algo como: «Te has enamorado de la versión Hacendado, porque no podías permitirte la marca original.» Aquel pensamiento me inquietaba y me cabreaba conmigo mismo por igual. No por si descubría que estaba de acuerdo, sino por el mero hecho de que se me hubiera pasado por la cabeza.

Me sacaron de mis reflexiones dos chavales jóvenes que comían en una mesa cercana, y se acercaron tímidamente para pedirme una foto. Vanesa se ofreció rápidamente a hacerla, sospecho que para asegurarse de no aparecer ni en segundo plano. Dieron las gracias muy educadamente y se marcharon. La Vecinita siempre sonreía escuetamente en esas situaciones. Vanesa confesó que sentía curiosidad por la figura de *influencer* de tan reciente aparición en el panorama. Le expliqué muy por encima cómo me ganaba la vida, y que en esos momentos «trabajaba» como imagen de un par de marcas de moda. La Vecinita me ayudaba a explicarle algunos pormenores del asunto. Mientras hablaba no podía evitar quedarme embelesado mirando su boca, cautivado por su forma mientras articulaba cada palabra, y deseando que surgieran cuantas más vocales mejor para poder admirar esos dientes perfectos. Los mismos dientes perfectos que los de su madre. Labios carnosos y menudos de boca pequeña, como de una muñeca, casi idénticos en ambas. Con la enorme diferencia de que la boca de Vanesa era simplemente perfecta, mientras que era la de la Vecinita la que me moría por poder besar todos los días durante el resto de mi vida. Ella seguía inmersa en la conversación con su madre mientras me dirigía miradas eventuales para hacerme partícipe de su charla. Y en una de ellas hizo una pausa inapreciable y sonrió. Juraría que me había leído el pensamiento.

Al acabar nos acercamos, dando un paseo, hasta el metro y mi moto, que estaba aparcada justo al lado. Todavía no era muy tarde y recordé que en la sala Café Larios, muy cerca de allí, había una pequeña fiesta privada. Un par de amigos *youtubers* me habían invitado esa misma tarde a pasarme para tomar algo, así que se lo propuse a Vanesa y a la Vecinita y aceptaron sin pensárselo. La noche era joven y a Vanesa le apetecía disfrutar un poco de su breve estancia en Madrid. Diría que pudimos pasar a la fiesta porque el portero me reconoció, pero estoy seguro de que cualquiera que esa noche hubiera ido acompañado de dos bellezas como ellas, habría entrado sin problema. Casi todas las caras de la fiesta me resultaban familiares. Había mucho *youtuber* y otros personajes populares en las redes sociales: *tuitstars*, *instagramers*, *bloggers*... Uno de ellos, al verme vino corriendo hacia nosotros. Era Roi, un catalán que había empezado haciendo vídeos de seis segundos en Vine y en poco tiempo se convirtió también en la nueva sensación de Instagram.

—¡Samuuuuu! ¡Qué alegría verte por aquí, cuánto tiempo! —Me abrazó, zarandeándome como a un muñeco de trapo.

—¿Qué tal, Roi, cómo estás?

—Muy bien, guapo. Llevo aquí un ratito, aunque no me quedaré mucho tiempo. He llegado esta tarde de Barcelona y estoy hecho polvo del viaje. Oye, que hace mucho que no nos vemos, ¿qué es de tu vida?

—Pues... —Me interrumpió una llamada al móvil. Era Omar—. Perdóname un segundo, Roi.

Dejé a Vanesa y a la Vecinita con Roi, que se presentó con el entusiasmo que le caracterizaba. En un abrir y cerrar de ojos, cada una se le sujetaba a un brazo mientras él las conducía con garbo por el local. Con la aprobación de Greg, el portero nigeriano de dos por dos, salí fuera para poder hablar por teléfono sin el estruendo de la música. Omar me dijo que andaba cerca de allí. Había estado tomando algo con Bárbara y cuando se retiraron por la hora y él estaba a punto de coger un taxi, vio mi moto aparcada. Le dije que se acercara a la fiesta, yo le esperaría fuera para que no tuviera problema en entrar. Apareció en pocos minutos, ya sin Bárbara, que estaría llegando a casa. Fue una pena, ojalá Omar me hubiera llamado unos minutos antes para que ella también hubiera venido. Cómo me habría cambiado la vida que Bárbara estuviera allí esa noche. En fin... Aproveché el momento a solas con Omar para ponerle al día. Le conté por qué llevaba unos días sin dar señales de vida. Tardé un par de cigarros en explicarle que estuve enfermo, el retorno repentino de la Vecinita y cómo me cuidó, y la aparición en escena de Vanesa. Omar intentó mantener cara de circunstancias, pero no tardó mucho en soltar la primera carcajada.

—¿En serio? Macho, lo que no te pase a ti... Oye, pues preséntamelas. Tengo muchas ganas de conocer a tu Vecinita.

—Vale, pero vigila lo que dices sobre mí. No puedo permitirme que Vanesa ate cabos y me recuerde, ¿ok? Vamos dentro.

—Sin problema. —Cuando íbamos a pasar al local, Omar me retuvo cogiéndome del brazo—. Oye, Samu, ¿entonces estás bien con todo este asunto? Bárbara y yo estábamos un poco preocupados. Hace un rato comentábamos que al no saber nada de ti estos días tal vez habías vuelto a deprimirte un poco. Me alegro de que la Vecinita haya vuelto, pero no sé, ahora con todo este lío de su madre...

—Sí, Omar, muchas gracias. Pues no sé cómo tomármelo. Por una parte, estoy feliz de que la Vecinita haya vuelto y de que todo fuera un estúpido malentendido. Por otro, que haya aparecido Vanesa ha vuelto a alterar todos mis esquemas.

—Vanesa aún te sigue gustando, ¿verdad? Vaya papeleta, amigo.

—No, no es eso. Te juro que pensé lo mismo cuando la vi, pero no. Ahora estoy completamente seguro de que ya no siento nada por ella. Lo complicado del asunto es que lo mío con la Vecinita está siempre pendiente de un hilo; apenas consigo que avance, y ahora que parecía que la cosa volvía a encaminarse, aparece su madre y la posibilidad de que todo se vaya al traste. Piensa que si se acuerda de mí, la Vecinita se enterará de que mi primer beso ¡fue con su madre! Y por si fuera poco enrevesado el tema, que caiga en la cuenta de que casi tengo la edad de su madre no creo que juegue a mi favor, precisamente.

Localizamos a las chicas acompañadas por Roi al fondo del local, donde el volumen de la música era un poco más indulgente. Roi era, como solía suceder, el centro de la conversación. Hacía reír a todo el mundo, Vanesa y Vecinita incluidas. Parecían pasarlo francamente bien. Llegué con Omar y lo presenté. Mientras le daba dos besos a la Vecinita (a la que presenté con ese nombre), me guiñó un ojo disimuladamente, como si dijera: «Ahora entiendo que te guste tanto.» Omar y Roi no tardaron en iniciar una conversación animada y empezaron a alternar con casi todos los presentes del local. Por su parte, las chicas tenían los pies molidos de caminar toda la tarde por el centro y nos sentamos en un reservado donde se podía hablar más o menos bien. Desde allí podía ver cómo Omar era aceptado en todos los grupitos donde lo conducía Roi; todos compuestos por gente más o menos influyente y conocida en algún ámbito de internet, a la que muchos pagarían por poder conocer. Y allí, en medio de todos ellos, estaba Omar, el exmilitar apasionado por la literatura y el cine, armado con su carisma de gran calibre, seduciendo a todo el mundo sin ningún esfuerzo. Me hacía pensar en mis otros «amigos» del pasado, esos que no se habían preocupado lo más mínimo por mí tras el divorcio y la mudanza a una ciudad desconocida, pero que no tardaron en reaparecer derrochando simpatía cuando mis vídeos empezaron a hacerse virales. Todos ellos insinuando, en el colmo de la desfachatez (y algunos pidiéndolo sin disimulo alguno), que estaría bien que alguna vez hiciera publicidad en mis vídeos de su página de ropa personalizada, del canal que casualmente acababan de crearse o intentando sacar cualquier otro beneficio de mi repentina fama. Buscaban una pequeña parte del pastel, vaya; personificando el popular refrán: «Por el interés te quiero, Andrés.» Y por supuesto, todos ellos desaparecieron de nuevo una vez consiguieron lo que necesitaban, o bien cuando se dieron cuenta de que aquel chico de pueblo ya no estaba dispuesto a echar con ellos otra partida al juego del egoísmo, pensado para edades de entre ocho y ochenta y ocho años. La cruz de la moneda estaba plagada de mezquindad humana; sin embargo, en la otra cara se encontraba Omar, una persona anónima que conducía hacia Madrid y que, sin pensárselo dos veces, estuvo dispuesto a hacerle un enorme favor a un chico que no conocía; que se había tomado la molestia de preocuparse de verdad por su reciente amigo en horas bajas, cuando no tenía por qué hacerlo. Derrochando simpatía desinteresadamente entre gente que se codeaba habitualmente con los cantantes y actores del momento, sin esperar sacar nada a cambio de aquella noche, más que pasarlo bien y disfrutar de una conversación estimulante. Le resultaban indiferentes los cientos de miles de seguidores en Twitter o Instagram que tuviera el de enfrente. Absorto en mis cavilaciones, Omar me miró desde la distancia y me sonrió alzando su copa. Y no me pude sentir más orgulloso de conocer a alguien como él.

Entretanto, la conversación casual con Vanesa y la Vecinita me había puesto en apuros en alguna ocasión. En un momento dado, me vi contra las cuerdas cuando Vanesa sacó el tema del pueblecito valenciano donde se crio de pequeña.

Yo le había contado a la Vecinita que también era valenciano, y presentí que estaba a punto de apuntarnos la coincidencia. Salí del paso comentando que la música estaba demasiado alta y cambié de tema. Pero aquella estrategia no valdría para siempre, así que, tras acabarnos la copa, les propuse iniciar la retirada. Al ver que nos marchábamos, Omar se nos unió. No sirvió de nada que le insistiera para que se quedara a disfrutar de la fiesta e hiciera contactos.

—Samu, yo he venido porque quería ver cómo estás. Si os marcháis, me voy con vosotros. Sin ti, yo aquí no pinto nada —sentenció mientras recogía su chaqueta y se despedía.

Dimos un abrazo a Roi y a algunos conocidos, y salimos los cuatro a la calle. Paseamos hasta el metro y nos quedamos parados junto a las escaleras.

—Bueno, Samu —Vanesa se dirigió hacia mí con cierta solemnidad—, me ha gustado verte —¿con «verte» quería decir «conocerte» o «verte de nuevo»?

—Igualmente Vanesa. Bueno, hasta pasado mañana

no te vas, imagino que nos veremos en algún momento todavía.

—No, me despido ahora. Al final tengo que irme mañana después de desayunar. —No quise preguntar. Aunque en parte me entristecía que se marchara tan pronto, a efectos prácticos me convenía que desapareciera cuanto antes para poder bajar la guardia.

—Ah, vaya, qué lástima. Bueno, pues que tengas buen viaje mañana. Y me alegro de conocerte.

—Sí, claro. Igualmente. —Me dio un abrazo que me desarmó por completo—. Cuídamela bien, tú que estás cerca, ¿eh? —Se refería a la Vecinita, que lo oyó.

—¡Mamá...! —recriminó, algo ruborizada.

—Bueno, últimamente es más bien al revés, pero te prometo que sí —respondí.

Las dos bajaron las escaleras, y justo antes de perderlas de vista, la Vecinita me dirigió una mirada. Al girarme hacia Omar, vi que me regalaba una sonrisita bobalicona.

—Bueno, bien ¿no?

—¿Bien, qué? —dije.

—Pues que has salido bien del paso. Mañana se va Vanesa y vuelves a tener a tu Vecinita en el piso de enfrente. Por cierto, es un amor de tía. Las dos lo son, en realidad. «Es bien» todo.

—Sí, supongo que sí —respondí, pensativo. Sabía lo que iba a decirme a continuación.

—Sabes que tarde o temprano tendrás que confesarle que ya conocías a su madre y que estuviste colado por ella, ¿verdad? Y si te puedo dar un consejo, mejor temprano que tarde.

—Lo sé, lo sé.

—Y en mi opinión, no es lo único que deberías decirle.

—¿A qué te refieres?

—Coño, Samu. He visto cómo la miras. Tu colega Roi se ha dado cuenta. Su madre, que no tiene pinta de tonta precisamente, lo sabe. Y la Vecinita, estoy seguro de que también.

—Bueno, creo que voy a tomármelo con paciencia, y...

—¡Ni paciencia ni hostias, Samu! —Me cogió de los hombros. Teniendo en cuenta que soy la mitad que él, por un momento sentí miedo—. ¡Ay que ver lo paradito que eres a veces! Ya va siendo hora de que le eches un par de huevos. Deja de ponerte zancadillas a ti mismo, hombre.

—Vale, vale. Pesado. Como ya tengo su whatsApp, mañana le envío un mensaje para ver si tomamos algo esta semana, y hablo con ella.

—No, bonito. Coge el móvil ya —por un momento se volvió más marcial que Clint Eastwood en *El sargento de hierro*—, y ahora mismo invitas a tu Vecinita a un café. Y lo quiero para mañana, recluta.

A él sí le salía perfecta la expresión dura de Bruce Willis. Qué rabia me dio. Y allí se quedó, con la mirada clavada en la pantalla de mi móvil, hasta que le hice caso.

14

Otro Café

¿T hace 1 café mñn?, fue el mensaje que envié a toda prisa a la Vecinita por la presión de Omar, negándole a la ortografía básica el respeto que se merece. Pero más o menos funcionó. No inmediatamente, eso sí. Llegué a casa revisando el mensaje cada cinco minutos. Tenía doble check azul, la señal inequívoca de que lo había leído, pero no había respuesta. Yo tejía toda clase de teorías: «En realidad no le he caído bien a Vanesa y ha convencido a su hija de que no le convengo» o «Enviarle un mensaje por primera vez, cargado de patadas al diccionario, la ha ahuyentado definitivamente» o «Vanesa realmente sí recuerda quién soy, y tratar de ocultárselo a la Vecinita me ha hecho quedar como un mentiroso que no merece que seamos amigos ni por WhatsApp». Cualquiera de ellas podía ser cierta y acabaría descubriendo que no andaba muy desencaminado.

Me acosté sin poner el móvil en modo avión para que

no me despertaran, como solía hacer normalmente, así que a las tres de la mañana, la vibración sobre la mesita de madera provocó un seísmo de siete en la escala Richter tal, que me hizo saltar de la cama. Era un simple «Ok». Me costó otras dos horas volver a conciliar el sueño. ¿Qué querría decir aquella contestación tan seca? ¿Aceptaba la invitación a regañadientes? ¿Por qué no aliñó aquel escueto «Ok» con un emoticono al menos? ¿Tanto costaba añadir un guiño o a la bailaora flamenca?

Dediqué la mañana a ponerme al día con la novela. Había decidido no pasar más de cuarenta y ocho horas sin escribir algo, lo que fuera. Y gracias a eso, iba completamente al día. ¿No quería Pedro que escribiera sobre mi vida? Pues ahí lo tenía. Todo lo que me sucedía, casi siempre relacionado con la Vecinita, lo volcaba en la hoja en blanco, a modo de diario. Sentía cierta preocupación por el final, no tenía ni idea de cómo iba a acabar el libro, pero ya pensaría en algo. Cuando tuviera suficiente material, se lo pasaría a Pedro y trataría de convencerle para que le diera forma y lo solucionara. Lo único que de verdad me desvelaba era si debía utilizar los verdaderos nombres de sus protagonistas o pseudónimos. Personalmente me decantaba por lo segundo, pero lo consultaría con Pedro en la próxima «reunión-desayuno-banquete».

Pensar en el libro me ayudó a mitigar los nervios de la cita de esa tarde. Pero a medida que se acercaba la hora, volvían con fuerza renovada. ¿De verdad iba a hacer caso a Omar? Después de todo, él no estaría presente, así que podía enfocarla como un café casual, sin la presión de sincerarme. Pero en lo más profundo de mí, sabía que, por una vez en mi vida, iba siendo hora de afrontar lo que sentía, como un adulto. ¿Qué era lo peor que podía pasar? Aunque la Vecinita me rechazara, no parecía la clase de persona que fuera a tratarme como un apestado. Imaginaba que en ese caso trataríamos de mantener un trato cordial y, al menos, seguir siendo amigos. Es decir, que prácticamente seguiríamos como hasta ahora. No perdía nada, así que decidí que lo de esa tarde no iba a ser un café. Sería El Café.

Pero como la vida suele tener para ti unos planes que no son ni mejores ni peores que los tuyos, sino diferentes, al final acabó siendo Otro Café, no El Café. Habíamos quedado en el bar de debajo de casa y, aunque no nos cruzamos por la escalera, ambos llegamos con menos de un minuto de diferencia. Al principio la conversación fue un tanto trivial: comentamos lo bueno que estaba el sushi de la noche anterior y lo bien que lo pasamos en la fiesta de después. A ambas les cayó especialmente bien Roi y, a continuación, la Vecinita me preguntó por Omar. De qué nos conocíamos. No quise aclarar demasiado sobre la persecución de nuestro primer encuentro y que, de no ser por ella, posiblemente no hubiéramos vuelto a vernos. Simplemente le dije que nos conocimos en un viaje compartido con Blablacar y poco más. Aunque la finalidad de El Café era exponerle lo que sentía por ella y confesarle que ya conocía a Vanesa, también me interesaba sondear si realmente no se acordaba de mí. Y de paso, averiguar qué tal le caí.

—Por cierto, qué maja tu madre, ¿eh? Y muy joven, me la imaginaba mayor.

—Claro, joven porque es de tu edad más o menos, caradura —dijo riéndose. Glups...

—Bueno... —Me había pillado—. Quiero decir que tiene un espíritu muy joven. Además de que no aparenta su edad para nada.

—Eso es cierto. Pero un poco como tú, que tampoco aparentas tu edad. De hecho, a veces me pareces un niño por dentro. —No sabía si eso era bueno, porque acortaba distancias entre nosotros, o si era malo.

—*Touché*. Qué forma tan elegante de llamarme «inmaduro».

—Anda, no seas bobo, que era un cumplido.

—Era coña, me encanta hacerme la víctima. Pero en serio, me cayó genial tu madre. Y es guapísima, ahora sé a quién has salido.

—Gracias —aceptó con naturalidad el cumplido.

Se notaba que estaba acostumbrada a recibir halagos y a gestionarlos con elegancia. Yo nunca he sido muy de piropear, pero me arrepentí de no haber seguido por ahí, porque, al no hacerlo, la conversación siguió girando en torno a Vanesa, y no como me esperaba. Me explicó algunas cosas sobre su madre que ya sabía (como que era de un pueblecito de Valencia o que le apasionaba pintar desde bien pequeña), ante las que intenté manifestar cierta sorpresa. Siguió contándome que se quedó embarazada con dieciocho años del chico más popular del instituto. No podía creer que mis antiguas paranoias dieran en el clavo: ¡el padre de la Vecinita era Raúl, el guaperas! Mentalmente hice mis cálculos y debió suceder poco después de que yo abandonara el instituto. Por lo visto, para huir de las típicas habladurías de pueblo, los dos se fueron a vivir a Oviedo, donde él tenía familia y allí se casaron. A pesar del drástico cambio de vida, Vanesa siguió enamorada de la pintura y consiguió la Licenciatura de Bellas Artes. «Le echó un par de huevos», dijo textualmente la Vecinita, y aclaró que Vanesa tuvo que lidiar con ser madre primeriza, trabajar y estudiar una carrera a distancia y a la vez convivir con un marido que las circunstancias le habían impuesto en buena parte. Por un instante, viajé mentalmente al día de mi boda. Raúl, prosiguió la Vecinita, se comportó como un buen padre y marido durante cierto tiempo, pero a él, aquel giro sí acabó pasándole factura. Siempre había querido hacer carrera en el fútbol, y en su lugar se vio trabajando en una pequeña fábrica de muebles. A diferencia de Vanesa, que a fuerza de determinación y sacrificio acabó alcanzando su meta, Raúl se resignó sin pelear. La frustración fue transformándose en resentimiento. Su pasión por el fútbol no desapareció, pero descubrió una nueva forma de disfrutar los partidos, lejos del césped; concretamente, televisados en la pantalla de cualquier bar en el que se pudiera dejar a deber. La cara de la Vecinita se ensombreció ligeramente mientras seguía contando. Por aquel entonces, ella debía de tener unos doce años. La situación en casa se volvió complicada, sobre todo económicamente. Raúl pasaba cada vez menos horas en el trabajo y más en los bares. Vanesa tuvo que buscar un segundo empleo dando clases extraescolares de pintura y siempre que podía se llevaba a la Vecinita, que en poco tiempo se convirtió en su alumna más aventajada. Su padre jamás osó poner la mano encima a Vanesa, pero no reprimía otros instintos más crueles que la violencia física. La historia mil veces oída: la de hombres frustrados, con un amor propio a la altura del suelo que, en vez de aferrarse con uñas y dientes a la grandeza de su pareja para sacar los pies de la brea que los atrapa, optan por el camino fácil, el de intentar arrastrarla a ella hasta abajo, hundirla en las miserias más oscuras y viscosas que no quieren padecer solos, con el patético empeño de acortar distancias y sentirse por unos instantes menos desgraciados. La historia de hombres vacíos, carcomidos por la desazón, la envidia y los celos que ellos mismos forjan convenientemente en su cabeza. La historia de hombres que no merecen llamarse hombres.

Yo atendía al relato de la Vecinita intentando respirar lo más despacio posible para no interrumpirla, como si no quisiera que ella reparara en mi presencia. «Afortunadamente la cosa no pasó a mayores», dijo la Vecinita. Volvió a mentar los cojones de su madre, cuando se plantó frente a su padre y le pidió el divorcio, harta de sus abusos verbales. Le dijo que si se casó con él fue porque creía que podían ser felices, no para que la cría tuviera un padre, que para eso ella ya tenía los arrestos necesarios. Y si le había tolerado hasta ahora ciertas actitudes despóticas, no estaba dispuesta a permitir que ahora su hija también creciera bajo el yugo de su frustración. Raúl se amedrentó al ver que su vida se iba de repente a la mierda y juró —otra historia habitual—, que esta vez cambiaría. La Vecinita fue testigo presencial de la contestación de su madre y, por lo poco que conozco a Vanesa, se me hizo difícil creer que una persona tan frágil, cariñosa y recatada como ella pudiera usar tantas veces, y tan bien hiladas, las palabras «cojones», «puta» y «coño». Así que sencillamente lo dejaré en que la respuesta que le dio a Raúl fue «NO». Afortunadamente, acabó bien, aunque podía haber acabado fatal.

Después de ese episodio, Vanesa y la Vecinita vivieron unos años felices. No necesitaban a nadie más, y, aunque tenían muy claros sus roles dentro de la casa, se convirtieron, además, en buenas amigas. Las dos sentían verdadera pasión por el arte. Cuando Vanesa se dio cuenta de que se quedaba corta como profesora para su hija, la animó a explorar técnicas y mundo, a acumular experiencias y a crecer como persona y como artista. La Vecinita no sintió que la echaran de casa, al contrario, sabía que podría volver siempre que lo necesitara. Y en varias ocasiones, de hecho, así lo hizo.

La Vecinita se fue a vivir sola. La mala suerte, o las malas elecciones, quisieron, sin embargo, que tampoco acertara escogiendo a sus compañeros de aventuras. De las tres parejas que tuvo antes de venir a Madrid, solo con una acabó civilizadamente cuando la pasión se terminó. Los otros dos tíos, mayores que ella («pero algo más jóvenes que tú», me puntualizó; cosa que no supe cómo tomarme), repitieron patrones demasiado similares a los de Raúl. Al primero no le fue muy difícil mandarlo a tomar viento fresco en cuanto se dio cuenta. Con el segundo, en cambio, fue mucho más complicado: ella estaba enamorada de él hasta la médula. Puso de su parte cuanto pudo y le aguantó muchas más cosas de las que debió de soportar. El muy miserable no solo se atrevía a menoscabarla como artista, sino también como mujer. Y peor aún, que cada infidelidad en la que le sorprendía, era el escarnio de resignarse a escuchar excusas tan endebles e insolentes como «Es que ya no te arreglas nunca», o «Al principio intentabas parecerme más atractiva». Incluso, cuando empezaba a verle las orejas al lobo, se atrevía a sacarse de la manga un manido «cariño, te juro que cambiaré» a modo de salmodia. Y cada una de las veces, la Vecinita se tragó las disculpas con resignación, acompañadas de un vaso de estoicismo que mitigara el regusto amargo que suele dejar la farsa. Romper aquella relación malsana significaría que había fracasado como mujer, según ella. Y, por otra parte, no hacerlo era una traición crasa al ejemplo que su madre le había dado. Se encontraba atrapada entre dos frentes. Pero una madre tiene un sexto sentido para según qué cosas y la ayudó a encontrar la valentía necesaria para ponerle remedio. Se presentó en su puerta y le dijo «Coge tus cosas, que te vienes conmigo ahora mismo». Y así, aquel ser despreciable se quedó tan solo como merecía estar y la Vecinita volvió a casa por un tiempo. Pero tras todo lo ocurrido, seguía sintiéndose sofocada por un entorno demasiado viciado. Ambas lo hablaron y les pareció una buena idea buscarle un piso en Madrid. Aquí las posibilidades artísticas eran enormes, y cambiaría de aires. Así que no conocí a la Vecinita solamente por una mudanza fortuita; también en parte por una huida. En ese punto del relato hizo una pausa. Yo solo la miraba fijamente.

—Perdona la chapa que te he soltado, Samu. No sé

por qué te he contado todo esto. Supongo que ha sido para que sepas que... que yo..., que por eso yo...

No siguió hablando porque empezó a atascarse. Me desvió la mirada y rompió a llorar en la mesa de aquel bar. Me quedé paralizado unos segundos, hasta que reaccioné y me levanté de la silla para sentarme a su lado. La abracé mientras ella evitaba mirarme, avergonzada. Siguió sollozando y la gente a nuestro alrededor, las mesas, el ruido de la máquina tragaperras y todo lo demás, acabó desapareciendo por completo. Solo estábamos ella y yo. Cerré los ojos intentando evitar que se me contagiara su llanto. Podía oler su cabello mientras apoyaba mi barbilla en su cabeza diminuta y sujetaba su mejilla con la palma de una mano. Aquel café no había salido para nada como yo esperaba. Aquella tarde pensaba confesarle todo lo que me corroía por dentro y, en lugar de eso, solo había hablado ella. Mientras seguía rodeándola con mis brazos, pensé: «Mejor así, por ahora.» Si a veces la vida te reserva unos planes distintos, ni mejores ni peores sino diferentes, me alegré de que ese día todo pasara como pasó, y no como yo esperaba. Yo planeaba tomar Un Café, y acabó siendo Otro Café. Abrí la boca, y sin saber muy bien por qué, le dije:

—Da igual que el mundo entero se empeñe en lo contrario, tú siempre serás la heroína de tu propia historia.

En ese momento paró de sollozar y se volvió hacia mí. A una distancia tan corta solo podía ver mis ojos reflejados en los suyos, empapados. Con la yema del pulgar le sequé una lágrima de la mejilla y recuperó la serenidad. Esa vez, ella sí esperaba que la besara. Pero no lo hice.

15

Influencer a bordo

El café del día anterior no había salido exactamente como había esperado. Pero, aparte de conmoverme profundamente el relato de la Vecinita y su madre, unido a la confesión de Jero con el asunto del piso, hizo encajar todas las piezas que me bailaban. Nunca he creído en las coincidencias cósmicas de las películas de Sandra Bullock que hacen que un amor imposible se vuelva factible. Y que la Vecinita llegara a mi vida no dejaba de ser fruto de una serie de afortunadas coincidencias, pero no de la magnitud que me parecía unos días antes. Podía respirar tranquilo: no había un todopoderoso guionista macabro urdiendo mi vida en función de los tres actos de una novela rosa. Que ella hubiera confiado en mí para contarme ciertas intimidades de su pasado (y el de Vanesa) me hacía sentir esperanzado. No había tenido ocasión de confesarle nada todavía. Seguía conservando intacta la posibilidad de volver a quedar con ella y sincerarme.

Y debía seguir el consejo de Omar: tenía que ser cuanto antes. Ningún problema, vivíamos a seis pasos uno del otro. Podía intentarlo de nuevo esa misma tarde, ¿no?

Ay, los planes que se hace uno... A media mañana me encontraba enfrascado con el libro. Quedaba poco para acabarlo, y a Pedro iba a entusiasmarle esa buena noticia. Una llamada de teléfono interrumpió la escritura. Era Roi, aunque por la voz parecía Quique San Francisco; estaba hecho polvo por un gripazo. Me llamaba porque ese mismo día tenía un compromiso con su agencia de comunicación, que no podría cumplir. Bueno, ese día, al siguiente, al otro... En total, cinco. Se trataba de un crucero promocional al que le había invitado una agencia de viajes junto a otros *influencers*. Pensé en la de cosas como esa que me perdía por no trabajar como una agencia. Roi había pensado que para suplir su puesto podía ir yo en su lugar si estaba disponible. Partía esa misma tarde de Barcelona, con lo que tendría que pillarme un AVE lo antes posible.

—No te preocupes de la ropa ni del billete. Si estás ok, mi agencia se encarga de todo. —A lo *rockstar*, di que sí—. Pero tienes que confirmármelo ahora mismo, si no se buscarán a otro. Creo que puede ser guay para ti, vas a conocer a mucha gente, y el evento tendrá bastante difusión.

Lo sopesé por un instante. Pensaba buscar una excusa para volver a quedar cuanto antes con la Vecinita, pero puede que darle unos pocos días de respiro a esa conversación pendiente no fuera una mala idea. Además, qué demonios, era una oportunidad francamente buena para ganar algún dinero y de paso potenciar mi carrera de *influencer*, si es que eso podía considerarse una carrera. Sí, seguro que algún día una mente preclara se sacaba de la manga una licenciatura en YouTube y a ganar dinero. Tiempo al tiempo. Le dije a Roi que de acuerdo.

—Perfecto, te llama una chica de mi agencia que se llama Irene. Es un encanto, ella se encarga de todo.

Cincuenta minutos después salía de casa con una bolsa de mano como equipaje. El taxista había llamado al telefonillo y esperaba en la puerta para acercarme al aeropuerto; finalmente Irene prefirió ir sobre seguro y buscarme un vuelo. Dudé antes de entrar en el ascensor, pero podía permitirme que el taxi esperara cinco minutos más y llamé a la puerta de la Vecinita. Abrió inmediatamente, como si me esperara. Me animó verla tan radiante como siempre, sin rastro alguno del abatimiento de la tarde anterior. Le conté rápidamente la llamada de Roi y que debía aprovechar esa oportunidad, y se mostró entusiasmada.

—¡Qué envidia tío! Pásatelo muy bien, y tráeme algún recuerdo de... ¿Cuál es el itinerario del crucero?

—Si no recuerdo mal, Barcelona, Palma de Mallorca, Marsella, Savona, en Italia, y vuelta a Barcelona. Estaré fuera unos seis días.

—Pues tráeme..., yo qué sé, jabón de Marsella —dijo con una sonrisa que estuvo a punto de hacerme decirle al taxista que se fuera sin mí.

—Prometido. Removeré cielo y tierra.

—Era broma Samu, no hace falta. Con que te acuerdes de mí, es suficiente. —Aquella sinceridad por bandera al hablar me desmontaba por completo. No respondí, solo le sonreí y la abracé.

Cuando llegué al puerto de Barcelona, a las siete y cuarto de la tarde, Irene me estaba esperando. Le dije que todo había salido a la perfección, según lo previsto. No le extrañó. Era realmente eficiente. Me entregó una maleta pequeña con ropa que había comprado según las tallas que le di por teléfono.

—Y en esta otra bolsa tienes unos extras. Gafas de sol, unas zapatillas deportivas, un reloj y un par de gorras. Son un regalo de varias marcas con las que trabajamos, pero procura sacarlo todo en las fotos que subas a Instagram, que te llevas un pico. Dentro tienes un dosier con los detalles.

Irene estaba en todo. Además de competente, era realmente atractiva, y lo sabía. En otros tiempos, habría surgido mini Nacho de la nada al instante, pero estaba despedido de forma indefinida. Le agradecí el trato a Irene y, después de darle dos besos, embarqué. En una sala del barco nos congregaron a todos los invitados. Después de un pequeño discurso y el posterior *photocall*, zarpamos mientras nos conducían a nuestros camarotes. Más que camarotes, todos habíamos recibido una cabina con balcón privado, que era poco menos que una suite, así favorecían que nos sintiéramos animados a colgar cuantas más fotos mejor. En cuanto dejé caer la maleta, saqué el móvil y llamé a la Vecinita para contarle entusiasmado todo aquello. Cuando colgué, el tiempo de llamada marcaba una hora y treinta y seis minutos.

Aquel tipo de eventos promocionales era bastante común cuando llegaba el buen tiempo. De hecho, uno de los primeros a los que me habían invitado fue bastante similar, hacía alrededor de un año. Se trataba de un catamarán de ocio cuya navegación se limitó durante un día a rodear mansamente las calas más chics de Ibiza, mientras los invitados disfrutábamos de la fiesta a bordo: barra libre, música atronadora, catering de *nouvelle cousine* y postureo nivel Carmen Lomana. Por suerte, toda aquella decadencia duró menos de diez horas. Nos embarcaron por la mañana y atracamos en el puerto cuando se hizo de noche. Algunos continuaron la fiesta en el hotel donde nos alojaron, y yo me volví a casa. Pero hasta la fecha, no había participado en un evento de tantos días, un poco por indiferencia (había *influencers* que sí los buscaban activamente, llegando a empalmar hasta seis o siete en un mismo verano), y por no haberme preocupado nunca de trabajar con una agencia de comunicación. Precisamente Korah, uno de los pocos *youtubers* con los que congeniaba, me recomendó en anteriores ocasiones aprovechar ese tipo de eventos. Y justamente él fue una de las caras conocidas que me encontré la mañana siguiente, en el desayuno. Aunque el crucero alojaba viajeros normales, que habían pagado su viaje, se nos reservaba un comedor y un par de cubiertas para uso exclusivo. Cuando me vio, Korah interrumpió su desayuno y se levantó a saludarme.

—¡Samu, tío, me alegro de verte! Ven, siéntate aquí. —Me sentía como en un comedor de instituto americano para *celebrities*.

—¿Qué tal, Korah, cómo vas? —Es lo que intentaba decir mientras me estrujaba.

—Bien, está guay esto, ¿verdad? Veo que finalmente me has hecho caso y has empezado a dejarte mimar.

—Bueno, en realidad ha sido porque Roi se ha puesto malo y he venido en su lugar. Ya sabes que no me entero de estos saraos.

—Pues deberías, nene. Ya lo hemos hablado otras veces, aprovecha mientras dure, que viene gente detrás pegando muy fuerte y cualquier día se nos acaba.

En realidad, Korah no mostraba preocupación ante esa posibilidad. Constataba un hecho, nada más. Antes de ser tan conocido ya se ganaba la vida muy bien como locutor y actor de doblaje, así que siempre podía volver a ello sin mucho esfuerzo. Pero me hizo pensar: ¿qué sería de mí si un día dejaba de interesarle a todo el mundo? Al fin y al cabo, yo no tenía un oficio claro. Todo aquello me había venido fortuitamente, pero como actor no había conseguido destacar. Tampoco era escritor, precisamente. Mi única profesión era la de saber saltar de un trabajo a otro. Mi oficio era mantenerme a flote con lo que saliera. Otros *youtubers* eran cocineros, como Yum, que no había venido al crucero. Si el filón de los vídeos se le agotaba, siempre podía volver a la alta restauración, a los blogs gastronómicos o a algún programa de cocina en televisión. También los había cómicos, que acababan haciéndose un hueco como guionistas, o cronistas sociales que conseguían su sección en un periódico o en una revista de moda y tendencias. ¿Y yo, qué? ¿Cuál era mi plan B? Aunque mis vídeos solían girar en torno a la crítica social, no era periodista. No era nada. Los monólogos no me fueron mal, y subía algunos *sketches* de humor, pero no podía considerarme cómico. Si aquello se me acababa, y eso sucedería tarde o temprano, me veía volviendo al telemarketing, a mi edad. Y como yo, muchos de aquellos jóvenes *influencers* estaban en la cuerda floja sin saberlo. No eran pocos los que se estancaban en hacer de subir una foto diaria a Instagram su forma de vida. Se parapetaban tras su sonrisa blanco perla, sus ojos claros y su rostro angelical propio de los veinte años. Realmente no ofrecían nada; no creaban un contenido original o inteligente; no aportaban un valor añadido, una nueva forma de ver el mundo, un modo original y distinto de pensar con respecto a casi nada. Su jornada laboral se reducía a un «click» con la cámara del móvil.

«#PasándoloBien, #GenteGuapa, #Friends. Uff, hoy estoy agotado del curro, cari. He tenido que hacerme media docena de fotos porque en todas me salía mal el pelo o pestañeaba, y luego ningún filtro me iba bien. Ha sido horrible... Encima se me ha colgado el móvil porque no tenía cobertura y no sabía si esperarme a que se acabara de subir o hacerme una nueva. Menos mal que al final se ha solucionado, pero mañana menudo día me espera otra vez, porque Nike me ha regalado unas zapatillas medio número más pequeñas y tengo que hacerme una foto de *runner* con ellas, ya verás como se me nota en la cara y me hacen por lo menos cincuenta *unfollows*. ¿Por qué le pasan cosas malas a la gente buena? Hay que ver lo que cuesta poner un plato de lentejas en la mesa, #Food, #Vintage, #Brunch. Espero que no se me olvide ningún hashtag más, esto no es vida. Me voy a dormir, que mañana necesitaré estar descansado.»

Esa era su tragedia, y tuve que reconocer que, en ocasiones, también la mía. Era el precio a pagar por vivir de la sociedad de la imagen efímera; el coste de usar el *retweet* y el *like* como monedas de curso legal. Si hubiera ocurrido en este momento, ¿me hubiera dolido más la infidelidad de mi mujer con mi mejor amigo, o que ambos me hicieran *unfollow*? En cambio, Korah, que tenía mi edad pero llevaba mucho más en esto, tenía la actitud correcta. No estaba de más aprovechar aquello mientras durara, antes de que llegaran caras nuevas y sonrisas nuevas que nos empujaran al fondo del cajón, donde se guardan los triunfitos, los tronistas y los concursantes de la primera edición de Gran Hermano. Tenía que llamar a la Vecinita para compartirlo con ella, seguro que sabía sacar un buen cuadro de todo aquello. Algo así como un montón de dedales usados y medio rotos abandonados en alguna caja lúgubre, en un rincón.

Cualquier excusa se volvía buena para hablar un rato con la Vecinita por teléfono. Durante una breve excursión por el centro histórico de Mallorca, iba colgado del móvil porque me interesaba mucho saber si le gustaban las ensaimadas y la sobrasada. En Marsella, la llamé para manifestarle mi sorpresa de que no vendieran jabón en ninguna tienda. ¿En qué se sustentaba entonces la economía local? El último día, antes de volver a Barcelona, en Savona, no se me ocurría nada y simplemente la llamé para ver cómo estaba. Nuestras llamadas nunca bajaban de una hora, y entre uno y otro, tenían lugar varias veces al día. Empezaba a gustarme que la Vecinita siempre estuviera ahí, aunque fuera en la distancia. Y sospechaba que a ella también.

Los días habían transcurrido rápidamente entre fiestas nocturnas en la piscina de nuestra cubierta privada, fiestas diurnas, la típica fiesta de después de desayunar y la fiesta de la hora de merendar, bailes, gin-tonics y mojitos, y algunas bajadas a tierra cuando hacíamos escala, que a veces resultaban ser también una fiesta. No todos salían del barco. Un buen porcentaje había agarrado una melopea ya el primer día de viaje, y alternaban las horas de dormir con las de beber y bailar mientras hacían vídeos en directo, para gozo de su legión de seguidores. Durante la cena de la última noche a bordo, rumbo de vuelta ya a Barcelona, cenaba con Korah, Farinato y un par de *youtubers* más con los que me llevaba bien. En todo aquel viaje me había obligado a relacionarme más o menos con otros creadores de contenido y representantes de marcas, que para eso estaba allí, pero no más de lo estrictamente necesario. Esas eran mis horas de trabajo a bordo; fuera de ellas mi tiempo libre era para fraternizar solo con quien elegía libre y voluntariamente. Gente que me cayera bien, o cuyo trabajo en internet admirara. Eso reducía considerablemente mi círculo. Charlábamos animadamente tras la cena, disfrutando de unas copas, cuando se me acercó una cara conocida. Ni por asomo había caído en la cuenta de que Irene, la responsable de la agencia de Roi, estaba también a bordo. En cinco días no nos habíamos cruzado, en parte porque ella debió estar ocupada en otros menesteres, y en parte porque yo también pasé bastantes horas en mi camarote con el portátil, adelantando el libro para tenerlo listo en pocos días. Se sentó y me preguntó qué tal lo estaba pasando. Le respondí que bien y, de nuevo, le agradecí que hubiera contado conmigo. Le restó importancia y auguró que podía haber para mí muchos más eventos como aquel. Me propuso que nos reuniéramos para hablar de trabajo, y acepté gustoso. Entonces aclaró que la reunión podía tener lugar en media hora, en su camarote. Se levantó de la mesa y mientras se alejaba, ninguno de los presentes pudo evitar echar anclas con la mirada en sus andares, cuyo bamboleo sinuoso exageraba todavía más la raja lateral de aquel vestido ceñido que le quedaba como un guante.

—¿Cuánto tiempo le habrá costado ponerse ese vestido? —se preguntó Farinato como para sí mismo, aunque nos hizo partícipes a todos de una duda que para él era vital.

—Ya sabes que si vas a esa reunión de trabajo, tienes que ir bien duchado, ¿verdad? —me dijo Korah. Aunque sonreía, su tono de voz era serio, casi trascendental. Como si estuviera examinando mis principios.

Seguí ojeándola, porque uno no es de piedra, y paseé la mirada por todos los presentes en aquella mesa circular. Todos me sonreían y hacían algún ruidito, menos Korah, que seguía algo circunspecto, escrutándome. Ojalá hubiera tenido en otro tiempo un Pepito Grillo como él, en lugar de mini Nacho Vidal. Afortunadamente para mi cordura, ya no tenía ninguno. Lo malo es que tenía que decidir yo. Aquella propuesta me seducía bastante, no solo por la oportunidad laboral que podía surgir de aquello —aunque fuera haciendo trampa—, sino por el deseo físico. Casi ni recordaba la última vez que había echado un polvo, que fue con la pechugona del museo. De hecho,

Irene me recordaba bastante a ella, por razones evidentes. La Vecinita no tenía por qué enterarse jamás de aquello. Lo que pasa en aguas internacionales, se queda en aguas internacionales. Bueno, en realidad eran españolas, pero yo sé lo que quiero decir. El problema era que, aunque la Vecinita no supiera de aquello, yo sí lo sabría. No me imaginaba mirándola a los ojos a la vuelta y jurándole que yo no era como los demás. Así que me despedí del resto de la mesa, me fui al camarote y llamé a la Vecinita por teléfono. Hablamos hasta quedarme dormido. Cuando desembarcamos en Barcelona a la mañana siguiente, todos íbamos cargados con los agasajos de distintas marcas que habían patrocinado el crucero, pero yo me subí al avión hacia Madrid con un regalo mucho más importante: una conciencia tranquila, por primera vez en mucho tiempo.

16

El nuevo Samu

—¿De verdad no vas a comer hoy nada más? —dijo Pedro sorprendido.

—Estoy bien, en serio. No sabes de qué manera nos han atiborrado en el crucero.

—Me imagino. Nunca había conocido a nadie con tanto saque como tú hasta que te vi desayunar por primera vez. ¿Se puede saber dónde lo echas, muchacho?

—Es lo único bueno de mi hiperactividad, lo quemo todo rapidísimo. Pero he decidido controlarme más con la comida a partir de ahora. Y con la cerveza. Además, voy a dejar de fumar y retomar el deporte.

—Vaya, pues me alegro mucho por ti, Samu. La verdad es que te noto diferente, no sé muy bien por qué.

Al llegar del crucero la noche anterior me había acostado directamente sin cenar. Eso hubiera sido el precedente de un desayuno salvaje al día siguiente. Pero mi decisión de ser un nuevo Samu era firme. Aunque había dormido pocas horas, al llegar a la cita con mi editor estaba exultante, fresco como una lechuga. Durante sus estancias en Madrid, Pedro siempre escogía el mismo hotel, por su cocina. Y cuando quedábamos en la cafetería para desayunar y hablar del libro, no entrábamos en materia hasta que yo había cumplido con mis dos fases sagradas del *buffet*: la primera siempre constaba de panceta ahumada, tres o cuatro huevos a la plancha, tomates al horno con queso gratinado y pan rústico, acompañado todo de zumo de naranja recién exprimido para que no se me hiciera bola. La segunda parte, la dulce, era una especie de postre del desayuno: café americano, un par de tostadas, una berlina de chocolate, croissant a la plancha con aceite y miel y un muffin con trocitos de avellana. De colofón, un segundo café americano bien cargado. Solo entonces estaba listo para hablar de trabajo. Sin embargo, en esta ocasión me había comedido mucho más. A esto se refería Pedro con «te noto diferente», pero eso solo era una parte.

Aunque el objetivo del crucero era fundamentalmente laboral, para mí aquel viaje había sido mucho más fructífero en otros aspectos. Me había dado un enfoque mucho más objetivo del asunto de la Vecinita. La distancia me sirvió para constatar que no estaba sufriendo un mero encaprichamiento pasajero. Necesitaba sentirla cerca en todo momento, ya fuera a seis metros de distancia o al otro lado del teléfono. Y ningún polvo pasajero ni ninguna mejora profesional habían conseguido que perdiera el norte. En cuanto a mi ocupación como *influencer*, no seguiría mortificándome por sentirme un vendedor de humo, un obrero de la superficialidad. ¿Y qué, si no estaba haciendo zanjas, sirviendo cafés o conduciendo un autobús escolar? Mis vídeos servían para hacer reír y pensar a millones de personas. Por modesta que fuera mi aportación a la sociedad, estaba contribuyendo en algo. Durara lo que durara aquella racha, pensaba disfrutarla con responsabilidad, y si algún día tocaba a su fin encontraría una nueva forma de vida igual de satisfactoria, si no más. Me apetecía volver a actuar en locales de comedia. Y cada vez me encontraba más a gusto con mi nueva faceta de escritor. Había conseguido llegar prácticamente hasta el final con el libro. Aunque desde el principio tras la reunión en la editorial había convenido con Pedro que no le pasaría ningún capítulo para su corrección hasta que el libro estuviera acabado, solía tenerle al tanto de mis avances con la escaleta. Este método le generaba cierto nerviosismo, pero cada vez que le describía el nuevo episodio que acababa de escribir, el entusiasmo acababa ganándole. ¿Quién sabía si no acabaría ganándome la vida con la escritura después de todo? Tras el último tanque de café del desayuno, le di la noticia: por fin esa misma semana le entregaría el manuscrito acabado. La euforia que se adueñó de él hizo que olvidara que estábamos en la cafetería de un hotel de cinco estrellas, y se levantó de un brinco gritando «¡Sí, joder!».

Cuando llegué a casa hacia el mediodía, envié un mensaje a la Vecinita: *I'm back!* Aunque me moría de ganas por verla, no había podido desde mi llegada. Esperaba que ella propusiera que nos viéramos, pero si no lo hacía, tenía muy claro que tomaría yo la iniciativa. Quería despachar cuanto antes la conversación que me quedó pendiente cuando aquel «Un Café». Los nervios me atenazaban por completo solo con imaginarme el momento de la verdad. Pero no iba a achantarme nunca más. No por una nimiedad como aquella. Pensaba confesarle que ya conocía a Vanesa, que me dio mi primer beso pero dejó de significar nada cuando la conocí a ella, y que si no lo reconocí antes fue por lo precipitado de la situación, porque no sabía cómo afrontar todo aquello sin meter la pata, pero es que no quería perderla porque, joder, TE QUIERO.

El nuevo Samu se comía el mundo sin pararse a masticar. Creé un grupo de WhatsApp con Jero, Omar y Bárbara (no incluí a la Vecinita para no ser muy invasivo), y los invité a todos a cenar esa misma noche. Me apetecía verlos, quería contarles cómo fue el crucero, y darles los regalos que les había comprado. Durante el viaje también había pensado mucho en ellos, y merecían saberlo. Después de todo, durante mis peores momentos siempre habían estado conmigo. Para ser justos, habían sido mejores amigos conmigo que yo con ellos. Y esa era otra de las cosas que pretendía cambiar. Aunque contestaron los tres, ni Omar ni Jero podían aquella noche, así que aplazamos la cena de grupo para ese mismo fin de semana. Bárbara, en cambio, me llamó inmediatamente por teléfono.

—¡Samu! ¡Qué alegría escucharte! ¿Cuándo has llegado? ¿Cómo ha ido? ¿Cuántos días has estado fuera? ¿Dónde habéis estado? ¿Qué has hecho?

La retahíla de preguntas me dejó KO sobre todo porque empezaba a tener la voz más femenina (y aguda). Le respondería a todo durante la cena, dije, y le daría sus regalos. «¿Regaaaloooooos?» Esta vez el chillido me horadó el tímpano, y me dejó un pitido sordo en el oído durante varios segundos. Le rogué que se calmara un poco, también quería pedirle un favor. Llevaba días pensando en mi vuelta a los monólogos y necesitaba que me echara una mano. No ella, que tenía un humor mucho más alejado del mío (y más brillante), sino Carlos. «Sé que es mucho pedir, y espero que no te importe, pero ¿podré hablar un poquito con Carlos esta noche, para que repase mi texto? No más de media hora, prometido.» Me gastó una broma haciéndose la indignada, hasta que me di cuenta de que sobreactuaba. Aunque fuera coña, recapacité en lo que le acababa de pedir, y me sentí realmente mal. Le dije que lo olvidara, pero insistió en que por mí lo haría. «Por ti, resucitaré a Carlos un rato. Eso sí, irá con vestido y taconazos.» Le agradecí que no me reprochara lo insensible que había sido. Si realmente quería volver a hacer comedia en vivo, solo Carlos podía ayudarme.

Al colgar vi que la Vecinita me había respondido. *Me alegra mucho que estés de vuelta, Samu. ¿Te apetece que cenemos esta noche? Me gustaría que hablemos de algo importante. Besos.* Aunque un «tenemos que hablar» siempre sonaba aterrador, este no parecía de esos. Más bien, me daba la impresión de que ambos teníamos lo mismo en mente. Sentí un ligero hormigueo en las piernas, y me senté en el sofá con cara de idiota ilusionado. Un momento, maldita sea. Acababa de quedar con Bárbara para esa misma noche. Es más, ¡había conseguido quedar con Carlos! Escribí y borré el mismo mensaje varias veces, y entonces caí en un pequeño detalle: ya no tenía quince años. La Vecinita vivía a seis pasos. ¡Y yo era un nuevo Samu! Salí decidido, y llamé al timbre.

—Hombre, viajero. Has venido más moreno, ¿eh? Qué envidia. Bueno, cuéntame, ¿qué tal la aventura?

—Muy bien, gracias. Ha sido súper divertido, ya te contaré con más tiempo, porque vaya tela todo. Pero bueno, los titulares son que he conocido a mucha gente y, sobre todo, he aprovechado para escribir. Ya tengo casi acabado el libro. Ah, y te he traído unas cositas.

—Pero si no hacía falta, Samu. Me ha gustado más que habláramos a diario. —Hormigueo en las piernas, réplica.

—Bueno, eso a mí también. Oye, quería decirte... Que a mí también me gustaría que hablemos. Pero si no te importa, ¿dejamos la cena para mañana por la noche? Hoy he quedado con Bár... Bueno, con Carlos, en realidad. Tenemos que revisar unas cosas, he decidido volver a hacer monólogos.

—¡Claro que no me importa! ¡Eso es genial, Samu! Cuando vuelvas a hacerlos, seré la primera en ir a verte.

—Muchas gracias. Y jo, lo siento, de verdad. Pero de mañana no pasa.

—No te preocupes Samu. Tenemos todo el tiempo del mundo. —Y en ese momento estaba convencido de que efectivamente, lo teníamos.

—Ah, oye, se me olvidaba. Tengo una duda, una tontería a la que he estado dándole vueltas estos días. Cuando salimos con tu madre... ¿cómo es que no se dirigió a ti por tu nombre ni una sola vez?

—Jajajaja. Ya sabes por qué, Samu. Mi madre y yo nos lo contamos todo. Le prohibí que te dijera cómo me llamo. ¿No recuerdas que tenías que averiguarlo tú solito?

—Me lo temía...

—Pero mira, si mañana en la cena te portas bien, prometo decírtelo. Pásalo bien con Carlos esta noche. Y salúdalo de mi parte. —Y justo cuando iba a cerrar la puerta, recordó algo—. Ah, Samu... ¿Tú tienes una tarjeta de memoria para prestarme? La necesito para un proyecto nuevo que acabo de empezar, y la mía debí perderla con la mudanza.

—Claro que sí —le dije desde mi puerta—. Recuérdamelo mañana, ¿vale?

Bárbara llegó puntual. Al abrir la puerta me costó un instante reconocerla. Hacía tiempo que no nos veíamos, y ya no quedaba ni rastro del Carlos que conocí. Si cuando era un hombre (al menos exteriormente) ya era guapo, su nueva apariencia femenina empezaba a manifestarse de forma cada vez más espectacular. Un poco como le pasaba a Paco León cuando lo caracterizaban de mujer en *Homozapping*, que ganaba mucho de mujer. Pasamos al salón y antes de empezar con la revisión del texto de mis monólogos, saqué unas cervezas para ponernos al día. Teníamos mucho que contarnos.

—Por cierto, parece que Omar y tú os lleváis muy bien últimamente, ¿no?

—La verdad es que sí. Es un tío muy divertido, y tiene un coco brillante.

—Estoy de acuerdo. ¿Sabes una cosa? Igual me equivoco, pero yo creo que le gustas.

—No te equivocas, me lo dejó caer una noche.

—¿Y? —dije sonriendo como un memo.

—¿Y? ¿Cómo que «y», Samu?

—Ah, que no sabe que tú...

—¿Que aún no se me ha caído la colita? Claro que lo sabe. Lo sabía antes de que se lo contara yo, pero no le dio ninguna importancia. Pero es que a mí me gustan las mujeres, so mendrugo.

—Ah, claro. Eso. Creía que con todos tus cambios... no sé, que igual también empezabas a replanteártelo.

—Pues no, Samu. Me gustan las mujeres incluso más que a ti. Me encantan. Fíjate si me gustan, que yo misma me he convertido en una. —Estallé en carcajadas.

—Ok, ok. Solo quería asegurarme de que Omar no salga herido ni lo pase mal. Ahí donde lo ves, me parece que es un tío muy sensible.

—Sí que lo es. Y está muy bueno. Te aseguro que si algún día me gustan los hombres, no se me escapa. Pero de momento, Rambo y yo somos muy buenos amigos. Y hasta nuevo aviso, va a seguir siendo así.

—¿Me estás diciendo que lo escogerías a él antes que a mí? —Me hice el afectado, en un exceso melodramático.

—Pero mira que eres idiota, Samu. Y mira que te he echado de menos, gilipollitas. Bueno, cuéntame: ¿cómo vas con la Vecinita? Que por cierto, nos acabamos de cruzar, justo cuando salía del ascensor, pero creo que no me ha reconocido porque no me ha saludado.

—¡Uy, sí, tengo mil cosas que contarte! —respondí entusiasmado como un colegial que ya tiene pareja para el baile de fin de curso, ignorando el comentario sobre la Vecinita.

Bárbara flipó cuando le relaté la aparición de la madre de la Vecinita, y que resultó ser aquella Vanesa con la que le había dado la brasa tanto como a Jero. «No me lo puedo creer» era su frase recurrente mientras le contaba, entre otras cosas, cómo precisamente Jero había urdido un plan «quasi» perfecto, del que Bárbara tampoco sabía nada, para favorecer el reencuentro. Y con la historia de Vanesa y, después, de la Vecinita, no pudo contener las lágrimas. Le expliqué que aun así, después de todo, estaba sumamente agradecido por cómo se habían desarrollado los acontecimientos. Fuera como fuera, parecía que la Vecinita confiaba en mí, y esta vez se iba a quedar en mi vida para siempre, y seríamos felices comiendo perdices. O alitas de pollo al ajillo en una terracita, que también era un buen final. Poco a poco, las piezas habían ido encajando en mi cabeza. Solo me faltaba averiguar su nombre, aunque parecía que lo haría al día siguiente, y descubrir el porqué de su fijación con los dedales.

—¿Pero todavía no sabes lo de los dedales?

—Claro que no, Bárbara. ¿Tú sí? —pregunté sorprendido.

—¡Pues claro, desde el primer momento!

Había que ver, qué instinto femenino más desarrollado tenía Bárbara a esas alturas. Según ella, los dedales eran una coraza. Después de ser testigo de las vejaciones que tuvo que aguantar su madre y de repetir ella sus mismos errores tenía muy claro que su prioridad debía ser protegerse. Blindarse ante todo y todos. No iba a exponer su corazón a un nuevo daño hasta que estuviera bien segura de que podía hacerlo. Pero a diferencia de casi todo el mundo, la Vecinita no tenía el corazón donde solemos tenerlo el resto de los mortales. Su corazón habitaba en los dedos, que eran su conexión con el pincel. Ella hablaba, se expresaba y sentía a través de sus yemas. «Y adivina qué: existen una especie de miniarmaduras para los dedos. Bingo. Se llaman dedales», proclamó Bárbara, orgullosa de haber desvelado aquel misterio. Para la Vecinita, sus pinturas eran su vida, y aunque fuera algo metafórico, se obligaba continuamente a recordarse a sí misma que sus dedos eran su bien más preciado y frágil. «Como tú con la tortuga que llevas tatuada en la nuca, Samu. A eso se refería con el acertijo: tú también tienes tu propia coraza, con forma de caparazón.» Según la hipótesis de Bárbara, habría empezado a pintar dedales por una cuestión tan personal como aquella, una especie de recordatorio, hasta que se dio cuenta de que pintar desde lo más profundo de las entrañas, desde el dolor y la esperanza, era la mejor forma de transmitir su particular arte. Y posiblemente esta percepción fuera manifiesta también para observadores de cada nuevo lienzo. Al fin y al cabo, todos tenemos nuestras propias corazas, nuestros dedales particulares, debió pensar la Vecinita según Bárbara. Algunos son grandes y aparatosos, otros en cambio menudos y ligeros. Pero siempre están ahí. Para la Vecinita, cada persona podría ser representada como un dedal único y diferente. De ahí mi retrato, así era como ella me veía. Yo, o mi dedal secreto, éramos el paradigma de la incertidumbre y de la duda. ¿Hacia dónde me dirigía? ¿Miraba hacia el futuro o vivía anclado en el pasado? ¿Estaba en ascenso o en plena caída libre? Solo yo podía averiguarlo, por eso insistió tanto en que observara el cuadro hasta encontrarle un significado. Hasta encontrármelo a mí mismo. Y por eso insistió en regalármelo, aunque todavía no lo hubiera hecho.

—Bárbara..., eres genial. Puede que solo sea una interpretación tuya, pero me parece tan lógica que no sé cómo no lo vi antes.

—No pasa nada, cari. Todos los hombres sois un poco obtusos. Venga, y ahora vamos con tus monólogos, a ver qué podemos sacar.

Vaya con Bárbara. No podía discutirle ni un ápice de todo aquello. De repente, me arrepentí de no haber quedado con la Vecinita aquella noche. Me entró la urgencia de verla. Podía haber cenado con Bárbara la noche siguiente, y seguro que no le hubiera importado. En mi lista de prioridades, repasar un monólogo y contarle a Bárbara los pormenores del crucero estaban un peldaño por debajo de la Vecinita. Cualquier cosa estaba como mínimo un peldaño por debajo de ella. Pero no lo había demostrado. Bueno, tampoco era tan grave. Al fin y al cabo, la vería en menos de veinticuatro horas.

Después de cenar, le di a Bárbara los regalos que le había traído. Un reloj unisex, cortesía de un patrocinador, una ensaimada de Mallorca y las zapatillas de running que no había sacado de la caja ni para subir la foto de rigor al Instagram. Bromeé con que compartiéramos número de pie, a pesar de ser más alta que yo, y respondió que por suerte ya tenía pie de mujer, y sería un cambio menos por hacer. Estuvimos charlando un rato más sobre comedia, y al poco rato anunció que se iba a casa. Estaba cansada. Me quedé solo, pero no podía dormir. Le daba vueltas a todo lo que había descubierto sobre la Vecinita gracias a la perspicacia de Bárbara. Como estaba desvelado, me puse con el libro. Seguía sin saber cómo acabarlo, pero estaba seguro de que esa cena reveladora con Bárbara debía aparecer en el relato. Podía incluso ser el penúltimo capítulo. Lo escribí a toda velocidad. ¿Sería la cena que me esperaba al día siguiente con la Vecinita el último capítulo? Ojalá. No podía esperar para verla. Y tuve una idea brillante: no esperar. El nuevo Samu era un tío resuelto, impulsivo. Ya no le daba vueltas a las cosas hasta que acababan marchitándose. ¿No me había pedido ella una tarjeta de memoria horas antes? Pues ya tenía la excusa perfecta. Busqué una por toda la casa, pero no encontré ninguna. Recordé que tenía una metida en el portátil y la saqué con premura, sin «detener dispositivo con seguridad» ni nada, que estaba impaciente.

Era cerca de la una de la mañana, o puede que un poco más tarde, pero ella como pintora no entendía demasiado de horarios convencionales y tal vez siguiera despierta. Por la rendija de la puerta se distinguía un poco de luz. Golpeé suavemente, «toc-toc-toc». Si aún no estaba dormida, lo oiría. Y si no, no la despertaría. No contestó, pero se escuchaba algo. Pegué la oreja a la puerta y aparte de algún gruñido desganado de los perros, que debían estar ya traspuestos, percibí una conversación. Parecía que estaba hablando por teléfono. Me pareció oír un apagado «pero mamá...». Vale, estaba hablando con su madre. No me pareció buena idea que Vanesa me oyera aparecer en su casa a esas horas. En el menor de los casos le sugeriría: «Hija, aléjate de ese vecino tarado, parece un acosador.» Así que volví a casa, doblé un folio cutremente en forma de sobre de primer curso de manualidades, y metí dentro la tarjeta de memoria con una nota adjunta. «Por si mañana se me olvida dártela, ya sabes cómo tengo la cabeza. Un beso.» No puse «besos». Puse «un beso», que me pareció una brillante forma subliminal de sugerirle que no me refería a dos simples besos de cortesía entre amigos. Me acerqué de nuevo a su felpudo para dejárselo encima, y escuché que seguía al teléfono con su madre. Aunque el tono era casi indistinguible, me dio la sensación de que no era precisamente alegre...

Desayuné temprano y acabé de editar el último vídeo que tenía pendiente para subirlo a YouTube cuanto antes. Aprovechar mejor el tiempo era uno de mis nuevos propósitos. A media mañana le escribí un mensaje a la Vecinita, preguntándole si había visto el sobre que le había dejado en la puerta. Esperé unos minutos a que respondiera, y como no lo hizo, dejé a un lado el móvil, y me centré en repasar todos los puntos y correcciones del monólogo en el que trabajé la noche anterior con Bárbara. Bueno, con Carlos durante una hora. Cuando de verdad estaba motivado con algo, solía vencer a la falta de concentración que me ocasionaba el TDAH. O al menos, empatarle la partida. En lugar de estar revisando el móvil cada cinco minutos, solo me permitía el premio de divagar con otras cosas cuando había conseguido trabajar al menos media hora seguida. Era algo parecido a la técnica «Pomodoro», aunque yo la llamaba «Déjate de historias y curra un poco más, Samu». Después de cuatro descansos sin ver respuesta por parte de la Vecinita, me di por vencido con ese método. Fui a asomarme a la mirilla, que apuntaba directamente hacia su puerta, y el sobre ya no estaba. Era improbable que lo hubiera recogido otra persona: nadie subía hasta el noveno piso. Nuestro rellano estaba prácticamente aislado del resto de los vecinos. No había vuelto a insistirle con los mensajes por si se había acostado tarde y seguía durmiendo. Pero si había recogido el sobre, era evidente que estaba despierta. Simplemente, no habría visto el móvil, o se le habría olvidado contestar porque íbamos a vernos esa noche. Después de comer me eché una siesta corta, quería estar lo más descansado posible durante la cena de esa noche. Sería trágico que se me escapara un bostezo a traición. Al levantarme de la siesta fui directo al móvil. Muchos mensajes, pero ninguno de la Vecinita. No era normal en ella. Retrocedí a la noche anterior, cuando la oí hablar por teléfono con su madre. ¿Habrían tenido una discusión y ella no estaba de humor para responder mensajes? ¿Y si había pasado algo grave? Me costó reprimir mis ganas de seguir hablándole por WhatsApp, y me puse como meta no hacerlo hasta las seis de la tarde exactamente, para concretar la hora y el lugar de la cena. No creía que propusiera salir a algún sitio, si realmente pretendía que habláramos sobre nosotros. Lo lógico es que tuviera lugar en su casa, o en la mía. Contaba los minutos que faltaban para las seis, y cuando el reloj se puso en cero-cero, volví a escribirle: *¿Cómo quedamos para esta noche, Vecinita? Besos.* Pero nada.

Empezaba a desesperarme. Casi las ocho de la tarde, y seguía sin noticias. Me había propuesto no dejar que afloraran los nervios esa noche, pero esto no ayudaba. A las ocho cero-cero envié una carita sonriente con una gotita de sudor. Lo mismo, sin señales de vida, aparte del doble *check* azul. ¿Y si iba directamente a su casa? ¿Le habría pasado algo? No quería presionarla, pero al fin y al cabo, habíamos quedado de mutuo acuerdo para cenar esa noche. Tenía un motivo plausible para insistir. Si realmente había ocurrido algo, la cena por supuesto que se podía posponer, pero necesitaba saber que todo estaba bien. Salí dudando todavía si era una buena idea, y antes de cuestionármelo más, me lancé a su timbre. Los perros comenzaron a ladrar al unísono, pero tras pocos segundos pararon. Si estaban solos, podían pasarse horas ladrando sin parar. Así que aquel silencio súbito era una señal inequívoca de que la Vecinita estaba en casa. Me mantuve firme en la puerta. No me iría hasta que supiera algo. A los tres minutos iba a llamar otra vez. Y entonces me vibró el móvil. Un mensaje. De la Vecinita.

17

Adiós para siempre, Vecinita

No quedaba ningún rastro del nuevo Samu, del Samu que me había propuesto ser. Hacía nueve noches de aquella cena con la Vecinita que no ocurrió, ni esa noche ni la siguiente, ni la otra, ni la otra, ni sucedería nunca. Llevaba nueve días fumando de nuevo, durmiendo sin importar que fuese de día o no, y sin dar señales de vida en las redes sociales. Ni un vídeo nuevo, una foto, un tweet breve, un *like*. Nada. Llevaba en estado semicatatónico casi desde el momento en que mi mundo se desmoronó inesperadamente por culpa de un mensaje. No, más bien por mi culpa. Yo era el único responsable (aunque no sabía muy bien por qué) de que la Vecinita me escribiera: *He decidido cancelar la cena, deja de insistir y no vuelvas a acercarte a mi puerta. Hemos confundido lo de ser vecinos. Si nos cruzamos, lo mejor es que nos limitemos a darnos los buenos días. Por favor, borra este número. No me gustaría bloquearte, pero si vuelves a escribirme lo haré.*

El corazón se me paró cuando lo leí, inmóvil frente a su puerta pintada de verde pistacho. Solo fue durante un par de segundos, pero juro que se me paró. Y entonces reanudó la marcha con un golpe fuerte, como el del motor de un coche viejo que hace meses que no arrancas. No entendía nada. ¿Era una de sus bromas? Por su actitud extraña durante todo el día, parecía que no. Pero entonces, ¿qué cojones estaba pasando?

Me batí en retirada hasta mi casa, y me quedé sentado en el sofá, estupefacto, releyendo el mensaje una y otra vez. Tal vez se hubiera replanteado la conversación que íbamos a tener durante la cena. ¿Se habría arrepentido? ¿La habría podido el miedo? No, de ser así el tono de su mensaje hubiera sido más conciliador. Más civilizado. O habría usado el manido «No es por ti, es por mí, pero no es buena idea que esto vaya a más». Tenía que ser otra cosa. Algo que hice. Repasé mentalmente los últimos días, intentando localizar en mi historial el momento exacto en que pudiera haberla cagado. Durante el crucero hablamos todos los días, y su estado de ánimo no parecía indicar nada extraño. Al volver nos vimos unos minutos, cuando aplacé nuestra cena hasta el día siguiente porque venía Bárbara, y también parecía feliz por verme. Por último, me pidió la tarjeta de memoria, y ya no volvimos a hablar hasta que me mandó a la mierda por WhatsApp. Pero, ¿entonces? Espera, ¿el sobre que le dejé en el felpudo, sería algo de lo que puse? No, no decía nada extraño, creo que fui hasta cuqui. El cambio repentino debió ser después de... un momento, Bárbara dijo que no la saludó cuando se cruzaron. Ahí ya habría pasado lo que fuera que pasó. Y cuando la escuché hablar con su madre, parecía bastante disgustada.

Espera, ¡era eso! «Tarde o temprano tendrás que hablar con ella, y contarle lo de su madre, Samu. Y mejor temprano que tarde», me dijo Omar en un flashback, el de cuando nos despedimos de ellas en la boca del metro. ¡Pero si es lo que pensaba hacer durante la cena! «¿Mejor temprano que tarde?» ¡Pues eso! No, espera. No lo hice temprano. Lo postergué durante aquel café en el que la Vecinita se echó a llorar, después lo aplacé otros seis días para irme de crucero, y luego uno más para cenar con Bárbara. ¿Pero cómo fui tan imbécil? ¡Eso no era temprano, era tarde! ¡Demasiado tarde! Ahora lo veía cristalino como el agua. Durante todo ese tiempo, Vanesa acabó haciendo memoria y recordó que yo sin toda esta barba, con catorce años era Samuel. El Samuel de su mismo colegio. Al que besó. De ahí el disgusto de la Vecinita hablando con su madre cuando se lo contó. Y decirle ahora que pensaba contárselo justo esa noche, carecía por completo de credibilidad. Llegaba demasiado tarde. Aun así, era la única baza que me quedaba. Jurarle y perjurarle que pensaba decírselo. Que vale, era razonable que pensara que si le había mentido con aquello, podía haberle mentido con cualquier otra cosa, o incluso hacerlo en el futuro. Pero tenía que hacer que me creyera como fuera. Cogí el móvil, y tras unos instantes de duda le escribí: *Por favor, déjame que te lo explique.* Enviar. Check. Doble check. Doble check azul. Y después ya no pasó nada. Ninguna respuesta durante aquellos horribles nueve días. Me había bloqueado y ya no me aparecía ni su foto de perfil. Presentí que jamás volvería a ver a la Vecinita ni su cabello azul eléctrico. Con el tiempo descubriría lo acertado de aquel augurio.

En todo ese tiempo, me dediqué a no hacer nada. Absolutamente. Cero. Dormía unas horas cuando no sabía qué otra cosa hacer. Me levantaba, comía. Me ponía una serie en Netflix y dejaba que avanzara de capítulo en capítulo sin prestarle atención, hasta que simplemente cambiaba a otra aleatoriamente y volvía a quedarme dormido. Intentaba ver un monólogo pero no conseguía que nada me hiciera gracia. Ni siquiera sonreía con Louis C. K., mi cómico preferido. De hecho, lo odiaba ahora mismo. En distintos momentos me llamaron o escribieron Bárbara, Jero y Omar, interesados en cómo había ido aquella cena que les había contado que íbamos a tener la Vecinita y yo. Les solté a los tres el mismo discurso, y les pedí que por favor no me llamaran en unos cuantos días. Pedro también me llamó en repetidas ocasiones porque supuestamente esa semana debía haberle entregado el libro, pero no se lo cogí. Me llegó un mail de Irene, la representante de Roi que me invitó a su camarote durante el crucero. Como buena profesional, ignoró el desplante que le hice y aún así me proponía que nos reuniéramos, en una cafetería esta vez, para hablar de trabajo. Tampoco respondí.

El décimo día después del fatídico mensaje estaba haciendo exactamente lo mismo que el primero: tumbado en el sofá con la mirada perdida, mordiéndome las uñas mientras sonaba alguna serie de fondo. No sabía si era media tarde o media mañana cuando sonó el timbre de forma insistente. Me quedé petrificado. ¿La Vecinita?

¿Habría pasado ya suficiente tiempo como para que se calmara un poco y me dejara al menos darle una explicación? El corazón se me aceleró mientras me dirigía al espejo de la entrada para peinarme un poco. Abrí la puerta y me encontré frente a frente con Bárbara, Omar y, por primera vez en mucho tiempo, Jero, que sostenía una bolsa con cervezas frías del chino. Me quedé mirándolos, muy serio. ¿Pero no había pedido por favor, que me dejaran unos días? ¿Qué parte no habían entendido de que quería estar tranquilo? ¿Y por qué cojones se presentaban los tres de repente, sin avisar? Qué coño, iba a decírselo bien clarito, hombre, que estas cosas no se hacen, que hay que avisar, y que... no dije nada de aquello porque sencillamente me eché a llorar.

El nuevo Samu iba a dejar de fumar, de beber tanto y a comerse el mundo. Pero en vez de eso, en media hora ya llevábamos entre todos un paquete de tabaco y tres litros de cerveza. Y en lugar de comerme el mundo, iba por la segunda bolsa de Doritos. Hasta ese momento nunca me habían hecho una intervención, o lo que diantres fuera aquello de presentarse así en mi casa, sin previo aviso, para apoyarme aunque les hubiera dejado bien claro que no quería ver a nadie. Creo que lo llaman «amigos de verdad». Me tragué otro pucherito que me afloraba, para no parecer un llorica.

Jero me pidió perdón mil veces por la jugarreta del piso, y mil y una tuve que replicarle que no tenía por qué hacerlo. Además de tomarse más molestias de lo que hubiera hecho nadie, lo hizo con la mejor de las intenciones. Y salió incluso mejor de lo que calculó en un principio, porque gracias a él pude conocer a la Vecinita. El único que la había cagado era yo. No había nadie mejor que yo desaprovechando las oportunidades que da la vida. Si hubiera alguna forma de hacer de eso una profesión, yo sería toda una leyenda en el gremio. «Desaprovechador», pondría en mi epígrafe de la Seguridad Social. Algo así haría con todo ese dolor, si tuviera el ánimo suficiente para usarlo en un monólogo. Pero en esos momentos no quería saber nada de comedia. Ni de vídeos para YouTube, ni del libro.

Omar, que era el más impulsivo de los tres, no paraba de decir «¡Pero esto no puede ser, hay que aclararlo!», e insistía en ir a aporrear la puerta de la Vecinita hasta que saliera, y obligarla a escuchar lo que yo tenía que decirle. Varias veces tuvimos que disuadirle entre los tres, una de ellas incluso agarrándole de los brazos, del jersey y de donde pudimos. Por suerte recapacitó, porque de haber querido nos habría arrastrado a todos, sillas y sofá incluido. Le tenía por un tío cabal, el más racional de todos, pero por lo visto tenía un sentido de la empatía tan desarrollado que cualquiera diría que estaba tan afectado como yo.

Y Bárbara, por su parte, se limitaba a no separarse de mi lado y abrazarme cada dos por tres con sus largos brazos. «Ánimo, mi niño», me decía muy maternal. Estaba seguro de que algún día, si ella quería, sería la mejor madre del mundo. Pero de momento estaba siendo la mejor amiga del mundo.

Entrada la noche, caí en la cuenta de dos cosas. La primera, que llevábamos un par de horas sin hablar del asunto de la Vecinita. Y dos, que en todo ese tiempo no había estado a la altura de unos amigos como aquellos. Tan centrado en mis propios asuntos, hacía tiempo que no me preocupaba por los suyos. Jero llevaba varios meses viajando sin parar, de anuncio en anuncio, y no le pregunté cómo le había ido todo, o qué tal su nueva vida en común con su chico. Omar había estado a punto de conseguir que un productor de cine le comprara un guion que había reescrito cinco veces, y al final no le salió. Bárbara estaba pasando con su transición por una de las etapas más difíciles que puede experimentar una persona. Los tres tenían sus propias preocupaciones, pero allí estaban, tratando de mitigar las mías. No me los merecía. Eran casi las dos de la noche, y allí seguían disimulando que estaban cansados y tenían que madrugar, para asegurarse de que yo estuviera bien. O mejor, al menos. En aquellos momentos hubiera dado todo el oro del mundo porque nos amaneciera el día siguiente mientras seguíamos juntos de charla. O que se quedaran a dormir. Pero era el momento de dejar de ser tan egoísta. Intenté poner la mejor de mis caras, y les dije que tenía que echarles de casa y que ya me encontraba mucho más animado gracias a su visita, lo cual era cierto solo en parte. Los acompañé a la puerta y después de que se despidieran con un abrazo cada uno, les dije que no se preocuparan y que estaba pensando en irme unos días a Valencia a casa de mis padres. Todos convinieron en que era una fantástica idea, pero me pidieron que estuviera en contacto.

—Mira, para asegurarnos, desde ahora mismo estás

obligado a respondernos todos los días por el grupo de WhatsApp que creaste, y tenernos al corriente —dijo Omar.

—Y por favor, cuídate más, Samu —añadió Bárbara—. No nos obligues a tener que presentarnos aquí otra vez de improvisto a darte un par de collejas. Retoma lo de subir vídeos, no eches todo tu trabajo por la borda. Cuando vuelvas de Valencia, si te apetece, me paso cuando quieras y nos ponemos a trabajar con tu monólogo.

—Es más, cuando vuelvas hacemos una cena otra vez los cuatro, pero esta vez en condiciones, ¿ok? —propuso Jero, mirándonos a todos.

—Hecho a todo, prometido. —Lo dije sinceramente. Si no era por mí, al menos haría el esfuerzo por ellos. Y cerré la puerta lentamente, luchando con todas mis fuerzas por mantener los ojos en el suelo y no mirar hacia el piso de la Vecinita.

A la mañana siguiente seguía manteniendo mi firme determinación de volver a ser, sino un mejor Samu, al menos el mismo de siempre. Me levanté a una hora decente, acudí a la llamada de la ducha (que llevaba días ignorando), desayuné como si fuera domingo y puse a todo volumen un disco de Nach para escucharlo de fondo limpiando la casa. Antes de las once de la mañana, ya había acabado aquel lavado de cara general. ¿Y ahora qué? Volver a abandonarme en el sofá con la mirada perdida en el techo me pareció un buen plan. Pero me levanté a los pocos minutos, no podía seguir permitiéndome aquello. Me vestí, y salí de mi casa con la mirada fija en el ascensor para no ver la puerta verde de enfrente. Me enfrentaba a la calle después de varios días sin pisarla, mientras iba haciendo mentalmente una lista con todas las cosas que tenía que comprar en el supermercado. No iría al más cercano, buscaría uno relativamente alejado para tener la excusa de caminar un rato con los cascos puestos. Cuando deambulaba sin rumbo por las calles de Madrid, solía escuchar el Réquiem de Mozart, en la versión de la Orquesta de Viena dirigida por Von Karajan. Pero ahora mismo, mi estado de ánimo requería cosas más animadas. Como no estaba para pensar, puse una lista de reproducción en modo aleatorio. «Música para la ducha.» Cuando llevaba un rato de caminata errante, me metí en un supermercado de barrio. Recorriendo los pasillos con la cesta de la compra a rastras, recordé lo que les había dicho a mis amigos la noche anterior. Era cierto que se me había ocurrido irme ese fin de semana a Valencia, pero mis padres aún no sabían nada. Corté la música para llamarles y contárselo y se pusieron muy contentos al oírlo. Me disculpé por la marcha abrupta de mi última visita, y no le dieron importancia. Mientras hablaba con mi madre, en el pasillo de los lácteos se me acercó un chico por detrás y me dio un par de golpecitos en el hombro, «¡Samu, hazte una foto conmigo!», sin importarle que yo estuviera al teléfono. En otras ocasiones había actuado con comprensión ante un abordaje así, pero aquella irrupción súbita me perturbó. «¿No ves que estoy hablando, o qué cojones te pasa?» Mi reacción me sorprendió incluso a mí, pero para cuando quise disculparme por mi brusquedad, el chaval ya se había marchado algo molesto, mientras se guardaba el móvil en el bolsillo. Al otro lado del teléfono, mi madre me preguntó qué había sido aquello. «Nada, la gente, que es una maleducada de mierda», respondí todavía irritado. Mientras volvía a casa cargado con las bolsas sí me puse el «Réquiem».

Ese día me había propuesto pensar en algún tema para un nuevo vídeo de mi canal de YouTube, que tenía completamente descuidado. Y cuando llegué a casa ya sabía de qué quería hablar: los fans maleducados que te molestan en el supermercado. Aunque solía planificar mínimamente cada vídeo, con un pequeño bosquejo para no ir perdiendo el hilo de lo que quería decir mientras hablaba a cámara en primer plano, esta vez no lo necesité. Preparé el trípode, me senté cómodamente y le di al «Rec». Me explayé de lo lindo. No recuerdo exactamente qué solté, porque estaba dejándome llevar, lo que era un error imperdonable. Pero en esos momentos solo me apetecía desahogarme. Arremetí contra las personas que invadían mi intimidad por la calle, y me llamaban «colega», «campeón» o «crack» con toda la confianza del mundo, como si nos conociéramos de algo. Yo también tenía derecho a estar pasando un mal día, dije, y no me veía en la obligación de tener que poner siempre buena cara a una panda de desconocidos impertinentes. Todo en esta línea.

Los comentarios negativos no tardaron en aparecer. Incluso mis seguidores más acérrimos, que esperaban todas las semanas ansiosos a que subiera un nuevo vídeo, me recriminaron la dureza de mis palabras. Aunque no solía atender demasiado las reacciones a mis vídeos, esta vez tenía tiempo de sobra, y unas ganas tremendas de romperme la crisma contra lo más duro que encontrara. Aquellos comentarios eran mi saco de boxeo, mi sparring. Uno a uno iba leyéndolos y respondiéndolos sin ninguna diplomacia. No me mordía la lengua. ¿Pero quiénes se creían que eran, esa panda de críos exigentes y caprichosos? Yo no era el bufón privado de nadie. Si subía vídeos, era porque a mí me apetecía, me lo pasaba bien grabándolos y editándolos, y en muchos casos me desahogaba denunciando noticias sobre injusticias sociales o corrupción política. Con la excepción de aquel último, detrás de cada vídeo había muchas horas de trabajo. Y todo para que siempre saltara un tonto a las tres, ofendido por tal o cual comentario. O para que apareciera el típico listillo comentando «¿Y por qué no has hablado de esta otra noticia? ¿Por qué hablas de estos datos en concreto, y no de estos otros?» Pues porque me daba la gana, y punto. Era mi canal, eran mis vídeos y era mi opinión. A quien le pareciera que yo estaba a su disposición para crear el contenido que satisficiera el cien por cien de su criterio, le emplazaba secamente a que conectara su propio móvil con cámara e hiciera aquello que tenía el atrevimiento de exigirme a mí. Si no les gustaba mi opinión, ahí tenían la puerta, nadie les había obligado a seguir mi canal. Empezaron a lloverme los *dislikes*, los emoticonos de carita enfadada y los comentarios por privado expresando su decepción. «Si no estás preparado para afrontar las críticas negativas, dedícate a otra cosa», venían a decir muchos. «Cuando te expones al nivel al que tú lo haces, tienes que saber escuchar las opiniones que disienten de la tuya. Estás comportándote como un niñato.» Esto era el colmo. Cuantos más comentarios y mensajes leía, más me enfurecía. A pesar de mi frustración, al principio intenté responder haciendo uso de cierta retórica. Pero se me había hecho de noche, después de mediodía revisando todas las respuestas, y mi paciencia no daba para más dialéctica. No había parado ni siquiera a comer, solamente di buena cuenta de las cervezas calientes que había traído en una bolsa del supermercado. Mi cabreo *in crescendo* hacía que las sienes me batieran a toda velocidad, como si toda la sangre se me agolpara en la cabeza. Directamente dejé de discutir, y me dediqué a mandar a la mierda a todo el mundo, sin más ganas de rebatir opiniones. Aquello solo servía para avivar más el fuego de la discordia, y cada vez se sumaba más gente a la polémica.

No podía más. Mi ego se sacudía convulso y agitaba excitado sus tentáculos, aporreando furioso el teclado del portátil. Los seguidores abandonaban en manada el canal de YouTube. Cada vez que refrescaba la página, el número había disminuido varios miles. ¿Así que todo era muy bonito cuando me dedicaba a divertiros, y ahora que digo lo que pienso soy el villano, panda de egoístas desagradecidos? Pues a la mierda con todo. Antes de que abandonéis este barco, prefiero hundirlo yo. Ofuscado, busqué en la opción de «Configuración» el apartado «Eliminar el canal». Dudé apenas cinco segundos, y oprimí el botón. «¿Estás seguro de que deseas eliminar permanentemente tu canal?» Sí, joder, lo estoy. O por lo menos lo estaba en aquel momento. Di a «Confirmar» sin que me temblara el pulso. Sin perder un minuto, seguí los mismos pasos con la cuenta de Twitter. Después con Instagram y por último con Facebook. Entonces me quedé inmóvil frente al portátil. No me arrepentía de lo que acababa de hacer. Es más, aún estaba sediento de sangre y destrucción. Y reparé en el icono de un documento de texto. «No sé si lo he comprendido bien...», el libro ya prácticamente acabado. Había escrito justo hasta el penúltimo capítulo, la última visita de Bárbara. Me había quedado a veinticuatro horas de escribir el último capítulo. Mi ansiado final feliz, que ya nunca existiría en la realidad. ¿Qué sentido tenía el libro ahora? Como broche de oro a mi estupidez, borré el documento y vacié la papelera. Aquella novela nunca vería la luz. Y así fue cómo se suicidó «El Que Mete Caña».

18

Samuel

Después de una opípara comida, cortesía de mi madre como era costumbre en ella, mi padre sirvió el café. Le encantaba tomarlo viendo las noticias, pero apagó la televisión. Eso solo significaba una cosa: momento charla. Aunque ambos estaban encantados de que volviera a visitarles tan pronto, era evidente que algo me sucedía, y querían saber qué era. Yo solía ser reacio a hablarles de mi vida sentimental, porque teníamos puntos de vista radicalmente opuestos sobre temas como el amor y la sexualidad. Pero merecían que fuera sincero con ellos, dentro de lo posible. Les expliqué a grandes rasgos toda mi historia con la Vecinita desde que la conocí, y lo mal que acabó resolviéndose. En realidad, no resolviéndose. Al acabar, esperaba que me soltaran algo como «Eso es lo que pasa cuando no te riges por los principios bíblicos», o «con una Testigo, eso no habría sucedido», aunque supieran de sobra por qué mi matrimonio con una

Testiga se había ido al garete. Y ante todo, deseaban ver feliz a su hijo. A mi madre le asomaron unas lagrimitas al escuchar los malos momentos por los que acababa de pasar. Insistía en que tenía que existir alguna forma de arreglarlo. Pero no la había, ya no. La charla de sobremesa se prolongó más de lo esperado, y aunque estábamos muy a gusto, a esa hora tenían que empezar a emperifollarse para ir a su reunión de los sábados por la tarde. Después de mi última visita, sabía que no volverían a proponerme que les acompañara. Por eso se sorprendieron tanto cuando les dije: «Si queréis, os acompaño.»

Aunque cualquiera se hubiera sentido fuera de lugar al entrar por primera vez en aquel lugar suyo de reunión, yo sabía que una de las máximas de los Testigos era mostrar amabilidad y hospitalidad al recién llegado. Algunas caras me eran conocidas, pese a los años transcurridos. Mi forma de vestir contrastaba contundentemente con aquella congregación de personas arregladas pulcramente hasta el último detalle. Todos los rostros masculinos iban cuidadosamente rasurados y peinados, entonando perfectamente con el traje y corbata de rigor. Las mujeres seguían la misma línea, discretamente maquilladas, y su vestimenta no incluía ningún escote, ni falda que revelara más allá de las rodillas. Yo, en cambio, había aparecido con vaqueros y camiseta, barba de leñador descuidado, un piercing en la oreja izquierda y el antebrazo profusamente tatuado. Un «mundano» de manual. Pero todos me acogieron al instante de forma calurosa, sobre todo aquellos a quienes una vez conocí. Me sentía como en una reunión de antiguos compañeros de instituto, casi todos mis conocidos tenían ahora más kilos y menos pelo. Y parecían mucho más siesos. Aquella reaparición puntual no fue tan incómoda como me esperaba, aunque tampoco me apetecía especialmente contarles mi vida a esas personas a las que ya no me unía nada. Así que a la pregunta habitual «¿Qué tal te va todo, Samu?» yo respondía con un escueto «Bien, todo muy bien, gracias», y una sonrisa algo forzada. Me contuve de añadir mi «Tsk-tsk-disparo con los dedos». Por fortuna habíamos llegado pocos minutos antes del inicio de la reunión, así que no tuve que atender demasiada amabilidad cristiana. Pero tras dos horas larguísimas escuchando disertaciones bíblicas, la costumbre era quedarse después un rato para fomentar la hermandad y esas cosas. Volvieron las sonrisas demasiado amables, los saludos cordiales y los «Cuánto tiempo, qué tal te va todo». Y entonces vi a alguien a lo lejos que me saludaba entre el gentío con indecisión. Aunque le correspondía un salón de reuniones distinto, ese día había ido Sandra. Mi exmujer.

La última vez que nos vimos fue hacía ya seis años, mientras ella salía de casa con una maleta pequeña. Cuando volvió días después a por el resto de sus cosas, procuré no estar allí. Después de aquello, pasé por una fase estúpida en la que durante cierto tiempo le envié mensajes horribles, de los cuales me arrepentí más adelante. Con la sensatez que suelen conceder el tiempo y la distancia, acabamos olvidando los rencores y hablando cada cierto tiempo por WhatsApp como personas civilizadas. Huelga decir que jamás recuperamos el grado de confianza que tuvimos antaño, pero al menos éramos cordiales el uno con el otro. Aun así, responder de vez en cuando un mensaje no tiene nada que ver con encontrarte cara a cara a la persona con la que compartiste catorce años de tu vida. Para mi propia sorpresa, reaccioné con naturalidad y me acerqué a saludarla. Y en esa ocasión no sonreí forzadamente. De verdad que me alegraba de verla.

—¿Cómo estás, Samu? ¿Qué haces por aquí?

—He venido a pasar unos días con mis padres y les he acompañado a la reunión. ¿Y tú qué haces aquí, no pertenecías a una congregación distinta?

—Sí, hoy he cambiado porque hemos quedado con unos amigos para ir a cenar después de la reunión. —Hizo una breve pausa—. ¿Te apetece venir? A algunos ya los conoces... —Ella había seguido en contacto con casi todos mis antiguos amigos.

—No, te lo agradezco, pero mejor en otra ocasión —rechacé cortésmente.

—Claro, lo entiendo. ¿Hasta cuándo te quedas en Valencia?

—Pues no lo he decidido aún, pero quería estar unos cuantos días más con mis padres, ¿por?

—Por nada... por si te apetece que nos tomemos un café el martes. Si aún estás por aquí, claro.

—Ejem... sí claro. Por mí perfecto.

Realmente no me había planteado cuánto tiempo me quedaría, pero suponía que un fin de semana. Cuando les comenté a mis padres la posibilidad de alargar mi estancia, les alegró. Ellos estaban jubilados y tenían todo el tiempo del mundo, y yo... yo acababa de despedirme del trabajo. Poca cosa me ataba ya a Madrid, si es que alguna vez me había atado algo. Inmediatamente me reprendí por aquel pensamiento. Todavía tenía allí a Jero, Omar y Bárbara. Y aunque hubiera arruinado para siempre mi medio de vida como *influencer*, si quería seguir intentándolo como actor, tendría que volver a Madrid. Era eso o buscarme de nuevo un trabajo convencional. En cualquier caso, tenía tiempo de sobra para pensarlo, y lo de pensar en mi futuro podía hacerlo perfectamente aquí.

Desde Tabernes de Valldigna, el pueblecito de mis padres hasta Valencia, donde había quedado con Sandra ese martes, había cuarenta y cinco minutos de trayecto. Pero no me importaba conducir, incluso lo echaba de menos. Cuando iba de visita, mi madre solía prestarme las llaves de su modesto cochecito para que me manejara por allí a mi antojo. Preparé música en el radio-cd, encendí el contacto y emprendí la marcha. Repetí el mismo camino que tantas veces había hecho con dieciocho años para ir a ver a Sandra, cuando éramos novios. Inconscientemente reviví la ilusión con la que aquellos kilómetros, deseando llegar cuanto antes para verla... a ella y a los amigos que debían acompañarnos en cada cita, para que no cayéramos en tentaciones impuras. Ahora me parecería una completa locura que no aceptaría de ninguna manera. Pero con aquella edad, me parecía lo más normal del mundo y lo aceptaba gustoso. Cuando llegué al bar donde habíamos quedado, Sandra ya estaba esperándome. Me disculpé por el retraso y me senté. Se me hacía raro que nos viéramos así, después de tanto tiempo.

«No te daba dos besos desde que éramos novios, ¿te acuerdas?» Sonrió. «Sí, era lo apropiado delante de la gente, no debíamos contribuir a las habladurías.» Y era cierto. Sonreí recordando que hasta un piquito entre novios estaba mal visto, si no estaba ya cercana la fecha de la boda. Pedimos dos cafés, y hasta que los trajeron, la conversación fue un tanto forzada. Disimulábamos, pero para ambos era una situación la mar de extraña. Aunque me alegraba de que lo hubiera hecho, no sabía muy bien por qué había propuesto que nos viéramos. Para romper un poco el hielo, ambos comenzamos a la vez con un «Bueno, ¿qué tal te va?». Con la primera risa, la situación se destensó un poco. Fui el primero en responder, si bien no sabía muy bien cómo empezar ni qué quería contarle exactamente de mi vida. Decidí darle titulares, de momento.

—Pues a ver... como he ido contándote por WhatsApp todos estos años, ya sabes que vivo en Madrid, que he estado haciendo monólogos —aunque ya no los hacía—, hace un tiempo me ofrecieron escribir una novela, que tengo un poco parada —y tan parada, la había destruido para siempre—, y me gano la vida con YouTube —tampoco era cierto—. Y no hay mucho más que contar, en realidad. Me apetecía descansar y cambiar un poco de aires y por eso me he venido unos días a Tabernes. ¿Y tú, qué es de tu vida?

Me contó que la habían hecho fija en su trabajo de administrativa, que su familia estaba bien aunque sus abuelos tuvieran nuevos achaques propios de la edad, y los últimos cotilleos de los amigos que habíamos compartido hacía ya tanto tiempo. Un par de parejas se habían separado, y todas las demás habían tenido hijos. Me di cuenta de que aunque había hablado mucho más que yo, tampoco entró demasiado en su vida personal. El tono de nuestra conversación se había vuelto bastante jovial, hasta que fueron agotándose los temas y, sobre todo, las evasivas. Se hizo el silencio mientras ella parecía concentrada en juguetear con la cucharilla del café, y yo con el azucarillo vacío. Alzó la cabeza y me miró.

—Samu, lo siento mucho.

—¿El qué?

—Ya sabes qué. Siento lo que hice y cómo lo hice. Sé que ha pasado mucho tiempo, y que a estas alturas ya no te servirá de mucho. Pero lo siento, de verdad. —Intentaba mantener la compostura, pero los ojos le brillaban.

—No te preocupes, en serio. Eso es agua pasada. Todos nos equivocamos alguna vez. Si te sirve de consuelo, yo en eso soy un profesional.

Así que era eso. No había tenido la ocasión de disculparse en persona, y aquel asunto pendiente la reconcomió durante años. Por eso me había propuesto que nos viéramos. Volvió a hacerse el silencio incómodo. Yo intentaba mantener una actitud relajada y no darle importancia, pero en realidad había esperado aquellas disculpas durante mucho tiempo. Sabía que lo sentía de veras, pero nunca me lo había dicho directamente. Casi noté cómo algo me cicatrizaba por dentro. Sandra intentó poner punto y aparte carraspeando.

—En fin, ¿cómo van tus amoríos? ¿Estás con alguien ahora mismo?

—Uf... es complicado de contar. ¿De cuánto tiempo dispones? —bromeé.

—Pues ahora que lo dices —miró la hora—, había quedado y ya llego tarde.

—Tranquila, era coña, no iba a relatarte *El Quijote* en verso. Aunque lo cierto es que sí es largo de contar.

—No, pero de verdad estaría bien seguir hablando. Si quieres que nos veamos otro día antes de que te vuelvas a Madrid, por mí genial.

Esa noche hablé con Omar. Me llamó para saber si estaba mejor y, sobre todo, porque había incumplido mi promesa de hablarles todos los días por el WhatsApp del grupo. Lo tranquilicé contándole que alejarme por un tiempo de Madrid estaba siendo positivo, iba ayudándome a pasar algunas páginas. Me disculpé por tenerlos un poco olvidados, otra vez. Además, le conté que esa misma tarde había tomado café con mi exmujer, y ahora sentía cierta paz, como si por fin estuviera cerrando un capítulo que no sabía que seguía abierto todavía. De hecho, no recordaba cuánto tiempo llevaba sin sentir tanta tranquilidad como desde que llegué, así que me quedaría una semana más. Le pedí que no se asustara, ni preocupara innecesariamente a Bárbara y a Jero. Cuando estuviera listo para volver, serían los primeros en saberlo. «¿Seguro que no has decidido quedarte más tiempo para volver a ver a tu ex?» Le dije que «Pffff, pues claro que no». Esa era solo una de las razones. Porque de hecho sí habíamos quedado para la semana siguiente otra vez. Pero que no era por eso, de verdad.

Esa semana se me hizo más corta de lo que esperaba.

Desayunaba, comía y cenaba con mis padres, y dudo que en algún momento de mi vida estuviéramos tan unidos como durante esos días. En un pueblo tan pequeño no había demasiado que hacer, pero no me aburría de muerte. Si nos apetecía, íbamos a pasear por la playa, o me llevaban a visitar cualquier sitio que yo hubiera conocido de pequeño, solo para enseñarme cómo había cambiado. Y lo cierto es que la gente sí se había hecho mayor, pero las calles, los bares, incluso las obras donde trabajé cuando fui encofrador de joven, todo seguía prácticamente igual. Las tardes que hacía demasiado calor, nos quedábamos en casa charlando con el café, o me dedicaba a leer. En casa de mis padres, prácticamente todos los libros eran de temática bíblica, así que una tarde me escapé a una librería e hice buen acopio de material de lectura: algo de Saramago, Benedetti, Raymond Carver y Paul Auster. Y sin mucho entusiasmo por mi parte, volví a acompañar un par de veces a mis padres con sus reuniones.

    Seis días después volví a coger prestado el coche de mi madre para ir a Valencia. Sandra y yo habíamos quedado exactamente en el mismo sitio. Por algún motivo, esta vez la vi más guapa. Por supuesto, sabía que entre ella y yo nunca jamás volvería a surgir nada que no fuera una amistad razonable. Pero durante un momento recordé vívidamente las cosas que me gustaron de ella cuando la vi por primera vez, con dieciocho años. Aunque su mirada estaba cercada ahora por nuevas arrugas de expresión, seguía siendo tan viva e inteligente como siempre. Ese día ya había tomado café con mis padres, así que optamos por la cerveza. En esta ocasión, la situación era bastante menos tensa. Después de que me preguntara por cortesía qué tal estaban mis padres y qué tal lo estaba pasando con ellos, recuperó el punto exacto en el que nos quedamos la vez anterior: «¿Y qué tal vas de amoríos, Samu?»

Salvo detalles explícitos, le conté más detenidamente qué fue de mí desde que me divorcié. Cómo fui dando tumbos sin saber exactamente qué buscaba. Que en parte me fui a Madrid porque me rompieron el corazón otra vez, pocos meses después, y una vez allí decidí no atarme a nada ni a nadie. Simplemente me dediqué a disfrutar el momento. Contrariamente a lo que esperaba, mientras le relataba mis devaneos amorosos, Sandra me escuchaba atentamente y asentía de vez en cuando, como si comprendiera perfectamente que a mis treinta y tantos años me hubiera comportado como un adolescente en celo. Me vino a la mente cuando era una esposa joven e insegura que sentía celos constantes sin motivo. Era indudable que había madurado mucho desde aquello, y yo solo deseaba que no hubiera sido a base de palos. En esa ocasión era yo el que hablaba y hablaba sin parar, cosa que no era muy común en mí. Y cuando un tema parecía agotado, Sandra sabía hacerme las preguntas exactas, sin aparente intención, para que continuara contándole más. Antes de terminar la segunda cerveza, ya le había confesado que había destruido la novela pocas semanas antes de su publicación, y que hice lo mismo con mi canal de YouTube. Aquello sí que la sorprendió. Por lo visto era una seguidora eventual de mi canal, y le gustaba bastante lo que hacía. Cuando descubrió por azar mis andanzas en la red, le alegró que por fin hubiera descubierto lo que me gustaba y sabía hacer. Pero no me juzgó, confiaba en que si así lo había decidido, fuera lo mejor para mí. Y entonces, sin saber muy bien cómo, le hablé de la Vecinita. La esperanza que sentí cuando empecé a conocerla de verdad, y cómo acabó siendo un mero espejismo más en mi vida. Esto la apenó todavía más que enterarse de mi renuncia a seguir siendo *influencer*. Cuando llegó la hora de marcharnos, nos despedimos esta vez con un abrazo. No volveríamos a vernos. Supuestamente, yo no tardaría mucho en volver a Madrid y ella seguiría con su vida, de la que tampoco ahora me había contado demasiado. Pero prometimos seguir en contacto.

Seguía apalancado en casa de mis padres, sin tener demasiada idea de cuánto tiempo seguiría allí. Ellos tampoco mostraban ninguna prisa por que me marchara, todo lo contrario. Empezaban a acostumbrarse a mi presencia, como cuando era un adolescente. Incluso comenzaron a adecentar un poco más mi habitación viendo que no iba a ser tan temporal como anuncié en un principio. Algunos días sentía que había viajado atrás en el tiempo, y cualquier mañana mi madre irrumpiría en el cuarto para que no llegara tarde al instituto. Yo seguía acompañándoles a sus reuniones, con menos desgana que en ocasiones anteriores. Sabía de sobra que mi sentimiento religioso interior había muerto para siempre, y nunca iba a renacer. Pero cada vez envidiaba más la sensación de comunidad que aquella gente disfrutaba y yo tenía casi olvidada. Esas personas, algunos amigos míos desde la infancia, parecían felices de verdad. Desde mi punto de vista, sus vidas eran insulsas y restringidas en muchos aspectos. Pero no parecía importarles. O no se daban cuenta. «Bendita ignorancia», pensé. Al fin y al cabo, su realidad era aquella y no había más vuelta de hoja. También yo había experimentado aquello durante mucho tiempo. Tal vez mi mayor desgracia hubiera sido salir de allí, ver más allá de lo que estaba permitido. De no haber ocurrido así, quién sabe si no estaría disfrutando ahora de una vida totalmente plena, con una familia feliz, un empleo normal y dos críos a los que adorara. Pero yo ya no tendría nunca esa posibilidad. Había paladeado cosas que ellos ni imaginaban, y de eso no había marcha atrás. Crucé las fronteras que les mantenían a ellos en su redil seguro y confortable, y había descubierto nuevos y excitantes continentes. Definitivamente, era tarde para mí. Sabía demasiado y no podía ser reinsertado en Matrix. Por mucho que lo deseara. Aquel pensamiento me perturbaba: ¿lo deseaba? ¿Realmente quería volver a mi anterior vida, a ser Samuel? Tal vez me equivocara, y aún tuviera alguna opción. Aunque me pareciera tan lejano, aunque tuviera la sensación de que aquello fue una vida ajena a la mía, como si otra persona estuviera contándomelo o la hubiera soñado, solo habían pasado siete años. Quizá hubiera todavía una esperanza para mí, aunque no fuera el paquete completo. De vez en cuando me descubría fantaseando con que me aceptaban de nuevo y volvía a ser un Testigo de Jehová más en aquella comunidad. Solo tendría que guardar en secreto durante el resto de mi vida que no creía en la existencia de ningún ser superior que nos reservara una vida mucho mejor, más allá de esta. Nadie se enteraría jamás de que no creo en las supersticiones, que a otros les servían para ser más felices y albergar una esperanza superior y excelsa. Eso me lo guardaría para mí, de puertas para fuera podía aparentar ser el cristiano más fervoroso del mundo. Después de todo, era actor. Podría hacerlo si me lo proponía.

Me quedé dos semanas más. Durante ese tiempo, mantuve a mis amigos informados de mi estancia y continué dándoles largas sobre cuándo volvería. Ellos, pacientes, se conformaban con que mi ausencia estuviera siéndome provechosa. Entonces escribí a Sandra, proponiéndole que volviéramos a vernos. Le sorprendió descubrir que todavía seguía por esas tierras, estaba convencida de que ya habría vuelto a Madrid. Esta vez sugerí quedar en un sitio distinto. Un local de moda que frecuentábamos cuando éramos novios llamado «Vivir sin dormir», en primera línea de playa en la Malvarrosa. Por su página web descubrí que seguía abierto, después de tantos años, y me apetecía comprobar si había cambiado. Cuando era joven, era el típico local elitista en el que podías cruzarte un sábado por la noche a un futbolista del Valencia o algún actor de Canal Nou. Eso cuando salían alguna vez de su inaccesible reservado, o si en un descuido de los seguratas conseguías asomar la cabeza a la sección de primera clase. Al llegar antes que Sandra, me arrepentí por mi elección: no solo seguía abierto, sino que seguía teniendo tirón. Todavía no había mucha cola para entrar, pero siendo viernes noche, acabaría llenándose. Quizá no fuera el sitio más adecuado para hablar tranquilamente. Pero como esta vez se retrasaba ella y ya era tarde para cambiar de opinión, esperé en la fila. Sandra apareció a los quince minutos, disculpándose ella en esta ocasión por los problemas para aparcar. Solo tendríamos una docena de personas por delante, así que decidimos esperar. Entonces vi cómo el portero nos miraba fijamente. Dijo algo por el micro del walkie que llevaba en el puño de la chaqueta, y se acercó hasta nosotros.

—Buenas noches. Eres Samu, ¿verdad? —Sandra y yo nos miramos desconcertados.

—Sí... soy Samu. ¿Tú eres...?

—Es lo que me había parecido. —Y murmuró «afirmativo» por el intercomunicador—. ¿Sois dos, o esperáis más gente?

—Ejem... somos dos. —No entendía nada.

—Perfecto. Seguidme, chicos. Por aquí... —Y apartando el cordel rojo de la entrada nos llevó tras de sí, saltándonos la cola.

La expresión de Sandra era de total incredulidad, pero yo ya lo entendía. Aunque las modas de los *influencers* son pasajeras, mi cara aún era reconocible. Nos conducían a un reservado. El mismo en el que me pareció ver cuando yo era un chaval a Santiago Cañizares. Con aquella edad mirábamos con envidia a toda esa gente distinguida, que no esperaba colas para entrar en sitios como aquel. Fantaseábamos con que un día nos trataran a nosotros así, tan de usted y de no se preocupe, «¿todo está a su gusto?, para cualquier cosa que necesite no tiene más que avisar, es un honor tenerle aquí, ¿le importaría dedicarnos esta foto para que podamos colgarla aquí a la vista de todo el mundo, que es como etiquetamos a las *celebrities,* porque en los noventa todavía no existe Internet?, francamente nos encantaría que se sepa que somos su primera elección para disfrutar del ambiente nocturno en Valencia, es un honor para nosotros». Así eran los *influencers* de aquella época. No le di demasiada importancia, y una vez acomodados y agasajados con bebidas, decidí expresarle a Sandra todo lo que me había estado rondando por la cabeza aquellas semanas. Seguro que ella me entendería. Y no me equivocaba. De hecho, antes de que abriera la boca se me adelantó. Catorce años dan para conocer a una persona, y saber qué está tramando.

—Samu, sé lo que vas a decirme —sonreí—, y la respuesta es no. —Se me borró la sonrisa—. No sigas por ahí, porque no te harás ningún favor. Ahora mismo estás hecho un lío, y por lo que me contaste la última vez, es normal. Pero no, a lo que estás pensando. No te engañes a ti mismo intentando convencerte de que puedes volver a ser quien fuiste, porque ese nunca fuiste tú. Tú siempre has sido Samu, no Samuel, solo que te costó más de treinta años descubrirlo. Sé que con el tiempo los malos recuerdos se vuelven borrosos, y los buenos ganan en color y contraste, como si fueran un filtro acertado de Instagram. Revivir tiempos pasados está bien, pero solo para un rato. Sé justo contigo mismo. Te conozco demasiado bien como para saber en lo que anda metida tu cabeza ahora mismo. Por eso llevas un mes en casa de tus padres. Pero te repito que no. No puedes volver a un mundo al que nunca perteneciste realmente. Sé que cometimos muchos errores, Samu. Tú, y como ambos sabemos, yo también. Y el primero de todos fue casarnos tan jóvenes, aunque nos quisiéramos tanto como sé que nos quisimos. Éramos unos críos apremiados por las circunstancias, por amor de Dios. Pero las circunstancias no son excusa, siempre se puede elegir, y nosotros no lo hicimos, o lo hicimos mal. Como tampoco es excusa lo que te hice, y por eso quise pedirte perdón en persona cuando te vi, porque me lo he reprochado todos los días de mi vida desde hace seis años. Pero he aprendido a perdonármelo y seguir adelante, y tú aún tienes que hacer lo mismo. Eres una persona inteligente, Samu. Solo que a veces llegas demasiado tarde a la conclusión correcta. O tardas demasiado en tomar una decisión, que es casi lo mismo. Y no me gustaría ver cómo te equivocas ahora, y dentro de siete, de quince o de treinta años eches la vista atrás y vuelvas a darte cuenta de que una vez más no estás donde debías estar, que nunca lo has estado, y ya es demasiado tarde para recuperar todo ese tiempo. Mira, voy a decirte una cosa que aunque te va a sonar violenta, espero que no te siente mal, pero que he pensado muchas veces y creo que tú también: que yo te pusiera los cuernos es lo mejor que pudo pasarte. Fue algo terrible, que por supuesto no volvería a hacerle nunca a nadie. Pero lo que pasó, pasó, y no hay vuelta atrás. Y gracias a eso, a mi cagada, hoy eres quien eres. Así que ahora no vuelvas a la casilla de salida, Samu. Haz que mi cagada sirva para algo y no haya sido en vano.

—Joder...

Volvimos a quedarnos callados, sin saber muy bien

cómo continuar. Sandra no se atrevía a mirarme por si me había sentado mal. Y no era así. Simplemente estaba atónito porque tenía razón en todo, y porque había tenido el valor suficiente para decírmelo. Con un par de bofetadas de honestidad me sacó de la cabeza cometer un error que hubiera pagado caro con el tiempo. Ella estaba en lo cierto. ¿Qué estaba haciendo yo allí, planteándome volver al sitio de donde se me hizo tan difícil escapar? Ahora me tocaba a mí decirle algo.

—Sandra, sabes que a pesar de todo, siempre te voy a querer un montón, ¿verdad?

—Y yo a ti también, Samu. —Sonrió mientras se le escapaba una lágrima—. Espero de todo corazón que algún día seas feliz de verdad.

—Muchas gracias, Sandrita... Por cierto, ¿cuándo es la boda?

—¿Cómo?

Le señalé el anillo de compromiso que llevaba en el dedo anular. Las otras dos veces se lo había quitado antes de llegar, supongo que porque no sabría cómo decírmelo. Pero esta vez, imagino que con las prisas de llegar tarde, se le había olvidado. Fue lo primero que vi cuando nos sentamos en el reservado. Se sintió un poco avergonzada por intentar ocultármelo, y le dije que no pasaba nada, que me alegraba muchísimo por ella. Por lo que me contó, lo suyo con mi supuesto amigo David solo duró unas semanas más desde que nos separamos. Hasta que se dio cuenta de que se había equivocado con él, David era un hipócrita malnacido y decidió alejarse de él. En cambio, el chico con el que estaba comprometida ahora era una buena persona, y aunque intentara disimularlo, mientras me hablaba de él parecía que se le iba a caer la baba. Por un instante sentí una envidia enorme. Daría lo que fuera por que en esos momentos la Vecinita estuviera hablándole a alguien de mí de la misma forma. Pero, o me habría olvidado por completo o estaría soltando pestes sobre mí. Sandra una vez más me adivinó el pensamiento.

—Oye, Samu, ¿de verdad crees que lo de esa Vecinita tuya no tiene arreglo?

—Sí, no creo que haya nada que hacer. Se niega a hablar conmigo.

—Si de verdad crees que lo que me contaste de Vanesa tuvo algo que ver, ¿por qué no intentas razonar con su madre?

Sandra seguía teniendo esa capacidad de encontrar fácilmente soluciones en las que otra persona no habría caído. O por lo menos yo, que últimamente no caía en casi nada. Por segunda vez aquella noche Sandra dio en el clavo. Debía intentarlo. Y si Vanesa tampoco quería hablar conmigo, entonces podría dar por perdida definitivamente a la Vecinita y desterrar esa última molécula de esperanza que me quedaba en lo más recóndito. Una última carta desesperada, que aún no sabía si era un épico as o un triste dos. El problema era que no sabía cómo hablar con Vanesa, a no ser... ¡Claro, ya está! Me disculpé con Sandra y salí un momento a la calle a llamar a Jero. Eran más de las doce, pero al ser viernes no se habría acostado todavía. Descolgó, y sin darle explicaciones le pregunté si cuando orquestó la jugada del piso había hablado con Vanesa por teléfono. Me recordó que, como me había contado, habían hablado en privado por Facebook. Mierda, ni una pizca de suerte. Pero, añadió tras una pausa intencionada y cruel, que aunque no hablaron por teléfono ella sí le dio su número para que se lo pasara al casero, y lo tenía guardado en la agenda. Bingo. No iba a esperar al día siguiente, tenía que llamarla ahora mismo. Tras varios tonos eternos de incertidumbre, Vanesa contestó al otro lado.

—¿Sí?
—¿Vanesa? Hola, perdona por las horas, soy Samu.
—¿Qué quieres, Samu?
—Que me dejes explicarte algo, solo un par de minutos. Y luego si quieres, me cuelgas. Pero por favor, es muy importante.
—Vale, dime Samu.
—Mira, quería decirte que aunque al principio no... con tu hija, me refiero... que luego ya sí, quiero decir... que... —Las palabras no me salían. Sabía que solo tenía una oportunidad y no podía fastidiarla.
—A ver, cálmate chico. Respira, y empieza otra vez.
—Lo hice.
—... Pues que necesito decirte que tu hija ha acabado convirtiéndose en lo más importante del mundo para mí y que estoy loco por ella, y aunque ella no tenga ni idea de esto que te cuento, sé que gracias a ella soy mejor persona. Aspiraba a compartir mi vida con ella, pero cuando parecía que mi suerte cambiaba y tendría una oportunidad, llegaste tú y subimos juntos en el ascensor y... y claro, tú me habías dado mi primer beso cuando

éramos unos niños, y ahora resulta que eras su madre, así que no supe cómo reaccionar, y juro que cuando te volviste a Oviedo iba a contárselo todo a ella, pero entonces te acordaste de quién era yo, que era Samuel, y se lo contaste tú antes, y ella al ver que le mentí, pensó que yo era como los demás y me mandó a la mierda para siempre jamás, y sé que lo normal es que quieras para tu hija a alguien mejor que yo que la cuide y no le haga daño jamás, pero te prometo que yo no...

—Para el carro Samu, para.

—¡No, déjame acabar, por favor!

—Déjame acabar tú, Samuel. Que te has colado en algunas cosas. En primer lugar, yo ya sabía quién eras mucho antes de verte en ese ascensor. Mi hija me habló de ti al poco de mudarse a Madrid, y en cuanto te vi en un vídeo te reconocí y le expliqué que nos conocíamos del colegio. A ninguna de las dos nos pareció algo importante, es más, nos hizo mucha gracia. Pero como vimos que tú te hacías el tonto, decidimos no mencionarlo hasta que sacaras el tema. Y en segundo lugar, mi hija sí sabía todo lo que sientes por ella y estaba muy ilusionada. Hacía mucho tiempo que no veía a mi hija tan feliz, y yo me alegré de que por fin hubiera conocido a alguien bueno, alguien como tú. Por eso precisamente decidí volverme un día antes de lo previsto, para daros vuestro espacio y que os aclararais cuanto antes. Los dos. Pero entonces pasó algo que hizo que ella pensara que se había equivocado contigo, que eras como los demás cerdos con los que había estado antes, y me llamó desconsolada para contármelo.

—¿Pasó algo que hizo que ella pensara que...? ¡No sé de qué me hablas! ¿Pero qué pasó, entonces? ¿Qué hice mal?

—Eso mejor deberías hablarlo con ella.

—Es lo que he intentado. La cosa es que ella no quiere hablar conmigo.

—Ahora es distinto Samu. Créeme, te escuchará. Pero hazlo en persona. ¿Dónde estás ahora?

—Estoy en Valencia, llevo aquí un mes.

—¿Y qué coño haces en Valencia? ¡Ve a Madrid cuanto antes!

—¡Hecho! ¡Gracias, Vanesa! ¡Gracias por todo!

—Ah, Samu, una última cosa...

—¡Dime, dime!

—Silvia...

—¿Cómo?

—Que tu Vecinita se llama Silvia.

19

Silvia

Me encontraba frente a la puerta que ya no era de la Vecinita, sino de Silvia. Nervioso como nunca antes. No me atrevía a llamar. Aún no estaba seguro de que esta vez fuera a abrirme la puerta, como me dijo su madre la noche anterior. Y si abría, ¿qué iba a decirle? No tenía plena confianza en lo que me dijo Vanesa la noche anterior. «Ahora es distinto. Te escuchará.» ¿Era distinto, por qué? Distinto, ¿de qué? Aún no sabía ni siquiera qué había pasado exactamente para que me mandara al infierno. No me resultaba fácil pensar. Apenas había dormido. Después de despedirme de Sandra la madrugada anterior y despertar a mis padres para explicarles que tenía que coger el AVE de las siete de la mañana, dispuse de pocas horas para dormir, pero no conseguí conciliar el sueño. Había llegado a Madrid antes de las nueve, y aquí estaba, todavía con la maleta porque ni siquiera había perdido dos minutos para dejarla en casa. Posiblemente la Vecinita, mejor dicho,

Silvia, todavía estuviera durmiendo. Bueno, pues si la despertaba un domingo a las diez de la mañana, solo sería otra cosa más por la que disculparme. Lo que fuera, con tal de verla abrir la puerta. Llamé varias veces al timbre. Pero no hubo respuesta, y me dirigí a mi casa cabizbajo.

Había pasado un mes fuera. Ahora mientras abría la puerta, pensaba en lo imbécil que había sido una vez más por crearme esperanzas irreales. ¿Por qué haría caso a Vanesa? Seguro que aquello me lo dijo para que dejara de molestarla por teléfono. O hasta se lo habría inventado. «Sí, sí, tú tranquilo, vuelve a insistirle a mi hija, que ya se le habrá pasado el cabreo seguramente. Y a mí déjame dormir.» Me sentía furioso conmigo mismo por ilusionarme como un chiquillo, en vano. Entré, y mi suelo estaba sembrado de papeles. Me cabreé con el portero y su maldita manía de echarme la correspondencia por debajo de la puerta. Pero los miré mejor. No eran cartas, parecían panfletos fotocopiados. Cogí uno de ellos y lo leí. Decía: «Hola Samu. Te espero hoy a las tres de la tarde en el restaurante de Honrubia donde me confundiste con otra. Sé puntual.» ¡Eran de Silvia! En vista de mis problemas anteriores con las notas, se había asegurado de que esta vez lo leyera. ¿Pero qué demonios? ¡Mi tren había pasado justo por delante pocas horas antes! ¿Cómo iba a llegar hasta allí? Y, ¿para qué? Si me había dejado aquella nota, tenía que significar que también me había desbloqueado en WhatsApp, le escribiría para que me explicara. Pero seguía bloqueado. Volví a su casa, pero por mucho que insistí con el timbre, estaba claro que ella no estaba allí.

Esa chica iba a volverme loco. Tenía que estar en un restaurante a ciento setenta y cinco kilómetros de Madrid en menos de cinco horas. Llamé a Omar, pero saltaba el buzón de voz. Mierda, no podía perder tiempo. ¿Y si buscaba un viaje en Blablacar a Valencia? La autovía pasaba justo por allí, y casi todos los viajeros tenían aquel parador como punto de descanso. Y si no, le pediría al conductor que se desviara y me dejara en el aparcamiento. O saltaría del coche en marcha. Pasé dos horas buscando por Internet, pero todos los viajes compartidos que salían a tiempo para llegar allí a las tres estaban al completo. Empezaba a angustiarme; el tiempo se me echaba encima. No podía creer que fuera a perder la oportunidad de hablar con la Vecinita por ser incapaz de llegar hasta allí. Bueno, pues pillaría un taxi. Al taxista se le pondrían los ojos como el símbolo del euro cuando le dijera dónde tenía que llevarme. En ese momento me llamó Omar, que había visto mis llamadas.

—Omar, tío, muy rápidamente. Tengo que pedirte un favor enorme. ¿Tú puedes llevarme a Honrubia?

—¿A Honrubia? ¿Pero dónde estás Samu, qué pasa?

—Estoy en Madrid, he llegado esta mañana, ¿puedes llevarme o no? —repetí con impaciencia.

—Ejem... claro, hombre. ¿Cuándo?

—Ahora mismo. Tengo que estar allí antes de las tres.

—¿Qué? Pues vamos justos de tiempo. Vale, tío, te recojo en veinte minutos, si no pillo tráfico. ¿De qué va todo esto?

—Te cuento lo que sé por el camino.

Omar llegó en diez minutos, el mismo tiempo que

llevaba yo esperándole en la calle. No sabía qué ocurría, y fui contándole alterado por las prisas la conversación con Vanesa la noche anterior y las notas que me encontré al llegar a casa. Tampoco yo sabía demasiado. Miré el reloj del salpicadero, teníamos una hora y media para llegar, el tiempo justo. Llegamos a las tres y dos minutos, pero no creía que importara demasiado. «Corre, entra mientras yo aparco», me apresuró Omar. Al final sí salté de un coche en marcha. Entré corriendo al restaurante, que estaba lleno de viajeros que habían parado a tomar algo. Varios de ellos se giraron al verme entrar de forma tan épica. Busqué a alguien con el pelo azul. Recorrí las mesas, pero no había nadie. Ninguna de aquellas personas eran la Vecinita. Salí otra vez, tal vez se refería a que me esperaba en el parking. ¿Estaría todavía dentro del coche? Estaba seguro de que no tenía, pero para llegar allí se lo tendría que haber prestado alguien. Fui examinándolos todos, pero fue en vano. No entendía nada. ¿Se había ido porque llegué dos minutos tarde? No creía, no tenía sentido. Aunque no le encontraba sentido a los últimos acontecimientos, en general. Volví a entrar descorazonado al restaurante. Sin mucha esperanza, le pregunté a un camarero.

—Perdona, estoy buscando a una chica con el pelo azul, ¿la has visto por aquí?

—En todo el día no he visto a nadie así. ¿Has mirado en el comedor de la planta de abajo? —dijo mientras señalaba hacia unas escaleras en las que ni me había fijado antes.

Bajé a aquel comedor, mucho más grande que la parte superior del restaurante. Allí debía de ser donde celebraban cenas privadas, y cosas así, ahora estaba a oscuras y parecía cerrado al público. Era tan largo que estaba separado en dos por una serie de biombos. A pesar de la poca luz, comprobé que las sillas estaban apiladas encima de las mesas. Pero en cuanto se me acostumbraron los ojos, vi que en la mitad de la sala, junto a los biombos, sí había una mesa con sillas vacías dispuestas alrededor. Y que una de las sillas sí estaba ocupada. Era Silvia, que había cambiado el color de su pelo a rojo. Por eso nadie en el restaurante parecía haber visto a una chica con el cabello azul. Ese color le quedaba todavía mejor. Me acerqué y tomé asiento en silencio.

—Hola Silvia.
—Hola Vecinito.
—No entiendo nada de todo lo que nos ha ocurrido últimamente, ¿qué ha pasado?
—Lo que ha pasado es que hemos estado haciendo el tonto todo el rato, Samu. Mira, sé qué clase de persona has sido, y lo confuso que has estado durante mucho tiempo. Creía que mi vida había sido difícil, pero ahora sé que la tuya tampoco ha sido fácil. La primera vez que te vi me pareciste un tío rarito que se dedicaba a hacerse el gracioso y acostarse con quien se le pusiera a tiro. Por eso no te dejé que me besaras aquella vez, por mucho que me apeteciera a mí también. Pero acabé dándome cuenta de que tú no eras así, al menos ya no. Y precisamente cuando decidí arriesgarme, la noche antes de cuando quedamos para hablar y dejar las cosas claras, me llevé un mazazo que me rompió el corazón. Me dijiste que

habías quedado con Carlos, y en su lugar vi que esperabas a una tía.

—¿Qué? ¿Yo? —Eso era imposible—. Espera, espera... A ver si lo he entendido bien... ¿viste a una chica que venía a mi casa? ¡Pero si era Bárbara!

—Lo sé, ahora lo sé. Pero yo solo conocía a Carlos, Samu. Creí que lo habías puesto como excusa para no vernos esa noche y echar una canita al aire.

—¿Fue eso lo que pasó?

—Ya ves, qué tontería... Perdóname, Samu. En ese momento me vinieron a la cabeza todas las veces que me habían hecho lo mismo y que no eran Bárbaras.

—Y volviste a ponerte tus dedales, ¿no?

—Exacto. Pero ya no los necesitaré más, ahora tengo algo mejor. —Se remangó la camiseta y descubrió un tatuaje reciente en su costado, que rezaba «#TúEresLaHeroínaDeTuPropiaHistoria». Justo la frase que le dije tras aquel café—. Si no me odias demasiado, ¿volvemos a ponerle fecha a aquella cena?

—¿Odiarte? ¡Jamás podría odiarte! —De hecho estaba a punto de besarla, pero la curiosidad me pudo—. Oye, ¿y cómo descubriste que aquella chica era Bárbara?

—Por tu libro, claro. Ahí lo explicas todo: cuando fuiste un niño Testigo de Jehová, tu matrimonio sin sexo, cuando conociste a «tu Vecinita» y cómo ella te mandó a la mierda por un malentendido absurdo.

—¿Mi libro? Pero si lo borré todo en un ataque de estupidez.

—Qué va, no lo borraste todo.

Abrió la palma de la mano. Guardaba la tarjeta de

memoria que le dejé en un sobre después de que se fuera Bárbara. Aunque creí haber borrado todo el libro, no recordé que guardaba automáticamente una copia de seguridad en la tarjeta. Justo antes de formatearla, comprobó los archivos para no borrar nada importante y se encontró el documento. Así que después de todo, al menos una persona sí había leído mi novela. Toda, menos el último capítulo. Lástima que hubiera lanzado por la borda la oportunidad de que se publicara, a pocas páginas del final. «Qué va, te equivocas otra vez», dijo la Vecinita. Y de la mochila sacó un libro. En la portada aparecía un dedal gigante con cuatro patitas asomando, y podía leerse «No sé si lo he comprendido bien...», encima de mi nombre. No podía creérmelo. Silvia me explicó que en cuanto lo leyó, rápidamente contactó con Jero, Omar y Bárbara, y les explicó el malentendido, y que quería arreglarlo. Y no se le ocurriría nada mejor que acabar el libro entre todos y convencer a Pedro para que lo publicara. Jero consiguió contactar con él, le explicaron toda la historia y Pedro no dudó en arremangarse y ponerse con las correcciones finales para que entrara en maquetación y diseño cuanto antes. La novela se había publicado hacía tan solo un par de días.

—No sé qué decir, Silvia —le dije, emocionado. Seguía sin poder creerlo.

—Pues si no sabes qué decir, será mejor que no mires hacia allá. —Dijo señalando a los biombos a mi espalda. Uno de ellos se movió y salieron Jero, Bárbara y Pedro, con la misma cara que cuando descubres a un niño jugando al escondite, mientras Omar, que estaba compinchado desde el principio, bajaba por las escaleras. «¿Has visto lo buen actor que soy? Me ha costado no cogerte el teléfono esta mañana, pero tenía que retrasarte un poco para que no llegáramos aquí antes que los demás», dijo riéndose. No daba crédito a aquello. Lo habían orquestado entre todos. Hasta Vanesa estaba al corriente, y en cuanto me colgó la noche anterior avisó a todos de que yo volvía a Madrid en unas horas, para poner en marcha la operación. Y les había salido perfecto. Me acordé de cuando aparecieron los tres sin aviso en mi casa. No porque la sorpresa fuera parecida, sino porque tampoco pude retener las lágrimas en esta ocasión.

—¿Pero por qué os habéis tomado tantas molestias por mí? —dije intentando serenarme.

—Porque eres nuestro amigo, idiota —respondió Bárbara.

—Y porque hace poco nos hemos enterado de que en toda tu vida jamás te habían organizado un cumpleaños sorpresa. Así que queríamos compensártelo un poco con esto —añadió Omar.

Me sentía completamente superado por la situación. No sabía a quién mirar, así que me dirigí a Bárbara.

—¿Y por qué hemos venido justo aquí, a una hora y media de Madrid?

—Fue idea de Pedro —explicó Silvia mientras él me guiñaba un ojo simulando un disparo con dos dedos, «tsk-tsk»—. Él escribió el último capítulo de tu libro y dijo que le parecía bonito que acabara justo aquí. Todos estuvimos de acuerdo con que teníamos que representarlo al pie de la letra.

—Me encanta tu último capítulo —le dije a Pedro—. Pero esto es un spoiler, ahora ya no puedo leerlo, que me habéis contado el final.

—No te preocupes por eso, Samu —dijo Silvia cogiéndome la cara con sus manos diminutas—. Aún te falta la última línea del libro.

Y entonces me besó.

FIN

EPÍLOGO

Aunque quedábamos todas las semanas, todos nos abrazamos en el hall del Cine Capitol como si lleváramos años sin vernos. Acabábamos de salir del estreno de la película. Sí, al final se hizo. Sobre todo gracias al empeño del equipo formado por Pedro y Omar, que superaron mil escollos hasta que consiguieron hacerla realidad. Era el primer guion que firmaba Omar, que hizo una gran adaptación del libro. Silvia ya no era «la Vecinita». Llevábamos un año viviendo juntos en mi casa, que tenía mejor luz para pintar y una chimenea victoriana. Bueno, es un trampantojo que pintó Silvia, pero parece muy real. En su piso viven ahora dos señoras mayores con gatos, como siempre me temí. Pero ya no me importa, *Dorian* aceptó que el alfa de la casa soy yo, y nos aliamos contra los felinos cuando hacían demasiado ruido. Mientras celebrábamos el éxito de la película entre el público, Silvia se convirtió en el centro de atención de los fotógrafos con su vestidito ceñido negro. Bueno, Vanesa también acaparó buena parte de los flashes. Vino para el estreno expresamente desde Oviedo, y se pasó casi toda la película llorando. Pero de risa, que era una comedia divertidísima. Omar había hecho un gran trabajo, pero creo que se sentía más orgulloso todavía presumiendo de Bárbara, cogida de su brazo. En el film, Nacho Vidal se interpretó a sí mismo pero en pequeñito. Y durante la proyección, por un momento mini Nacho Vidal se me volvió a manifestar para quejarse de que no se le parecía en nada. La productora había invitado a Sandra y su marido para que vinieran al estreno en Madrid, aunque me llamó para disculparse por no poder venir; le quedaban dos semanas para dar a luz. Pero el libro le gustó mucho, y estaba encantada de que su personaje lo interpretara la estupenda Inma Cuesta. En cuanto a mí... bueno, sigo sin saber exactamente a qué me dedico, pero soy feliz con los planes que la vida sigue reservándome, aunque no coincidan con los míos. ¡Ah!, casi lo olvido: la coña sobre Mario Casas interpretando mi papel no se cumplió. Al final mi personaje lo hizo Dani Rovira.

Agradecimientos

Escribir esta historia no habría sido posible sin el entusiasmo y la fe de Pablo Álvarez, el incansable apoyo espartano de Lourdes Díaz, la influencia de Korah, Yum, Neko, Roi Sastre y Pitty Bernad, la amistad incondicional de Cimarrón, los consejos de Elisabeth G. Iborra y Cristina Valero, la ayuda de Baldesca, el ojo infalible de Marta Fernández, los regalos de Clara, Aída, Isabel, Noemí, Rebeca, Evelyn y Aris, el cariño incondicional de mis padres, la comprensión de Sara y, sobre todo, la paciencia e imaginación infinitas de Bichito.